Markus Schweizer / Thomas Rudolph

Wenn Käufer streiken

Markus Schweizer / Thomas Rudolph

Wenn Käufer streiken

Mit klarem Profil
gegen Consumer Confusion
und Kaufmüdigkeit

Bibliografische Information Der Deutschen Bibliothek
Die Deutsche Bibliothek verzeichnet diese Publikation in der Deutschen Nationalbibliografie;
detaillierte bibliografische Daten sind im Internet über <http://dnb.ddb.de> abrufbar.

1. Auflage Dezember 2004

Alle Rechte vorbehalten
© Betriebswirtschaftlicher Verlag Dr. Th. Gabler/GWV Fachverlage GmbH, Wiesbaden 2004
Softcover reprint of the hardcover 1st edition 2004

Lektorat: Barbara Jaster

Der Gabler Verlag ist ein Unternehmen von Springer Science+Business Media.
www.gabler.de

Das Werk einschließlich aller seiner Teile ist urheberrechtlich geschützt. Jede Verwertung außerhalb der engen Grenzen des Urheberrechtsgesetzes ist ohne Zustimmung des Verlags unzulässig und strafbar. Das gilt insbesondere für Vervielfältigungen, Übersetzungen, Mikroverfilmungen und die Einspeicherung und Verarbeitung in elektronischen Systemen.

Die Wiedergabe von Gebrauchsnamen, Handelsnamen, Warenbezeichnungen usw. in diesem Werk berechtigt auch ohne besondere Kennzeichnung nicht zu der Annahme, dass solche Namen im Sinne der Warenzeichen- und Markenschutz-Gesetzgebung als frei zu betrachten wären und daher von jedermann benutzt werden dürften.

Umschlaggestaltung: Nina Faber de.sign, Wiesbaden
Satz: ITS Text und Satz Anne Fuchs, Pfofeld-Langlau

Gedruckt auf säurefreiem und chlorfrei gebleichtem Papier

ISBN-13: 978-3-322-82503-2   e-ISBN-13: 978-3-322-82502-5
DOI: 10.1007/978-3-322-82502-5

Prolog

Seit Jahren stöhnen Unternehmen über stagnierende Umsätze. In vielen Branchen, wie zum Beispiel im Handels- und Dienstleistungssektor, signalisiert die stetig sinkende Konsumquote ein ernsthaftes und an Schärfe zunehmendes Problem. Viele Symptome deuten gar auf eine Krise hin, was ein hohes Maß an Unsicherheit auslöst. Betrachten wir zunächst die wachsende Ohnmacht im Management. Manager beklagen die Sprunghaftigkeit von König Kunde, der kein Interesse mehr an der einst hochgelobten Kundenbindung habe. Auch könne man Kunden immer schlechter segmentieren, da diese sich hybrid und multioptional verhalten. So komme es notgedrungen auch zu einem wechselhaften Managementverhalten: Man laufe wie ein Hamster im Laufrad – mal nach rechts und mal nach links – ohne auch nur einen Meter Boden gut zu machen. Die gewählten Managementinstrumente reduzieren sich im Kern auf den Preis, die einzige Sprache, die beim Kunden angeblich (noch) ankommt.

Wir fragen uns schon lange, ob diese Entwicklung nicht teilweise von den Managern selbstverschuldet ist. Warum wird das «Buffet» der Leistungen, vor dem der Kunde mit seinem kleinen Teller steht, immer üppiger, wechselhafter im Preis und vielversprechender in der Werbung? Wie soll der Kunde da guten Gewissens das für ihn Richtige finden? Wollen Manager tatsächlich dem Kunden helfen, oder führen sie sich bei der Suche nach kurzfristigen Umsatzerfolgen nicht selbst in die Irre? Nur wenige beherrschen die Selbstbeschränkung auf das Erwünschte und Sinnvolle. Vielmehr erliegen sie der Versuchung, das Machbare zu realisieren. Daraus entsteht schnell eine grenzenlose Vielfalt, die den Kunden maßlos überfordert. Hat die Suche nach Prozesseffizienz den Blick für Kundenbedürfnisse zu stark verdrängt? Wenn dem so ist, dann haben wir es mit einer – in vielen Fällen – unbewussten Managementverwirrung zu tun. Der Zick-Zack-Kurs im Management – heute Preisaktionen und morgen Dienstleistungsoffensive – führt sehr schnell zur **Kundenverwirrung,** in der Marketingliteratur **Consumer Confusion** genannt. Auch dafür sprechen viele Symptome. Warum empfinden über 30 Prozent der Kunden in Deutschland, Österreich und der Schweiz den Einkauf als lästiges Übel? Wie soll ein Kunde in einem Baumarkt den richtigen Nagel finden, um ein Bild aufzuhängen, wenn die Befestigungssysteme sechs Bodenlaufmeter einnehmen und 86 Alternativen präsentieren? Warum führen Verbrauchermärkte unzählige Wasserkocher und kein einziger erfüllt die Kundenanforderung, sich nur mit einer Hand bedienen zu lassen (Deckel öffnen, Wasser einfüllen, Wasserstand ablesen)? Die Antworten auf diese Fragen sind vielfältig. Eindeutig ist allerdings die Reaktion der Kunden. Sie kaufen weniger. Viele Konsumenten fühlen sich missverstanden; von der oft gepriesenen Problemlösung spüren sie wenig.

Die Auswirkung der Kundenverwirrung fällt recht unterschiedlich aus. Kunden leiden nur kurz. Wenn sie das gewünschte Produkt nicht finden, dann verschieben sie den Kauf, gehen zur Konkurrenz oder verzichten. Man hat gelernt, mit der kurzfristigen Verwirrung im Laden umzugehen. Das Lebensglück hängt nicht davon ab. Kunden reklamieren höchst selten wegen Regallücken, überschrittenen Haltbarkeitsdaten und schlecht auffindbarer Ware. Sie haben sich an die Defizite gewöhnt. Für Handel und Industrie sind die Konsequenzen allerdings dramatisch. Wenn nur zehn Prozent der Kunden beim Einkaufen in den Zustand der Verwirrung geraten, entsteht daraus gesamtwirtschaftlich ein Verlust in Milliardenhöhe.

Doch wie ist die Kundenverwirrung überhaupt feststellbar? Kunden werden kaum darüber reden – man ist doch nicht blöd und hat den Einkauf voll im Griff. Manager verkennen ebenfalls die Bedeutung des Phänomens und sehen eher in der wirtschaftlichen Stagnation die Ursache für die Kundenzurückhaltung. Könnten Manager die Kundenverwirrung messen, würden sie ihre heutigen Maßnahmen zur Umsatzankurbelung überdenken.

Daher soll dieses Buch in erster Linie für das Thema „Consumer Confusion" sensibilisieren und das Bewusstsein aller Akteure unserer Wirtschaft schärfen. Egal ob Manager, Gesetzeshüter, Politiker, Verbraucherschützer, Studierende oder Konmsumentenforscher: Kundenverwirrung, das in der Literatur kaum behandelte Thema, geht uns alle an.

Aussagen wie: „Bei uns gibt es keine Kundenverwirrung", „Unser Geschäft funktioniert ganz anders", „Unsere Kunden möchten nun einmal eine große Auswahl, und sie können sich ja die Informationen nehmen, die sie brauchen", deuten oft auf eine bewusste oder unbewusste Abwehrhaltung hin. Diese hindert Sie daran, möglicherweise überholte Weltbilder zu revidieren und in die Zukunft zu schauen. Nutzen Sie die Chance und lassen Sie sich auf das neue Phänomen ein. Sind Sie bereit?

Wegweiser durch dieses Buch

Das vorliegende Buch ist in zwei Teile gegliedert. Im ersten Teil geht es darum, was Consumer Confusion ist, wie sie entsteht und wie Konsumenten darauf reagieren. Der zweite Teil beschreibt, wie Hersteller und Händler Consumer Confusion durch geeignete Profilierungsmaßnahmen vermeiden und die Kaufbereitschaft der Konsumenten erhöhen können. Wenn Sie nur bestimmte Themen vertiefen möchten, kann Ihnen die folgende Übersicht zur Orientierung dienen.

Interessensfelder	Buchseiten
Im Überblick: Der Prozess der Consumer Confusion	13 – 18
Problemerkennung und -beschreibung	
Wie trägt das Management zur Kundenverwirrung bei?	19 – 44
Was ist Consumer Confusion?	45 – 84
Wie schützen sich Konsumenten vor einer drohenden Überforderung in der Verkaufsstelle?	85 – 95
Lösungshinweise	
Welche Prozessschritte müssen berücksichtigt werden, um Consumer Confusion zu vermeiden?	97 – 102
Welche strategischen Konsequenzen müssen gezogen werden, um Konsumenten Orientierung bieten zu können?	103 – 116
Welche Voraussetzungen müssen geschaffen werden, um eine kundengerechte Ansprache zu erzielen?	117 – 123
Wie gelingt es Ihnen, Ihr Unternehmen mit Methode zu profilieren?	124 – 137
Wie können Sie schrittweise konkrete Profilierungs- und Orientierungsmaßnahmen identifizieren und umsetzen?	124 – 172
Wie lässt sich Consumer Confusion in der Verkaufsstelle messen?	138 – 146
Was wollten die Autoren mit diesem Buch erreichen, und welche Herausforderungen sind in Zukunft zu bewältigen?	173 – 175

Dieses Buch beschreibt die aktuelle Gefühlslage der Handels- und Dienstleistungsbranche sowie der Konsumenten. Es soll dazu dienen, in Zeiten trüber Aussichten innovative Impulse zu geben. Dabei geht es nicht um Patentlösungen, sondern um Anregungen und Ideen.

In diesem Sinne wünschen wir Ihnen eine inspirierende und motivierende Lektüre!

THOMAS RUDOLPH
MARKUS SCHWEIZER

Inhalt

Prolog   5

**Teil I:
Warum Käufer streiken und die Umsätze der Händler zurückgehen**

Im Überblick: Der Prozess der Consumer Confusion   13

Managementperspektive: Wie Managementfehler Konsummüdigkeit verursachen   19

   Warum Kaufmuster immer schwerer zu identifizieren sind   20
      Checkliste: Managementfehler bei der Identifikation von Kaufmustern   29
   Wie fehlendes Wissen über den Kunden klare Strategien verhindert   30
      Allen alles bieten wollen – Strategiepluralismus im Unternehmen   30
      Checkliste: Strategiepluralismus erkennen   34
      Was Unternehmen in einen Strategiepluralismus führt   35
      Die Konsequenzen für Unternehmen, Mitarbeiter und Konsumenten   39

Kundenperspektive: Warum Kunden sich überfordert fühlen und wie sie reagieren   45

   Wie Consumer Confusion die Lust am Einkaufen raubt   47
      Consumer Confusion – eine Definition   47
      Wann Konsumenten sich überfordert fühlen   48
      Welche Konsumenten besonders stark auf Consumer Confusion reagieren   54
      Vom Sortiment bis zur Ladengestaltung – die Auslöser von Consumer Confusion   57
      Checkliste: Consumer Confusion in Ihrer Verkaufsstelle   80

Selektieren, aufschieben, ignorieren – wie sich Kunden wehren 85
    Der gewohnheitsmäßige Kauf 86
    Selektive Wahrnehmung 88
    Den Kauf abbrechen 91
    Die Entscheidung delegieren 92
    Mehr Informationen sammeln 93
Zwischen Pflicht und Kür 94

Teil II:
Mit Profil gegen Consumer Confusion – So vermeiden Sie Käuferverwirrung und erreichen mehr Umsatz

Strategieentwicklung als umfassender Prozess: die Profilierungspyramide 97

Grundsatzstrategie und Geschäftsmodell: die verlässliche Leitlinie 103
    Global Discounter – Gewinn durch Preisorientierung 110
    Channel Retailer – Erfolg durch Serviceorientierung 112
    Content Retailer – Profilierung durch Produktorientierung 113
    Checkliste: Ein kundenorientiertes Geschäftsmodell entwickeln .. 115

Die neue Definition der Zielgruppe: Segmentierung nach Kaufmotiven 117
    Checkliste: Wahl und Pflege von Zielgruppen 123

Profilierungsmaßnahmen: Orientierung für den Kunden 124
    Geeignete Profilierungsmaßnahmen bestimmen 124
    Stufe 1: Profilierungsmaßnahmen identifizieren 126
    Stufe 2: Das Consumer-Confusion-Potenzial ermitteln 138
    Stufe 3: Vereinfachende Orientierungsmaßnahmen definieren .. 146
        Produktvielfalt auf die Kernbedürfnisse des Kunden ausrichten ... 148
        Entscheidungsunterstützende Informationen anbieten 155
        Verlässliche Qualitätshinweise geben 162
        Klare Labelpolitik umsetzen 164
        Flankierende Maßnahmen 167
    Stufe 4: Die Orientierungsmaßnahmen umsetzen 172

Epilog ———————————————————————— 173
Quellennachweise ———————————————— 177
Stichwortverzeichnis ——————————————— 181
Die Autoren ——————————————————— 183

Teil I:
Warum Käufer streiken und die Umsätze der Händler zurückgehen

*Ironically, the people of the future may suffer
not from an absence of choice,
but from a paralyzing surfeit of it.*
A. Toffler, Future Shock, New York 1971, S. 264.

Im Überblick: Der Prozess der Consumer Confusion

Die Regale in Warenhäusern und Supermärkten quellen über – und die Kunden kaufen immer weniger. Ist nur die konjunkturelle Lage schuld, oder sind auch einige der Probleme hausgemacht?

Betrachtet man die Situation näher, wird deutlich, wie sich die Käuferverwirrung in sechs Stufen – sowohl auf der Ebene des Managements von Herstellern und Handel als auch im Bereich der Kunden – herausbildet. Diese so genannte Verwirrungsspirale ist in Abbildung 1 (siehe Seite 14) dargestellt, und sie wird im Folgenden erläutert.

1. Kaufmuster sind immer schwerer zu identifizieren.

Der Konsument hält sich an keine logischen Einkaufsregeln mehr. Am Montag dreht er die Münze in seiner Brieftasche zweimal um, und am Donnerstag zückt er ohne mit den Wimpern zu zucken eine Banknote. Am Dienstag kauft er sich aus Überzeugung und mit Enthusiasmus die Marke A, doch schon am Freitag wechselt er gelangweilt zur Marke B. Am Mittwoch muss der Einkauf so rasch wie möglich über die Bühne gehen, aber am Samstag fühlt er sich auf der Bühne der Konsumtempel ausgesprochen wohl und genießt das Schlendern durch die Regalreihen. Und am Sonntag? Am Sonntag gönnt sich der Konsument eine Verschnaufpause.

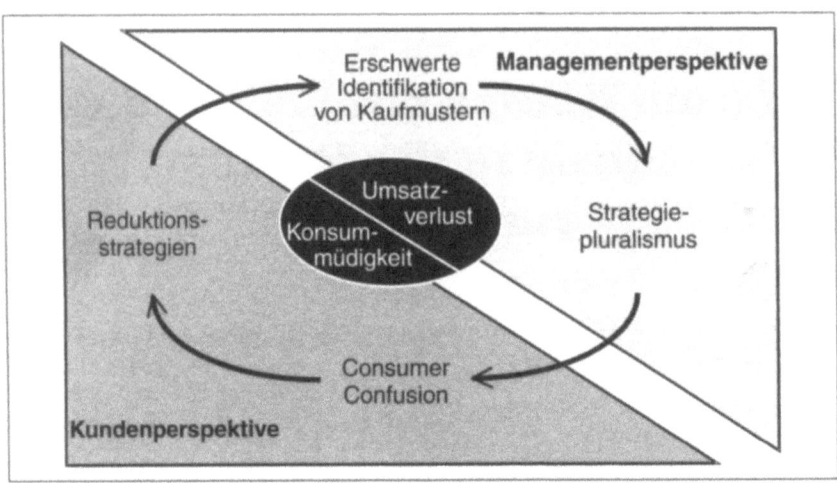

Quelle: In Anlehnung an Rudolph, Th./Schweizer, M.: Was Kunden wirklich wollen, in: Harvard Business Manager, Februar 2003, S. 28.

Abbildung 1: Verwirrungsspirale

Kommt Ihnen dieses „flatterhafte" Verhalten der Konsumenten bekannt vor? Das als hybrides oder multioptionales Verhalten bekannte Phänomen fordert Hersteller und Händler stark heraus. Mit welchen Leistungen soll man einen Konsumenten ansprechen, der ständig etwas anderes verlangt? Wie können die Konsumenten sowohl am Montag als auch an den restlichen Tagen der Woche in der Verkaufsstelle zufrieden gestellt werden? Soll und kann man als Anbieter, in Anbetracht des unberechenbaren Verhaltens, noch Kundensegmente ansprechen? Lassen sich überhaupt noch homogene Kundengruppen identifizieren?

Die **Identifikation von Kaufmustern,** die sich bis vor nicht allzu langer Zeit relativ einfach gestaltete, ist heute zu einer hohen Kunst geworden. Früher reichten Schubladen für das Alter oder den Familienstand, um Konsumenten unmissverständlich einzuordnen. Heute bedienen sich Marktforscher diffizilerer Methoden, wie zum Beispiel Psychogrammen, Lifestyle-Gruppierungen oder Benefit-Segmenten. Doch wie lassen sich die daraus abgeleiteten Erkenntnisse für eine optimale Zielgruppenansprache umsetzen? Den Managern werden zwar avantgardistisch anmutende Zielgruppen wie „Urban-Mix-Kids" oder „Asia-Trash-Girls" präsentiert; doch welche dieser unzähligen Kundengruppen ist am Erfolg versprechendsten?

Und überhaupt – wieso sollte man sich, insbesondere in wirtschaftlich schwierigen Zeiten, auf nur wenige Kundensegmente beschränken? Diese Selbsteinschränkung engt schließlich die eigene Stellung im Markt ein. Deshalb ist bei vielen Handelsunternehmen zu beobachten, dass zwar eine Zielgruppe definiert wird (weil dies zum guten Ton gehört), diese aber sehr allgemein umschrieben ist. Damit kann eine Wachstumseinschränkung elegant umgangen werden. Zum Beispiel werden „junge und aktive Familien" angesprochen oder „sportliche Konsumenten im mittleren Alter". Diese Definitionen überlassen den Einkäufern der Handelsunternehmen einen komfortablen Handlungsspielraum, der meistens auch ausgeschöpft wird.

2. Viele Hersteller und Händler versuchen, allen alles zu bieten (Strategiepluralismus).

Unvermeidlich wird eine sehr breite und heterogene Kundschaft angesprochen. So kommt es zum Beispiel vor, dass die in einem Warenhaus angebotenen Faltenhosen, Jeans, Hemden und Sweatshirts völlig unterschiedliche Stile verkörpern. Fühlen Sie sich wirklich angesprochen, wenn in dem einen Regal ausgeflippte Jeans und direkt daneben elegante Stoffhosen feilgeboten werden? Der unkoordinierte Einkauf führt – in Kombination mit anderen, nicht abgestimmten Marketingleistungen – zu einem so genannten **Strategiepluralismus.** Das Unternehmen fokussiert nicht auf eine Strategie, sondern setzt gleichzeitig mehrere, sich „beißende" Strategien um (z. B. Preisführer, Serviceführer und Produktführer). Diese unfokussierte Kundenansprache gründet nicht nur in einem unkoordinierten Einkauf, sondern auch in einer blinden Wachstumseuphorie. Die Erschließung mehrerer und immer wieder neuer Kundengruppen ist Ausdruck dieser Euphorie und führt dazu, dass in den Verkaufsstellen vieler Anbieter alles für jeden angeboten wird. Der Verzicht auf eine Selektion trägt zu einem diffusen Unternehmensprofil bei, wodurch das Angebot schleichend an Attraktivität verliert und austauschbar wird. Die Wahl der Verkaufsstelle geschieht oft ohne konkreten Grund, denn in einer Profilierungseinöde ist es einerlei, ob Händler A oder B aufgesucht wird. Beide bieten sowieso das Gleiche an.

Um dieser abnehmenden Kundenloyalität entgegenzuwirken, haben viele Hersteller und Händler versucht, die Aufmerksamkeit der Konsumenten durch mannigfaltige Attraktionen wiederzugewinnen. Anbieter ringen oftmals mit unkoordinierten Werbeaktionen, einer größeren Produktauswahl, neuen Verpackungen oder Loyalitätsprogrammen um die Gunst der potenziellen Kunden.

3. Die Konsumenten fühlen sich verwirrt und überfordert (Consumer Confusion).

In der Reizüberflutung – verursacht dadurch, dass die Mehrheit der Marktteilnehmer ähnliche Verkaufsförderungsaktionen zum Besten gibt – wird es immer schwieriger, sich das Gehör der Konsumenten zu verschaffen. Im Gegenteil, die unkoordinierten und vielfältigen Aktivitäten führen oftmals zu einer Verwirrung der Konsumenten.

In der Marketingliteratur wird dieser Zustand der Überforderung als **Consumer Confusion** bezeichnet. Consumer Confusion kann durch *sämtliche Marketingmaßnahmen eines Herstellers oder Händlers ausgelöst werden, die ein Kunde wahrnimmt*. Dazu gehören neben einem unüberschaubaren Sortiment, das laufend verändert wird, Faktoren wie zu viele oder zu unübersichtliche Kundeninformationen, mangelhafte Dienstleistung in der Verkaufsfiliale, unqualifiziertes Verkaufspersonal, unübersichtliche Gestaltung der Verkaufsräume, komplizierte Erreichbarkeit der Filiale, schwierig zu bedienende technische Neuerungen sowie eine undurchsichtige Preispolitik.

Eine Odyssee kann überspitzt gezeichnet zum Beispiel damit beginnen, dass der Kunde im Eingangsbereich einer Verkaufsstelle mit einem Wald von Deckenhängern begrüßt wird – Wochenaktionen, Tagessonderangebote, Hinweise auf Kundenkartenvorteile oder Ökologiegütezeichen. Regelmäßige Regalumstellungen lassen den Gang durch die Regale zum Spießrutenlauf werden. Die anschließende Entscheidung zwischen zum Beispiel 20 verschiedenen und doch ähnlichen Frühstücksflocken gestaltet sich für die meisten Konsumenten nicht ganz einfach – vor allem auch angesichts der kontinuierlichen Verpackungs- und Sortimentsänderungen.

4. Um den Überblick zu behalten, wenden Konsumenten Reduktionsstrategien an.

Wenn sie vom Händler keine Orientierung bekommen, müssen sich die verwirrten Konsumenten selbst zu helfen wissen. Dazu nutzen sie so genannte **Reduktionsstrategien.** Diese kommen dann zur Anwendung, wenn der Konsument nicht mehr die Muße besitzt, sich mit immer wieder neuen Situationen auseinanderzusetzen. Wenn zum Beispiel das Konfitürensortiment mit einer Linie für gesundheitsbewusste, für gewichtsbewusste, für traditionsbewusste, für trendbewusste und schließlich noch für umweltbewusste Konsumenten bestückt wird und jede einzelne dieser Linien notabene durch zahlreiche Geschmacksrichtungen repräsentiert wird, ist ein spontaner Griff in das Regal oft das Naheliegendste. Denn ein Abwägen zwischen 20 und mehr ähnlichen Produkten würde die im Grunde genommen nicht weltbewegende Entscheidung ins Unerträgliche verzögern. Das heißt, die Vorteile der einzelnen Produkte werden durch die Vielfalt erdrückt und gar nicht mehr wahrgenommen. Weil mit dem spontanen Griff ins Sortiment ein gewisses Risiko eingegangen wird (die Konfitüre könnte unter Umständen nicht schmecken), gehen Konsumenten häufig zu einem gewohnheitsmäßigen Einkauf über. Die restlichen Konfitüren werden nicht mehr beachtet. Hierbei sucht der Konsument nicht eine größere, sondern eine sichere Wahl.

5. Es setzt Konsummüdigkeit ein.

Bei vielen Sortimenten möchte sich der Konsument gar nicht mehr näher informieren, sondern kauft häufig Produkte oder Marken, die bereits im Elternhaus erworben wurden. Der Einkauf wird hierbei zur Pflichtübung degradiert, weil sich der Konsument nicht mehr durch neue Produkte inspirieren lässt oder mit dem Angebot auseinandersetzen mag. Er wird konsummüde.

6. Konsummüdigkeit kann zu Umsatzverlusten führen.

Für Hersteller und Händler mündet dieses Verhalten oft in eine hohe Floprate der Produktinnovationen. Der Konsument bleibt bei bewährten Produkten. Weitreichender sind die Konsequenzen, wenn sich der Konsument mit dem Einkauf zurückhält. Dieser **Umsatzverlust** ist nicht direkt messbar, doch zeigen Unternehmen, die den Konsumenten eine gezielte Orientierung bieten, anderen eindrücklich auf, was ihnen an Umsatz verloren geht. Neueinführungen oder Relaunches vermögen zwar kurzfristig den Umsatz zu steigern. Folgen jedoch die Neuheiten zu schnell aufeinander oder fällt der vom Konsumenten wahrgenommene Mehrnutzen zu gering aus, verliert das Unternehmen langfristig an Glaubwürdigkeit, und die Kauffreude der Konsumenten beginnt kontinuierlich zu sinken.

Was können Hersteller und Handel nun tun, um Consumer Confusion zu vermeiden und die Kauflust bei den Konsumenten zu fördern. **Profilierung, Orientierung** und **Vereinfachung** sind die wichtigsten Strategien. Und sie greifen nicht nur auf Unternehmensebene. Denn das Consumer-Confusion-Phänomen besitzt sowohl eine betriebswirtschaftliche, gesellschaftliche als auch eine volkswirtschaftliche Relevanz:

▶ Wenn es gelingt, Consumer Confusion zu vermeiden, ist eine profilierungsfördernde Wirkung auf der **betrieblichen Ebene** zu erwarten. Denn dann können sich orientierungsfreundliche Marketingmaßnahmen besser entfalten und so die Aufmerksamkeit der Konsumenten eher auf sich ziehen.

- Mit der Entlastung der Konsumenten bei ihrer Wahl kann außerdem auch der **gesellschaftlichen Forderung** nach Vereinfachung alltäglicher Prozesse nachgekommen werden.
- Schließlich ist davon auszugehen, dass eine profilfördernde Wirkung in Verbindung mit einer „Mental Convenience" (Entscheidungsunterstützung durch Orientierungsmaßnahmen) der Konsumenten auch die **volkswirtschaftliche Ebene** und damit das Bruttoinlandsprodukt erreichen wird.

Im ersten Teil dieses Buches wird die Verwirrungsspirale aus Management- und Kundensicht detaillierter aufgezeichnet. Weil der Konsument sich vor Verwirrungsauslösern durch Reduktionsstrategien schützen kann, ist insbesondere das Management gefordert, das Phänomen in den Unternehmen in den Griff zu bekommen. Im zweiten Teil des Buches wird ein Leitfaden vorgeschlagen, wie das Management Consumer Confusion vermeiden und dem Konsumenten eine angenehme Orientierung bieten kann.

*Wer seinem Nächsten Rechnung trägt,
hat unendlich mehr Aussicht, auch selber
auf seine Kosten zu kommen –
sogar geschäftlich gesehen.*

Gottlieb Duttweiler

Managementperspektive: Wie Managementfehler Konsummüdigkeit verursachen

Die Vorzeichen der Wirtschaftsentwicklung haben sich in den vergangenen Jahren nicht zu Gunsten der Hersteller und Händler verändert. Die Arbeitslosigkeit ist fast im gesamten europäischen Raum auf hohem Niveau angesiedelt, das Bruttosozialprodukt stagniert vielerorts, die Last der Sozialabgaben drückt auf den Geldbeutel der Konsumenten, und fast flächendeckend beklagt sich der Groß- und Einzelhandel über einen sinkenden Umsatz und Ertrag. Ist die Quelle der Konsumgesellschaft endgültig dabei zu versiegen?

Wenn bei Bilanzpressekonferenzen der unerfreuliche Geschäftsverlauf auf eine schlechte Wirtschaftslage, unsichere Zukunftsaussichten oder sozialpolitische Probleme zurückgeführt wird, so ist dies nur die halbe Wahrheit. Selbstverständlich beeinflussen und verursachen die eben erwähnten Entwicklungen zum Teil eine kontinuierliche Abkühlung der Konsumentenstimmung. Doch wer die Ursachen eines mageren Geschäftsganges nur außerhalb des Unternehmens sucht, vergisst oftmals den eigenen Beitrag zur steigenden Kaufzurückhaltung der Konsumenten.

Wir glauben: Insbesondere, wenn es darum geht, sich gegenüber dem Wettbewerb zu behaupten, werden Managementherausforderungen – vor dem Hintergrund einer überholten Weltanschauung – falsch angepackt. Das löst eine negative Verwirrungsspirale aus (vgl. Abbildung 2 auf Seite 20).

Die folgenden Kapitel zur erschwerten Identifikation von Kaufmustern und zum Strategiepluralismus unterstreichen die Herausforderungen, vor denen Unternehmen bei der Definition ihrer Zielgruppen und der Umsetzung einer langfristig ausgerichteten Grundsatzstrategie stehen. Wie diese Hürden überwunden werden können, wird im zweiten Teil dieses Buches erläutert.

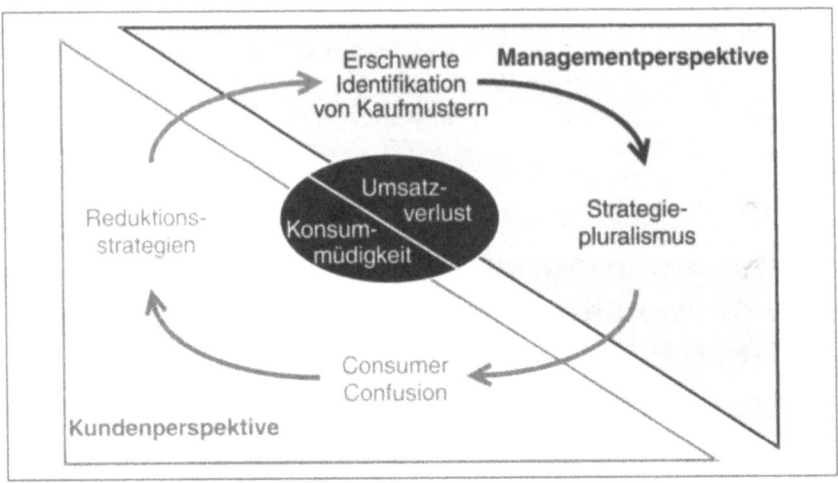

Abbildung 2: Verwirrungsspirale aus Managementperspektive

Warum Kaufmuster immer schwerer zu identifizieren sind

Händler müssen immer mehr um die Gunst der Kunden buhlen. Es reicht nicht mehr aus, herstellergetriebene Produkte in das Regal zu stellen und diese dem Konsumenten mehr oder weniger originell anzupreisen. Der Konsument hat an Marktmacht gewonnen. Er kann jederzeit das Angebot eines alternativen Händlers in Anspruch nehmen. Die Verkaufsstellenloyalität geht aber vor allem deshalb zurück, weil sich viele Anbieter in den vergangenen Jahren in ihren Leistungen stetig angeglichen haben. Dadurch haben sie ihre originären Erkennungsmerkmale aufs Spiel gesetzt und sind austauschbar geworden. Wollen Anbieter eine gewichtige Rolle auf der Bühne des Konsums spielen, sind sie deshalb gefordert.

Deshalb steht die **Kundenorientierung** spätestens seit dem letzten Jahrzehnt auf den Fahnen eines jeden Unternehmens – sowohl in der Industrie als auch im Handel. Kundenorientierung im Sinne einer Orientierung am Kunden ist jedoch eine anspruchsvolle Philosophie, die erstens schwierig zu interpretieren ist (was ist unter Kundenorientierung konkret zu verstehen?) und zweitens hohe Anforderungen an die Umsetzung stellt. Dies belegen die folgenden Beobachtungen:

- Ein **Hersteller** verdichtete die Kundenorientierung zum Leitsatz „the consumer is boss". Diese Maxime ist weit verbreitet und steht für ein sofortiges Aufgreifen von Bedürfnistrends und die Umsetzung in entsprechende Leistungsangebote – der Kunde wünscht dies ja. Der Trend geht dabei vom ursprünglichen Massenangebot zum individualisierten Erzeugnis. Mannigfaltige schwache Trendsignale sorgen für ein stetig wachsendes Sortiment – die Individualisierung der Bedürfnisse erhält mit der umfangreichen Produktpalette ein Gesicht. Ist damit Kundenorientierung gemeint?

- Zwischen **Hersteller und Händler** hat sich das Kooperationsprojekt „Efficient Consumer Response", kurz ECR, etabliert. Am Projekt beteiligte Personen bescheinigen dem Managementkonzept, dass es die Kundenbedürfnisse besser befriedige und damit eine positive Wirkung auf die Kundenzufriedenheit habe.[1] Dabei stehen im „Category Management" Projekte wie Verkaufsförderungsaktionen, Sortimentsneuausrichtungen, Produktentwicklung und Flächenoptimierung im Vordergrund – alles Projekte, bei denen die Zusammenarbeit zwischen Handel und Industrie optimiert wird. Ist damit Kundenorientierung gemeint?

- **Händler** möchten dem Kunden die neuen Produkte der Hersteller nicht vorenthalten. Um keinen Trend zu verpassen, werden die Produktneuheiten kaum selektiert und stattdessen dem Konsumenten zur freien Wahl ins Regal gestellt. Trends wie „Wellness" und „Gesundheit" oder „Convenience" („Ready-to-Cook" oder „Ready-to-Eat") werden deshalb durch möglichst zahlreiche alternative Produktlinien abgedeckt. Die Wahlfreiheit wird von Vollsortimentern denn auch als höchstes (Kunden-)Credo eingestuft (denn der Kunde ist König). Ist damit Kundenorientierung gemeint?

Kommt Ihnen das eine oder andere bekannt vor? Die geschilderten Philosophien können durchaus zu einer Kundenorientierung beitragen. Sie stellen jedoch *nicht die Essenz* der Kundenorientierung dar. Wenn man diese Essenz aber nicht kennt, besteht die Gefahr, dass die Aktivitäten der Hersteller und Händler nichts zu einer Kundenorientierung beitragen – im Gegenteil: Es droht ein stetig steigendes Angebot in den Verkaufsstellen, das die Aufmerksamkeit der Konsumenten nicht mehr erreichen kann.

Hersteller versuchen, (vermeintliche) Lifestyle-Trends herauszuspüren, daraus neue Produkte zu schaffen und damit an Umsatz zu gewinnen. Händler können sich der Produktflut nicht entziehen, weil sie sonst einen Trend verpassen und sich dies unter Umständen negativ auf das Unternehmensimage auswirken könnte. Dieser Teufelskreis bringt sowohl Hersteller als auch Händler um eine Erfolg versprechende Kundenorientierung.

Doch was ist nun Kundenorientierung? **Ein kundenorientiertes Unternehmen bietet seinen Kunden genau das, was ihnen den größten Nutzen bringt – und nur das.**

Diese Aussage unterscheidet sich von den Statements „the consumer is boss" und „der Kunde ist König" dergestalt, dass

- erstens die potenzielle Kundschaft **eingegrenzt** und
- zweitens die **Nutzenkomponente** in den Vordergrund gerückt wird.

Es wird nicht alles für jeden angeboten, sondern nur das, was einer definierten Kundengruppe einen möglichst hohen Nutzen verschafft.

> **Die Essenz der Kundenorientierung ist also, die Kundschaft bewusst einzugrenzen, um eine möglichst treffsichere und nutzengenerierende Ansprache zu gewährleisten.**

Dem Kunden das zu bieten, was er will („the consumer is boss") ist deshalb ein zweischneidiges Schwert, weil alles wünschbar ist, aber nur ein Bruchteil davon tatsächlich auch von den Konsumenten in den Warenkorb gelegt wird. Zwischen wünschbaren Angeboten und tatsächlichem Kaufakt liegt oft eine erhebliche Diskrepanz. In der Schweiz werden dem Konsumenten zum Beispiel jährlich rund 150 neue Eissorten in den Kühlvitrinen präsentiert. Als Testperson würden Sie wahrscheinlich auch die meisten vorgesetzten Geschmacksrichtungen für gut befinden – wie kann man auch der Verführung widerstehen. Doch wenn es zum eigentlichen Kaufakt kommt, lässt man als Konsument die meisten Neuheiten links liegen und greift zum Beispiel zum guten alten Magnum-Eis. 40 Prozent der 150 neu eingeführten Eissorten werden denn auch bereits nach einer Saison aus dem Angebot gekippt. Deshalb ist es die Aufgabe der Hersteller und Händler, die wirklichen Bedürfnisse der Kunden (und nicht nur das Wünschbare) im Rahmen ihrer kundenorientierten Leistungserstellung zu identifizieren.

Bei der Leistungserstellung der Hersteller und Händler kann zwischen einer Push- und einer Pull-Logik unterschieden werden:

- Das heute weit verbreitete Gießkannenprinzip (alles für jeden) basiert auf der **Push-Logik:** Dem Konsumenten werden zahlreiche Produktvarianten angeboten, aus denen er sich das optimale auswählen kann. Der Kunde weiß, was er will, und findet dementsprechend, was er will – so die Annahme der Anbieter. Durch das Setzen eigener Trends –

mitunter auch von der Konkurrenz inspiriert – möchten sich sowohl Hersteller als auch Händler profilieren. Die hohe Innovationsfrequenz wird dabei von vielen als Schutzschild betrachtet, um die Gefahr eines verpassten Trends möglichst abzuwenden.

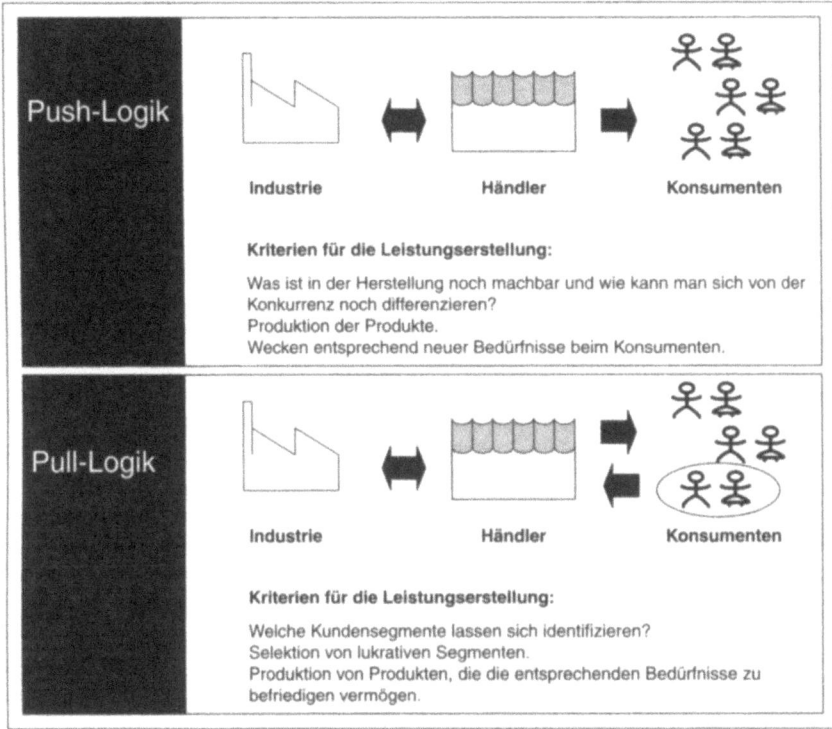

Abbildung 3: Push- und Pull-Logik in der Leistungserstellung

Dabei wird oft die deplatzierte Frage gestellt: „Welche Produkte können wir noch vor der Konkurrenz neu einführen?" So ist auch die steigende Variantenvielfalt zum Beispiel bei *Coca Cola* und *Pepsi* zu erklären. Geschmacksrichtungen wie „Crystal", „Vanilla", „Cherry", „Lemon" oder andere Eigenschaften wie „light", „koffeinfrei", „zuckerfrei" sowie „kohlenhydratereduziert" garantieren dem Konsumenten zwar eine große und immer wieder abwechselnde Auswahl, doch die hohe Innovationsrate verlangt Kunden einiges ab, um den Überblick zu behalten und die beste Wahl zu treffen. Die beiden Getränkehersteller beobachten sich gegenseitig mit Argusaugen und versuchen, mit neuen Produkten einen temporären Wettbewerbsvorsprung zu erlangen. Dabei gerät der Konsument leider schnell in den Hintergrund. Die in den letzten Jahren stark angestiegenen Floprraten bei Innovationen belegen dies. Der Konsument wird zum Testmarkt. Aufgrund des Zeitwettbewerbs lohnt es sich kaum mehr, intensiv abzuklären, ob ein Produkt wirklich dem Geschmack eines Konsumenten entspricht. Das Feedback wird direkt von der Verkaufsfront eingeholt. Diese Experimente lohnen sich für die Anbieter kaum, da einerseits die hohe Floprrate Investitionen zunichte macht und andererseits der Konsument durch die hohe Frequenz an Neuigkeiten ermüdet wird.

- Die **Pull-Logik** baut demgegenüber explizit auf den Bedürfnissen des Kunden auf. Dabei werden Kundensegmente identifiziert und schließlich die lukrativsten selektiert. Wie noch erläutert wird, ist dieser Schritt erfolgsentscheidend. Kritisch ist die Identifikation von Eigenschaften, die Konsumenten einerseits *verbinden* (zum Beispiel Alter, Preissensibilität, Technologiefaszination) und simultan das *Kaufverhalten gleichartig beeinflussen* (zum Beispiel junge Kunden kaufen Convenience-Produkte). Die Produkte werden schließlich auf die wandelnden Bedürfnisse dieser Zielgruppen stetig zugeschnitten. Eine Verkaufsstelle tut gut daran, nur eine beschränkte Anzahl von Kundensegmenten oder Bedürfnissen anzusprechen. Damit wird zwar auf den ersten Blick auf Umsatz verzichtet, doch die Ansprache einer kleineren, aber möglichst homogenen Kundengruppe begünstigt maßgeblich die Entstehung eines unverwechselbaren Unternehmensprofils.

Deshalb haben sich erfolgreiche Hersteller und Händler vom Ansatz des Massenmarketings abgewandt und diesen durch eine **zielgruppenspezifische Kundenansprache** ersetzt. Erfolg ist jenem Akteur beschert, der sein Angebot gezielt auf die Bedürfnisse einer homogenen Zielgruppe ausrichtet. Dieser Paradigmenwechsel bedingt jedoch, dass Unternehmen den Gesamtmarkt in einzelne Segmente aufteilen und Zielgruppen mit homogenen Bedürfnissen und Präferenzen erkennen können. Folgende drei Herausforderungen, die nachfolgend näher beschrieben werden, erheben jedoch diese Identifikation von Kaufmustern zu einer seltenen Kunstform:

1. Identifikation von Kriterien, die ein unterschiedliches Kaufverhalten erklären können (zum Beispiel Alter, Werthaltung),

2. Identifikation von übergeordneten Trendströmen, die das Kaufverhalten über die Zeit verändern können (zum Beispiel Individualisierung),

3. Identifikation von Rezepten, um mit hybriden oder multioptionalen Verhaltensweisen umgehen zu können.

Die Anforderung an die **Identifikation von Kriterien,** die Differenzen im Kaufverhalten eindeutig erklären, ist in den vergangenen Jahren wesentlich gestiegen. Klar ist, dass demografische Faktoren wie das Alter, das Einkommen oder die Haushaltsgröße seit längerem an Aussagekraft für die Identifikation von Kaufmustern verloren haben.[2] Es gibt zu viele Klassenzugehörige, die aus der Reihe tanzen und damit klassisch ermittelte Zielgruppen unterwandern. Wurden zum Beispiel Trekking-Reisen rund um das Annapurna-Massiv in Nepal ursprünglich auf eine junge Kundschaft ausgerichtet, sind heute die Reisegruppen sehr heterogen zusammengesetzt – aus 18- bis 60-jährigen Abenteurern.

Die Ermittlung von Kundensegmenten ist in fast jedem Industrie- und Handelsunternehmen ein hochaktuelles Thema, doch die Wissensbasis, wie dieser Identifikationsprozess durchgeführt werden soll, ist im Allgemeinen durchaus unvollkommen. Abbildung 4 gibt einen Überblick über mögliche Merkmalsgruppen für Segmentierungszwecke, die in Industrie und Handel angewendet werden. Leider haben die in der Managementliteratur angepriesenen Segmentierungskriterien mittlerweile ein unüberschaubares Ausmaß angenommen. In den verschiedensten Publikationen werden immer wieder neue und differenziertere Kriterien vorgestellt. Typologien wie zum Beispiel „Urban Villagers", „Home Managers", „Master Consumer" oder „Affluent Kids" bilden immer wieder neue Lebenswelten ab.[3]

Segmentierungskriterien		
1. Demografische Kriterien	**2. Psychografische Kriterien**	**3. Kaufverhaltensbezogene Kriterien**
• **Geografische Kriterien** (Region, Stadtteil etc.) • **Familienlebenszyklus** (Alter, Familienstand etc.) • **Soziale Schicht** (Einkommen, Bildung etc.)	• **Produktspezifische Kriterien** (Motive, Einstellungen etc.) • **Persönlichkeitsmerkmale** (Risikoneigung, soziale Orientierung, Interessen, Werte, Meinungen etc.)	• **Preisverhalten** • **Mediennutzung** (Nutzungsintensität, Medienart etc.) • **Einkaufsstättenwahl** • **Produktwahl** (Markenwahl, Kaufvolumen etc.)

Quelle: In Anlehnung an Becker, J., Marketing-Konzeption, 6. Aufl., München 1998, S. 251.

Abbildung 4: Merkmalsgruppen für Segmentierungszwecke

Wenn es darum geht, erstens eines dieser zahlreichen Kriterien auszuwählen und es zweitens umzusetzen, entstehen häufig viele Fragen, weil eine Ableitung von Handlungshinweisen oft schwierig ist. Welche Merkmalsgruppen stellen eine ideale Lösung zur Segmentierung der potenziellen Kundschaft dar? Und vor allem, wie ist vorzugehen, um die entsprechenden Gruppen effektiv anzusprechen? Die Beschreibung des eigentlichen **Prozesses** einer Segmentierung wurde bislang eher vernachlässigt.

Erschwerend kommt hinzu, dass das Einkaufsverhalten der Konsumenten einem permanenten Wandel unterliegt. **Übergeordnete Trendströme,** die zum Beispiel durch eine (mediale) Gesundheitsdiskussion, eine subjektiv wahrgenommene Zeitknappheit, ein steigendes Umweltbewusstsein, eine Tendenz der Individualisierung, eine Preissensibilität angetrieben werden, verändern das Verhalten der Individuen in der Gesellschaft und in der Verkaufsstelle kontinuierlich (vgl. Abbildung 5).

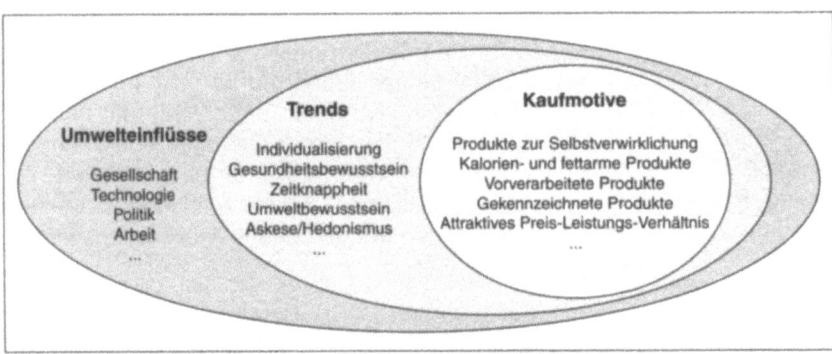

Abbildung 5: Beeinflussung des Konsumverhaltens

Diese übergeordneten Veränderungsströme werden von einer Vielzahl an Trendinstituten, -gurus und Sozialpsychologen identifiziert und beschrieben. Welche dieser prognostizierten Verhaltensströmungen werden aber auch tatsächlich eintreten? Beispielsweise wurde der Trend „Cocooning" bereits in den neunziger Jahren von der englischen Marktforscherin Faith Popcorn kreiert. Nach den Terroranschlägen in New York und Washington durchlebte er eine mediale Wiedergeburt. Doch ist der Rückzug in die eigenen vier Wände je zu beobachten gewesen? Wurden weniger Partys gefeiert, mehr Fitnessgeräte für zu Hause gekauft, weniger Fernreisen gebucht, weniger Risikosportarten ausgeübt? Auf jeden Fall nicht im prognostizierten Ausmaß. Deshalb: Einen wirklichen Trend zu erkennen, der das Einkaufsverhalten nachhaltig beeinflusst, ist eine anspruchsvolle Aufgabe.

Damit nicht genug. Anstatt dass sich Konsumenten einem Segment zuordnen lassen, *verhalten sie sich hybrid*. Das heißt, je nach Situation agieren sie nicht „kundensegmententreu". Ein als preisorientiert „schubladisierter" Konsument kauft zum Beispiel – weil er am Abend Besuch erwartet – ein Rinderfilet, das teurere Mineralwasser und einen guten Tropfen Wein aus dem Keller von Schloss Rothschild. Oder die gesundheitsorientierte Kundin gönnt sich aufgrund einer bestandenen Prüfung einen Imbiss in einem Fast-Food-Restaurant. Diese beiden Beispiele deuten darauf hin, dass auch innerhalb einer definierten Kundengruppe keine Homogenität herrscht. Wie kann diesem „flatterhaften" Verhalten begegnet werden? Dass die Ausweitung des Leistungsangebots – damit der multioptionale Konsument alles unter einem Dach findet – keine Patentlösung darstellt, wird das nächste Kapitel auszuleuchten versuchen.

Diese Ausführungen zeigen:

Da einerseits die Erwartungen der Kunden an die Leistungen der Händler stetig steigen und andererseits aber das Verhalten der Kunden immer schwerer einzuschätzen ist, wird die Identifikation von Kaufmustern zur kritischen Erfolgsgröße für den Handel.

Dass eine Zielgruppenansprache essenziell ist, musste *Marks & Spencer (M&S)* in den neunziger Jahren erfahren. M&S hat damals elf unterschiedliche Kundensegmente angesprochen. Diese breite Ansprache hat deshalb funktioniert, weil M&S in England kaum Konkurrenz zu befürchten hatte. Das Unternehmen hat die Beschaffungskette im Inland derart optimiert, dass die Konkurrenz M&S weder hinsichtlich Endpreis noch Qualität ernsthaft gefährden konnte. Dieser Vorteil ist weggebrochen, als Großbritannien die Einfuhrbestimmungen für Textilien gelockert hat und die Konkurrenz billigere Rohstoffe aus dem asiatischen Raum importieren konnte. Ab diesem Moment musste M&S erkennen, dass wegen der breiten Ansprache (elf Segmente) keine Kernzielgruppe existierte. Dieses Beispiel zeigt, dass eine Fokussierung auf einige wenige Kundensegmente – insbesondere bei erhöhter Wettbewerbsintensität – existenziell sein kann.

Die Identifikation von homogenen Kundengruppen – so könnte man annehmen – sollte seit dem Aufkommen von Scanning, Kundenkarten und Customer-Relationship-Management-Tools kein Problem mehr darstellen. Diese Instrumente können Hersteller und Händler darüber Auskunft geben, wer, was, wann, in welchem Warenkorb und in welcher Menge eingekauft hat. Auch die internen Marktforschungsprojekte bieten weitere Einblicke in die Psyche des Konsumenten. Eigentlich ideale Voraussetzungen für eine ergiebige Kundensegmentierung. In der Datenflut ist es jedoch für Manager äußerst schwierig geworden, die „richtigen" (Kenn-)Zahlen für eine Identifikation von Kaufmustern zu selektieren, zu kombinieren und zu verdichten. Nicht fehlende Daten sind deshalb Ursache einer erschwerten Identifikation, sondern oftmals das fehlende Know-how zur Interpretation.

Dass eine Segmentierung nicht kompliziert ausfallen muss, beweist die Schweizer Getränkeherstellerin *Rivella*.

Rivella: Mit nur drei Produkten den Markt abgedeckt

Am Anfang stand die Idee, aus Milchserum ein Erfrischungsgetränk herzustellen, das gleichzeitig gesund und natürlich ist und den Durst angenehm löscht. Aus dieser Idee heraus entstand Rivella.[4] Rivella rot hat in der über 50-jährigen Firmengeschichte nur zwei Geschwister bekommen, nämlich zunächst Rivella blau (kalorienarm) und seit einiger Zeit Rivella grün (mit Grüntee-Extrakten). Mit diesen drei Produkten lassen sich auch heute noch sehr viele „neue" Trends ansprechen:

Rivella rot: sportliche und gesundheitsbewusste Kunden
Rivella blau: kalorienbewusste Kunden
Rivella grün: wellness- und trendorientierte Kunden

Rivella tut gut daran, auch in den nächsten 50 Jahren dem Innovationsdrang ihrer Konkurrenz standzuhalten und die klare Kommunikation der drei Produkte aufrechtzuerhalten. Ein zusätzliches Rivella Aloe Vera, Blueberry oder Crystal würde die Marke verwässern. Nicht ohne Grund vermag das Getränk in der Schweiz den Erzeugnissen internationaler Hersteller die Stirn zu bieten.

Nur wenigen Unternehmen ist es bisher gelungen, anhand der erhobenen Datenmenge auch wirklich eine Erfolg versprechende Ansprache der Kunden zu erzielen. Wenn aber Kundenbedürfnisse nur noch bedingt prognostizierbar sind, erhöht dies die Dynamik des Marktes und führt zu einer **Verlagerung des Wettbewerbsschauplatzes.** Die unternehmerischen Aktivitäten orientieren sich schließlich primär an der Taktik der Konkurrenz. Eine Studie hat hierzu ergeben, dass die 500 größten deutschen Unternehmen vor allem die Strategieänderungen (94,5 Prozent) und das Innovationsverhalten (83,5 Prozent) der Konkurrenten überwachen, um für die Zukunft gerüstet zu sein.[5] Diese Konzentration auf die Konkurrenz kann jedoch nur sehr beschränkt in die Zukunft weisen. Vielmehr wird die Erkennung von Kundenverhaltensmustern zur zentralen Herausforderung für Hersteller und Händler.

Checkliste: Managementfehler bei der Identifikation von Kaufmustern

Wie effektiv sind die Prozesse in Ihrem Unternehmen, um Kaufmuster zu identifizieren und diese Muster regelmäßig zu überprüfen? Und wie gut gelingt es Ihnen, die erhobenen Daten und Konsumtrends zu interpretieren? Die folgende Checkliste hilft Ihnen einzuschätzen, wie Ihre Voraussetzungen zur Erkennung von Kaufmustern und deren Veränderungen sind. Je mehr Fragen Sie mit Nein beantworten, desto intensiver sollten Sie sich mit diesem Thema beschäftigen.

		Ja	Nein
1.	Führen Sie regelmäßig Kundenbefragungen oder Kundengespräche durch, um über die Bedürfnisse Ihrer Kunden auf dem Laufenden zu sein?	❏	❏
2.	Werden schwache Trendsignale kontinuierlich aufgespürt und diskutiert?	❏	❏
3.	Bewerten Sie die Konsumtrends und die Kundenbedürfnisse nach deren Relevanz?	❏	❏
4.	Haben Sie Kernzielgruppen für Ihr Unternehmen definiert?	❏	❏
5.	Besitzen Sie eine Systematik, um diese Kernzielgruppen zu identifizieren und deren Verhaltensdynamik zu beschreiben?	❏	❏
6.	Nutzen Sie die im Unternehmen vorhandenen Kundendaten (zum Beispiel Scanner- und Kundenzufriedenheitsdaten) effektiv und effizient?	❏	❏
7.	Nutzen Sie (qualitative oder quantitative) Verfahren und Kennzahlen, die Ihnen die Identifikation von Kaufmustern erleichtern?	❏	❏
8.	Sind Ihre Zielgruppen groß genug, um ein nachhaltiges Wachstum der Unternehmung sicherzustellen?	❏	❏
9.	Sind die identifizierten Bedürfnisse Ihrer Zielgruppen über eine gewisse Zeit hinaus stabil?	❏	❏

	Ja	Nein
10. Unterscheiden sich diese definierten Zielgruppen markant von den restlichen Konsumenten?	☐	☐

Wie fehlendes Wissen über den Kunden klare Strategien verhindert

Nach der eher überschaubaren und stabilen Entwicklung der Märkte bis in die siebziger Jahre wurde der Wettbewerb in den vergangenen zwei Jahrzehnten immer dynamischer, schärfer und komplexer. Dadurch erhöhten sich die Herausforderungen für die Positionierung eines Unternehmens ganz wesentlich, denn plötzlich war nicht mehr nur ein Schalthebel zu bedienen, sondern es musste das Augenmerk auf eine Vielzahl von Veränderungen gerichtet werden. Diese Entwicklung hat zahlreiche Strategieansätze hervorgebracht, die Ordnung in das Chaos bringen sollten. Populäre Ansätze wie „Lean Management", „Business Process Redesign", „Lernende Organisation", „Zeitwettbewerb" und andere mehr wurden in der Vergangenheit viel diskutiert und beschäftigen noch heute die Gemüter. Doch schließlich geht es in all diesen (meist attraktiv verpackten) Ansätzen darum, klare Rahmenbedingungen zu schaffen, um zukünftige Erfolgsfaktoren möglichst akkurat und rasch zu erkennen und um als Unternehmen flexibel darauf reagieren zu können.

Doch wie kann eine Strategie entwickelt werden, wenn das Kaufverhalten der Konsumenten nicht oder kaum zu identifizieren ist? Viele Unternehmen gleiten deshalb in einen **Strategiepluralismus** ab. Sie setzen gleichzeitig miteinander konkurrierende Stategien (z. B. Preisführer, Serviceführer und Produktführer) um, sodass der Kunde letztlich nicht mehr weiß, wofür das Unternehmen eigentlich steht.

Allen alles bieten wollen – Strategiepluralismus im Unternehmen

Ein erstes Indiz für einen Strategiepluralismus ist die kontinuierliche **Ausweitung des Artikelstamms.** Mit einer Expansion geht meistens eine breitere Ansprache der potenziellen Kundschaft einher. Neben dem Gourmet-Menü wird zum Beispiel neu auch ein Low-Budget-Menü angeboten, um auch die weniger betuchte Kundschaft anzusprechen. Oder das Trekking-Angebot wird durch Produkte für den Hobby-Wanderer ergänzt. Oder neben einer qualitativ überzeugenden Überseeflotte werden auch Billigflüge für Kurzstrecken ins Programm genommen. Die dadurch entstehende Angebotsexplosion wird durch die folgenden Ergebnisse einer Untersuchung deutlich gemacht. Im Zeitraum von zehn Jahren haben sich:[6]

- die Artikelanzahl um bis zu 130 Prozent erhöht,
- die Produktvarianten um bis zu 420 Prozent erhöht und
- die Produktlebenszyklen um bis zu 80 Prozent verkürzt.

Diese Entwicklungen deuten darauf hin, dass Strategiepluralismus vermutlich eine nicht unerhebliche Zahl an Herstellern und Händlern betrifft und sich sowohl auf die internen Kosten als auch auf die Entscheidungsfindung der Konsumenten auswirkt. Neben dieser Expansion sind aber auch die **Redundanz des Sortiments** und die **Anzahl von Veränderungen** im Sortiment weitere wichtige Indizien für einen Strategiepluralismus.

Den erwähnten Zahlen kann man entgegenhalten, dass Konsumenten genau diese Auswahl und Abwechslung fordern. Wieso konnte *Media Markt* mit über 30 000 Artikeln den Schweizer Markt seit dem Eintritt vor zehn Jahren so erfolgreich bearbeiten? Noch vor dem Markteintritt haben Vertreter der Unterhaltungselektronikbranche das Scheitern von Media Markt vorausgesagt. Sie haben prognostiziert, dass der Schweizer Konsument Beratung beim Kauf eines Elektrogerätes wünsche und deshalb eine große Selbstbedienungsauswahl keinen Erfolg haben werde. Der Media-Markt-Konzern betreibt heute in der Nähe von Zürich die erfolgreichste Verkaufsstelle in Europa und weist außerdem gute Wachstumsraten auf.

Auf den ersten Blick widerlegt das Beispiel Media Markt die Hypothese, dass eine große Auswahl und ein damit oft zusammenhängender Strategiepluralismus den Konsumenten verwirren. Zwei Argumente weisen jedoch darauf hin, dass Media Markt geschickt Verwirrungsursachen minimiert hat:

- Erstens wird der deutsche Fachmarkt als klarer Preisführer von den Konsumenten wahrgenommen. Diese **klare strategische Botschaft** („ich bin doch nicht blöd") macht die Wahl für den Konsumenten einfacher. Die Anzahl Digitalkameras in den Regalen von Media Markt ruft zwar nach Beratung, doch die subjektive Gewissheit, dass jedes dieser Geräte zu einem unschlagbar niedrigen Preis angeboten wird, reduziert den Entscheidungsaufwand enorm.
- Zweitens sind Auswahl und Abwechslung tatsächlich ein Kundenbedürfnis. Nur – Auswahl und Abwechslung werden lediglich von einer

kleineren Kundengruppe permanent nachgefragt. Die so genannten „Variety Seeker" suchen ständig nach überraschenden und neuen Leistungen. Deshalb kann davon ausgegangen werden, dass Media Markt nicht primär wegen der großen Auswahl erfolgreich agiert, sondern aufgrund seines prägnant kommunizierten Preisvorteils.

Ein Unternehmen ist dann optimal positioniert, wenn Konsumenten klar sagen können, für was es steht. Dieses Bild oder Image entsteht durch die vom Kunden wahrgenommenen Botschaften – dazu gehören neben dem Sortiment auch die Ladengestaltung, die kommunizierte Unternehmensphilosophie, das Personal und alle weiteren Eindrücke, die der Kunde mit dem Unternehmen in Verbindung bringt.

Für was steht zum Beispiel das Schweizer Textilwarenhaus *Feldpausch*? Für Exklusivität? Im Zürcher Flagschiff wird im Erdgeschoss Alltagsmode angeboten. Also doch eher mittelständische Mode? Nein, nicht nur, denn in den oberen Stockwerken werden exklusive Marken wie *Armani* oder *Akris* präsentiert. Die Überlegung dahinter ist die, dass die junge Kundin vor allem im Erdgeschoss angesprochen und an das Unternehmen gebunden wird. Parallel zur Karriere soll die Kundin dann auch im Geschäftshaus aufsteigen – nämlich zur exklusiven Mode in die erste und zweite Etage. Kann diese Strategie aufgehen? Werden Kunden durch Alltagsmode, die auch bei der Konkurrenz angeboten wird, gebunden? Und bringen Kundinnen zu einem späteren Zeitpunkt, wenn sie sich edle Akris-Stoffe leisten können, sofort Feldpausch mit Exklusivität in Verbindung? Es kann angenommen werden, dass Feldpausch eher zwei unterschiedliche Zielgruppen in einem Haus anspricht. Es ist auch anzunehmen, dass Kundinnen, die im Obergeschoss nach einem eleganten und exklusiven Ballkleid Ausschau halten möchten, von den auffälligen Aktions- und Rabattschildern im Eingangsbereich etwas irritiert werden.

Das Beispiel zeigt, dass durch die gleichzeitige Ansprache mehrerer Kundengruppen Konfliktpotenziale bei der Kommunikation entstehen. Für was steht nun Feldpausch? Für junge Alltagsmode oder doch eher für exklusive Galagarderobe? Die Marke leidet unter diesem Spagat der Kommunikation. Belz hat diese Entwicklung im Rahmen des destruktiven Wirkungsprozesses als Zersplitterung der Marketing-Aktivitäten bezeichnet.[7] Strategiepluralismus folgt der Gießkannenlogik und trägt zu einem diffusen Unternehmensprofil bei.

Andererseits erweist sich eine unklare Grundsatzstrategie als Hypothek für die Selektion von hausinternen Projekten. Sollen nun – weil die Wirtschaft an Schwung verloren hat – auch Billigangebote in das Sortiment aufgenommen werden? Soll – wie es die mittelständischen Modehäuser tun – mit Brimborium ein Schlussverkauf veranstaltet werden, um (ein vermeintliches) Umsatzwachstum zu erzielen? Wird dadurch nicht die Strategie verwässert?

Standpunkt: Zählt nur noch Discounting?

Haben in der Zukunft nur noch Discounter eine Überlebenschance in der Handelslandschaft? Der deutsche Einzelhandel erlebt eine nie gekannte Preisspirale nach unten. *Aldi*, *Lidl* oder *Penny* versuchen, die Gunst der preissensiblen Konsumenten zu gewinnen – mit zum Teil atemberaubendem Erfolg. Währenddessen tut sich der restliche Lebensmittelhandel schwer und muss sich glücklich schätzen, den vor Jahresfrist erzielten Umsatz zu konsolidieren.

Ist es in dieser Situation nicht nahe liegend, dass die Nicht-Discounter ebenfalls an der beim Konsumenten neu entfachten Lust am Discount[8] teilhaben wollen? Insbesondere, wenn die bisherige Strategie kein Umsatzwachstum mehr verspricht? Die meisten Einzelhändler führen heute ein mehr oder weniger redundantes Produktportfolio mit „aldinativen" Artikeln – ohne durchschlagenden Erfolg. Dieser strategische Kompromiss (es wird alles für jeden angeboten) hat viele Einzelhändler um ein einzigartiges Profil gebracht.

Die Annahme, dass in einer Wirtschaftsflaute sämtliche Kundenschichten unisono ihre Kaufentscheidung ausschließlich nach dem Preisetikett richten, ist ein Trugschluss. Britische Einzelhändler wie *Sainsbury's* oder *Tesco* haben den Discountern im englischen Markt erfolgreich die Stirn geboten. Wie? Durch eine eigenständige Sortimentspolitik und eine passende Kommunikation – nämlich durch die Hervorhebung der Frische (Früchte, Gemüse, Backwaren, Fleisch etc.) und innovative Convenience-Produkte. Anstatt sich dem Discounting anzunähern, **haben die britischen Händler eine Nische gefunden**, die durch Hard-Discounter kaum zu erschließen ist. Obwohl *Wal-Mart* seit geraumer Zeit mit dem *Asda*-Verkaufsnetz auf der Insel präsent ist, ist der wertmäßige Discount-Anteil nicht über die Fünf-Prozent-Grenze hinausgekommen. In der Schweiz liegt dieser Anteil bei sieben und in Deutschland bei 38 Prozent.[9]

Aus welchem Grund soll ein deutscher Konsument noch zu *Rewe*, *Edeka*, *Kaufhof* oder *Spar* fahren, wenn diese Verkaufsstellen versuchen, sich mit *Aldi* zu messen, aber nicht die tiefen Preise anbieten können und ihre ursprünglichen Stärken aufgeben (um der Lust am Discount zu entsprechen)? Würden Sie nicht auch lieber das Original wählen? Der Preis wird zwar immer wichtiger, aber vielleicht auch deshalb, weil dieser in einem verwirrenden Leistungsumfeld am meisten Orientierung verschafft.

Checkliste: Strategiepluralismus erkennen

Prüfen Sie mit der nachfolgenden Checkliste, ob Ihr Unternehmen mehrere Strategien gleichzeitig verfolgt und dadurch den Mitarbeitern und Konsumenten ein verschwommenes Bild bietet. Je mehr Fragen Sie mit Nein beantworten müssen, desto größer ist Ihr Handlungsbedarf.

Viele dieser Statements erscheinen zwar plausibel und unspektakulär, doch ist deren Umsetzung im Unternehmen alles andere als einfach. Meist bestehen zwar Strategiepapiere, es finden Umsetzungsworkshops und Mitarbeiterschulungen statt, aber irgendwie verpuffen die Botschaften in der Hitze des Tagesgeschäfts. Ordner mit wohlsortierten Leitlinien, die aus der Strategie abgeleitet wurden, sind zwar farbig und attraktiv gestaltet, aber oft in verschlossenen Schubladen zu finden. Wieso tun sich Unternehmen so schwer, eine Strategie für das gesamte Unternehmen zu erarbeiten und diese auch zu leben? Das nächste Kapitel gibt einige Hinweise hierfür.

	Ja	Nein
1. Besitzt Ihr Unternehmen eine klare strategische Botschaft, die von Ihren Mitarbeitern gelebt wird?	❏	❏
2. Besitzt Ihr Unternehmen eine klare strategische Botschaft, die Ihre (Ziel-)Kunden begeistert?	❏	❏
3. Können Sie Ihre Strategie in einem Satz prägnant wiedergeben?	❏	❏
4. Hat diese strategische Ausrichtung auch in turbulenten Zeiten Bestand?	❏	❏
5. Sind sämtliche Projekte in Ihrem Unternehmen an die strategischen Vorgaben geknüpft?	❏	❏

	Ja	Nein
6. Werden die Projekte im Unternehmen von einer Stelle koordiniert?	❏	❏
7. Sind die Leistungen des Unternehmens explizit auf die Zielgruppe ausgerichtet?	❏	❏
8. Erkennen die Konsumenten den Kundennutzen, den Ihr Unternehmen bietet?	❏	❏
9. Verzichten Sie bewusst auf Leistungsangebote, die nur bedingt Ihre Zielgruppe ansprechen würden?	❏	❏

Was Unternehmen in einen Strategiepluralismus führt

Eine Erfolg versprechende und langfristig ausgerichtete Strategie zeichnet sich generell dadurch aus, dass sie einen hohen Kundennutzen bietet und einzigartig ist. Diese Eigenschaften sind jedoch noch nicht hinreichend für einen nachhaltigen Wettbewerbsvorteil. Die Strategie sollte zusätzlich für die Konkurrenz schwer zu imitieren und die erbrachten Leistungen sollten von Substituten (Ersatzprodukten) nicht gefährdet sein (vgl. Abbildung 6).

Besitzt oder ist eine Unternehmensleistung:

Kundennutzen	einzigartig	schwierig zu imitieren	keine Substitute	Konsequenzen
Nein	–	–	–	Wettbewerbsnachteil
Ja	Nein	–	–	Patt-Situation
Ja	Ja	Nein	–	Temporärer Vorteil
Ja	Ja	Ja	Nein	Patt-Situation
Ja	Ja	Ja	Ja	Nachhaltiger Vorteil

Abbildung 6: Händlerleistungen im Wettbewerb

Lesebeispiel: Besitzt eine Händlerleistung keinen Kundennutzen, so münden die Aktivitäten in einen Wettbewerbsnachteil. Bietet der Händler einen Kundennutzen, ist die Leistung einzigartig und schwierig zu imitieren und außerdem ohne Substitute (Ersatzprodukte), dann besitzt der Händler einen nachhaltigen Konkurrenzvorteil.

Ein nachhaltiger Wettbewerbsvorteil basiert auf einer fundierten Kenntnis des Kunden und des Marktes. Wenn diese Wissensbasis nicht oder nur unvollständig vorhanden ist, beschränkt sich der „strategische" Fokus meist auf die intensive Beobachtung der Konkurrenz. Diese Verlagerung des Wettbewerbs von der strategischen (langfristigen) zur operativen (kurzfristigen) Ebene hängt meistens damit zusammen, dass die Schachzüge der Konkurrenz im Vergleich zum Verhalten der Kunden eher berechenbar und prognostizierbar sind. Dieser Fokus verleiht dem Unternehmen eine gewisse Orientierung. Was macht die Konkurrenz und wie können die Leistungen am schnellsten kopiert werden, oder besser: Wie kann die Konkurrenz mit neuen Errungenschaften überflügelt werden? Diese Koppelung an die Konkurrenz führt dazu, dass mit den erbrachten Leistungen höchstens temporäre Wettbewerbsvorteile erzielt werden können; denn jeder Schachzug wird mit Argusaugen beobachtet und in kürzester Zeit „autonom" nachvollzogen.

Die dadurch entstehende Dynamik äußert sich unter anderem in einem *breiteren und vollständigeren Marketing* und in einer *Verkürzung der Leistungslebenszyklen*. Diese beiden Dimensionen gehen oftmals Hand in Hand.

▶ Weil in gesättigten Märkten kaum mehr Marktanteile hinzugewonnen werden können, ist die Erschließung neuer Kundenbedürfnisse oder die Verbreiterung der Kundenbasis besonders lukrativ – auch um verloren gegangene Marktanteile zu kompensieren. Neue Marken, mehr Produkte und Dienstleistungen und ausgefallene Marketingbotschaften in Medien und in Verkaufsstellen sind deshalb oft Ausdruck von umkämpften und reifen Märkten. Neue Bedürfnistrends bieten immer wieder alternative Möglichkeiten der Differenzierung. Insbesondere auf Industrieseite ist vielfach eine Übersegmentierung festzustellen. Jeder noch so unscheinbare Trend wird in neue Produkte umgemünzt, die schließlich nur eine sehr beschränkte Anzahl von Konsumenten ansprechen. Im Existenzkampf geht schließlich oft auch die eigentliche Funktion des Anbieters, nämlich die der Leistungsselektion, verloren. Den Konsumenten wird eine Vielzahl an ähnlichen Produkten, die für die unterschiedlichsten Mikrosegmente gedacht sind, angeboten.

Nike's Gang auf die Straße

Dass dieser Versuch, die Kundenbasis zu verbreitern, auch mit einem erhöhten Risiko verbunden ist, hat *Nike* Mitte der achtziger Jahre erfahren müssen. Nike wurde damals wie heute als Schuhhersteller für Spitzenathleten gesehen. Um sich ein zweites Standbein zu eröffnen, hat das Unternehmen Straßenschuhe neu in das Sortiment aufgenommen – da erkannt wurde, dass die bisherigen Modelle von der Mehrheit der Kunden bereits als solche genutzt wurden. Das Straßenschuhmodell war jedoch nicht von Erfolg gekrönt, weil Nike-Kunden Schuhe ihrer Idole tragen wollten und das Modell keine neuen Kunden ansprach. Genau diese fehlende Aussortierung hat dazu geführt, dass Handelsleistungen zwar sämtliche Konsumenten ansprechen und schließlich aber doch niemanden. Strategiepluralismus kann denn auch als undifferenzierte Ansprache potenzieller Konsumenten verstanden werden. Undifferenziert in dem Sinne, dass möglichst viele Bedürfnisse unter dem gleichen Dach befriedigt werden.

► Die nur temporär währenden Wettbewerbsvorteile neuer Leistungen führen zur Erhöhung der Innovationsrhythmen, die als typische Komponente des Zeitwettbewerbs gelten. Dabei will jeder Erster sein, und alle bieten facettenreiche „Neuigkeiten" an – nur drei bis vier Prozent aller Innovationen im deutschen Lebensmittelhandel sind jedoch wirklich neu.[10] Die Bewältigung der Zukunft hat sich meistens auf die Erledigung des Tagesgeschäfts reduziert.[11] Investitionen in den Aufbau von langfristigen Wettbewerbsvorteilen werden vernachlässigt. Folge davon ist eine allmähliche Angleichung der Konkurrenten, weil die jeweiligen (auf den kurzfristigen Erfolg ausgerichteten) Leistungen rasch imitiert werden. Unternehmen beschränken sich auf schnell aufeinander folgende, temporäre Wettbewerbsvorteile, indem sie versuchen, neue Produktgenerationen früher als die Konkurrenz auf den Markt zu bringen. Schon jetzt zeigt sich aber, dass der einst wichtige Innovationsvorsprung immer mehr an Bedeutung verliert, weil dessen Ausmaß für den Konsumenten kaum mehr einen Mehrnutzen stiften kann. Analysen zeigen in diesem Zusammenhang auf, dass Verkürzungen der Produktlebenszyklen um jährlich fünf Prozent nach anfänglichen Umsatzsteigerungen langfristig in kontinuierliche Umsatzrückgänge münden.[12] Nicht die Schnelligkeit gehört zu den Erfolgsfaktoren, sondern die Effektivität (die richtige Innovation zur richtigen Zeit am richtigen Ort). Der vorherrschende Zeitdruck führt jedoch häufig dazu, dass sich Unternehmen für die Entwicklung von geeigneten Profilierungsmaßnahmen zu wenig Zeit nehmen. Eine fundierte Planung, der soziale Austausch, fruchtbares Nachdenken und das Verständnis der Kundenbedürfnisse gehen damit verloren. Fehlentscheidungen, die in der Vergangenheit unter anderem in der Automobilindustrie zu gehäuften Rückrufaktionen geführt haben, können das Unternehmensimage negativ beeinflussen.

Quelle: Oliver Seibel, Lebensmittelzeitung Nr. 29, S. 2.
Abbildung 7: Vollständiges Marketing

Neben der Konsequenz eines kaleidoskopähnlichen Verkaufsstellenauftritts auf der Bühne des Konsums bedeuten die vielen Aktivitäten eine starke Erhöhung der internen Komplexität. Anzeichen dafür ist ein Projekt-Overload[13] – jede geringste Problemstellung führt dazu, dass eine neue Projektgruppe ins Leben gerufen wird.

Standpunkt: Das Projekt-Overload-Phänomen

Zu viele Projekte werden ohne langfristigen Fokus und ohne Gesamtkoordination in Angriff genommen. Ressourcen werden in zu viele unterschiedliche Töpfe verteilt. Dies äußert sich schließlich unweigerlich in verwirrenden oder widersprüchlichen Botschaften, die an den Konsumenten ausgesendet werden. Das folgende Beispiel versinnbildlicht diese widersprüchlichen Botschaften, die einem Projekt-Overload bzw. einer unkoordinierten Maßnahmenumsetzung entstammen:

Das Gütesiegel *„Max-Havelaar"* steht für fairen Handel. Das heißt unter anderem: kostendeckende Preise, garantierte Mindestlöhne für Arbeiterinnen und Arbeiter sowie langfristige Handelsbeziehungen. Dafür bauen die Betriebe ihre Produkte gemäß strengen Richtlinien (Sozial und Umwelt) an und gewährleisten damit erstklassige Qualität.[14] Konsumenten nehmen denn auch bewusst höhere Preise in Kauf, um diesen fairen Handel zu unterstützen. Dass ein Schweizer Soft-Discounter diese Produkte überhaupt gelistet hat, ist zum einen bereits erstaunlich; dass aber die Preise für Max-Havelaar-Kaffee noch gesenkt und als Tiefpreis beworben werden, stellt einen markanten Widerspruch zur Essenz des Gütesiegels dar.

Ein weiteres Beispiel ist die Aufarbeitung des Wellness-Trends. Da das Wellness-Bedürfnis nicht an den Grenzen der einzelnen Produktgruppen Halt macht, sondern sowohl die Milchprodukte als auch das Tee-, Brot-, Fleischsortiment etc. tangiert, sollten eigentlich die Gärtchentüren der verschiedenen Abteilungen für ein Gesamtkonzept geöffnet werden. Ein Blick in verschiedene Verkaufsstellen offenbart jedoch, dass unterschiedliche Produktlabels, Verpackungen und Botschaften die zahlreichen Wellness-Produkte zieren. Die einzelnen Projektgruppen, die sich mit der gleichen Thematik beschäftigt haben, setzten ihre Erkenntnisse unabhängig voneinander um.

Gottlieb Duttweilers Philosophie, dass nicht der Euro oder die Neurose eines Managers, sondern der Kunde im Mittelpunkt des Handelns stehen soll, gewinnt in Anbetracht dieser Ausführungen stark an Bedeutung. Weder ein Drang zum Wachstum noch der Versuch der Selbstprofilierung von Managern sollten ein Unternehmen dazu verleiten, Maßnahmen umzusetzen, die nicht zur Befriedigung von Kundenbedürfnissen dienen. Selbstverständlich muss sich ein Unternehmen nachhaltig weiterentwickeln, Mitarbeiter müssen sich selbst entfalten können und die Konkurrenz muss in Schach gehalten werden, doch immer mit dem Fokus auf den Konsumenten.

Die Konsequenzen für Unternehmen, Mitarbeiter und Konsumenten

Die erschwerte Identifikation von Kaufmustern und die daraus entstehende Gefahr des Strategiepluralismus hat zusammengefasst folgende Konsequenzen für Unternehmen, deren Mitarbeiter und Konsumenten, die auch in Abbildung 8 dargestellt werden:

1. **Können keine trennscharfen Verhaltensmuster bei den Konsumenten erkannt werden, wird eine klare Strategiedefinition schwierig.**

Zur *Migros* gehen zum Beispiel Konsumenten von Jung bis Alt, Arm bis Reich oder Single bis Familien einkaufen. Was vereint diese Kunden? Kritischer noch, Konsumenten verhalten sich nicht immer gleich. Ein Konsument, der am Samstag bei *Aldi* einkauft, ist am Mittwoch unter Umständen beim Delikatessenhändler anzutreffen. Ein und derselbe Konsument besitzt je nach Situation manchmal entgegengesetzte Bedürfnisse. Einmal achtet er auf den Preis, das andere Mal auf die Qualität; einmal sind Markenprodukte gefragt, das andere Mal Eigenmarken.

Wie soll ein Händler auf diese Bedürfnisschwankungen reagieren? Um dem Konsumenten in jeder Bedürfnislage gerecht zu werden, sind viele Händler dazu übergegangen, „sowohl-als-auch" anzubieten. Wenn der Konsument auf den Preis achten möchte, bietet ihm das Geschäft Tiefpreisangebote; möchte der Kunde ein qualitativ hoch stehendes Produkt, wird er zum Premium-Sortiment geführt. Weil viele Anbieter diesen Spagat zwischen unterschiedlichen Bedürfnissen versuchen, ist eine tendenzielle Angleichung der Leistungen zu beobachten. Traditionelle Markenartikler nehmen immer mehr Eigenmarken in ihr Sortiment auf; parallel dazu fällt auf, dass Händler mit einem historisch hohen Eigenmarkenanteil immer öfter einzelnen Markenartikeln den Weg in die eigenen Regale öffnen. Unterschätzt wird dabei, dass viele Konsumenten nur wegen der Eigenmarken die entsprechenden Händler aufsuchen und eine Aufnahme von Markenartikeln einen **Identitätsverlust** darstellt. Der Fokus vieler Hersteller und Händler schwenkt vom Kunden in Richtung Konkurrenz

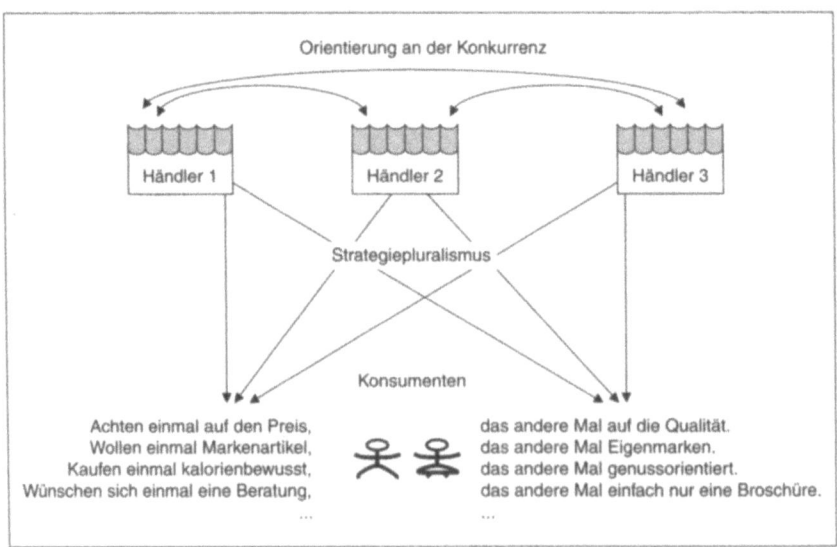

Abbildung 8: Multioptionaler Konsument und Strategiepluralismus

um. Während sich die Konsumenten sowieso hybrid, das heißt je nach Situation[15] anders, verhalten, ist die Konkurrenz eher berechenbar und kann als Orientierungspunkt eingesetzt werden.

Um dabei zumindest temporäre Wettbewerbsvorteile für sich zu beanspruchen, wird von Hersteller- und Händlerseite oft versucht, über neue Produkt(-linien) das Kundeninteresse auf sich zu lenken. Diese neu aufgegriffenen Produktthemen, ausgelöst zum Beispiel durch den Kinostart eines Hollywood-Films, werden sofort von der Konkurrenz kopiert und ebenfalls mit großem Aufwand kommuniziert. Weder ein Hersteller noch ein Händler können es sich leisten, im Abseits zu stehen – so die allgemeine Auffassung. Wenn als Vergleich in einem Fußballstadion die Zuschauer der vorderen Sitzreihe aufstehen, um eine Torszene besser sehen zu können, wird die Sicht der hinteren Reihen verdeckt. Das heißt, diese Reihen müssen ebenfalls aufstehen, damit das Spielfeld wieder ins Sichtfeld gerückt wird. Die Konsequenz ist, dass schließlich alle Zuschauer auf den Sitzplatzreihen stehen (obwohl sie im Vergleich zu den Stehplätzen einiges mehr für den Eintritt bezahlt haben) und doch niemand besser auf das Spielfeld sieht. Gleiches ist bei den temporären Wettbewerbsvorteilen zu beobachten. Alle Marktteilnehmer müssen/wollen auf neue Produktlinien der Konkurrenz reagieren und erreichen damit, dass die Leistungen immer ähnlicher werden. Oder alle Marktteilnehmer kopieren die Halbpreisaktionen der Konkurrenz, sodass der Konsument zum Beispiel Waschmittel, Windeln oder Pasta kaum mehr zum Normalpreis einkauft. Viele solche Aktionen führen weder zu einer besseren Kundenbindung noch zu einem erhöhten Umsatz (geschweige denn zu einem erhöhten Deckungsbeitrag ...).

Neue Projekte, Sortimente oder Botschaften sollten immer kritisch bezüglich einer Grundsatzstrategie hinterfragt werden. Passt die Produktlinie zum Kinostart überhaupt zum Unternehmensimage? Passt die Billigproduktlinie zur Philosophie des Unternehmens? Muss das Unternehmen Sonderverkaufstage durchführen? Ein Unternehmen kann nicht auf allen Hochzeiten gleichzeitig tanzen. Die Verzettelung bringt unter Umständen anfänglich mehr Umsatz, weil ein größeres Publikum angesprochen werden kann, langfristig wird jedoch die Identität des Unternehmens verwässert. Ziel eines Unternehmens muss es deshalb immer sein, eine eigenständige Strategie zu entwickeln und auf eigene Stärken zu bauen. Diese Strategie muss sowohl die Mitarbeiter als auch die Konsumenten mitreißen.

2. Gibt es keine klare Strategie oder wird diese nicht gelebt, führt dies dazu, dass das Management neue Trendströme nur bedingt auf ihre Relevanz für die Kundschaft untersuchen kann bzw. die Beurteilung der Trendwichtigkeit verzerrt ausfällt.

Der Trend des neuen Preisbewusstseins ist momentan allgegenwärtig. Heißt dies nun, dass sich ein traditionelles und auf Exklusivität ausgerichtetes Bekleidungshaus diesem Trend anschließen muss? Was würden Kunden zum Beispiel sagen, wenn *Rolex* auf das neue Preisbewusstsein mit einer Billiguhr reagieren würde? Oder wenn *Ferrari* einen kleineren Sportwagen produzieren würde, der auch für die breite Masse finanzierbar ist? Luca Cordero di Montezemolo, bis vor kurzem CEO von *Ferrari-Maserati* und nun Präsident der *Fiat* Gruppe, hat dazu kurz und knapp gesagt: „Never in my life! Everybody has to improve their business *without* losing their identity."

Ferrari und Rolex bieten dem Konsumenten einen klaren Kundennutzen (Exklusivität, hohe Performance), sind einzigartig (auch aufgrund ihres Markenbildes und ihrer Historie), sind schwierig zu imitieren und es gibt keine Substitute (ein Privatjet kann einen Ferrari nicht ersetzen). Ferrari und Rolex besitzen eine klare Strategie, die auch einem stärkeren Gegenwind standhält (zum Beispiel einer erhöhten Preissensibilität der Konsumenten). Ferrari erwartet eine Steigerung ihrer Anzahl verkauften Sportwagen von 4 500 im Jahr 2003 auf 5 000 im Jahr 2004.

3. Wenn keine langfristige Strategie entwickelt oder diese nicht von sämtlichen Mitarbeitern getragen wird, droht die Gefahr, dass sich weder Angestellte noch Konsumenten orientieren können. Die Konsumenten erkennen den Kundennutzen, der vom Unternehmen geboten werden sollte, nicht mehr und werden unsicher, wofür das Unternehmen überhaupt steht.

Die Angestellten, vom Management bis zum Verkaufspersonal, ziehen ohne übergeordnetes Ziel nur bedingt am gleichen Strang. Viele unterschiedliche Projekte werden durchgeführt, um der Gefahr eines Kundenverlustes entgegenzuwirken; denn den Schachzügen der Konkurrenz muss sofort etwas entgegnet werden. Diese Orientierung an der Konkurrenz führt schließlich zur Verzettelung der Unternehmensleistung und vor allem zur Angleichung an die Konkurrenz. Dem Konsumenten kann kein zwingender Grund mehr genannt werden, wieso er genau in diesem Geschäft seine Besorgungen machen soll. Das heißt, der Konsument erkennt den spezifischen Kundennutzen nicht mehr und die Loyalität sinkt, weil das Unternehmen seine Identität verliert.

Bei *Ferrari* und *Rolex* sind die Botschaften an den Kunden klar und einzigartig. Ferrari würde vermutlich weniger als 4 500 exklusive Sportwagen verkaufen können, wenn sie einen „Volkswagen" für die breite Masse produzieren würden. Die Exklusivität ginge sofort verloren und würde potenzielle Kunden der teuren Modelle vom Kauf abschrecken.

Für was steht nun *Feldpausch?* Weil auf der strategischen Ebene keine klaren Leitplanken verlegt wurden, kann dem Kunden auf der operativen Ebene keine Orientierung gegeben werden. Allgemein bedeutet dies: Die Unternehmen sind anfällig für die Übernahme von vermeintlichen oder zu vielen Konsumtrends, wodurch ein Strategiepluralismus noch verstärkt wird. Strategiepluralismus kann dabei auch als undifferenzierte Ansprache potenzieller Konsumenten verstanden werden. Undifferenziert in dem Sinne, dass alles für jeden angeboten wird.

McDonald's ist für alle da

Die ursprüngliche Geschäftsidee der im Jahre 1955 gegründeten *McDonald's* Corporation war, schnellen Service, geringe Preise und eine eingeschränkte Auswahl an Fast-Food-Menüs zu bieten. Das Angebot, das zunächst im Wesentlichen aus Pommes Frites, Hamburgern und Cheeseburgern bestand, wurde mit der Zeit ergänzt, zum Beispiel um Chicken McNuggets und Happy Meals für Kinder. Die Einführung des Fish Burgers und einer sehr kleinen Auswahl an Salaten erfolgte im Jahr 2000, als sich in den USA Anzeichen für eine Marktsättigung zeigten. Für die hohe Anzahl an Kalorien in ihren Produkten und das Angebot, für einen geringen Aufpreis das gewählte Menü zu vergrößern („Super Size"), geriet McDonald's zunehmend in die Kritik. Im Februar und März 2003 drehte zum Beispiel der Amerikaner Morgan Spurlock den Dokumentarfilm „Super Size Me" darüber, wie ausschließliche Ernährung mit McDonald's-Produkten über 30 Tage sein Gewicht und seine Gesundheit negativ beeinflussten.

Die bisherigen Werbebotschaften von Kinderfreundlichkeit (Ronald McDonald) sowie Jugendlichkeit, Genuss und Energie im Rahmen der im Herbst 2003 gestarteten „I'm loving it"-Kampagne mussten in Anbetracht des öffentlichen Drucks mit einem neuen Schwerpunkt auf Gesundheit versehen werden. Anfang Mai 2004, kurz vor Kinostart von „Super Size Me", startete McDonald's in der Schweiz und vielen anderen Ländern eine neue Produktlinie aus Salaten mit Pouletbrust:

„Salads Plus". Das bis dahin spärliche Angebot an Salaten wurde zu einer ganzen Produktlinie ausgebaut. Darüber hinaus wurden eine „Fruit Bag" sowie „Fruit & Yogurt" als Dessert eingeführt. Dies ist Teil der neusten „new food – new people"-Kampagne, die den „Balanced Lifestyle" in den Vordergrund stellt und Werbespots mit Salat essenden Frauen zeigt. In der Schweiz werben als Teil der Kampagne, die ausgewogene Ernährung und sportliche Aktivitäten kommuniziert, Athletinnen wie die Schwimmerin Nicole Zahnd und die Triathletin Nicola Spirig. Darüber hinaus werden Informationsmaterialien zu Ernährung und Sport in den über 140 Schweizer McDonald's-Restaurants ausgelegt.

Ob das durch Werbespots mit Bildern von genussvoll in einen BigMac beißenden Menschen geprägte Image einfach zu verändern sein wird, wird sich noch zeigen. Die Repositionierung einer gestandenen Marke ist mit hohen Risiken verbunden.

Tatsache ist, dass McDonald's zur Zeit mehrere Kundengruppen anspricht, die sich gegenseitig „beißen". Bis anhin war der gelbe Torbogen eher für jüngere Kundenschichten attraktiv, die weniger die Kalorien zählten, dafür aber den Biss in den ur-amerikanischen Mythos genossen. Zu dieser Schicht gehören auch junge Familien – wobei der Hinweis, dass die Kinder unbedingt in das Fast-Food-Restaurant wollen, meistens nur einen Vorwand zur Befriedigung der eigenen elterlichen Bedürfnisse darstellt ... Was passiert nun aber, wenn diese traditionellen McDonald's-Kunden mit der neuen Salads-Plus-Werbung konfrontiert werden? Ist ein McDonald's-Restaurant tatsächlich „sportlerkompatibel"?

Dieser Strategiepluralismus birgt die Gefahr, dass traditionelle Kundenschichten, die bislang den Umsatz prägten, vergrault werden und neue Schichten an der Glaubwürdigkeit der Botschaften zweifeln.

> *Händler tendieren dazu, Bedürfnisse herbeizureden und das Ganze als kundenfreundliche Politik zu verkaufen.*
>
> Ein Konsument

Kundenperspektive: Warum Kunden sich überfordert fühlen und wie sie reagieren

Es ist nicht mehr klar nachvollziehbar, wer eigentlich für die Vielfalt an Optionen im Einzelhandel verantwortlich ist – die anspruchsvoller gewordenen Konsumenten oder die nach Differenzierung strebenden Händler. Vermutlich haben die Verhaltensweisen beider Akteure diesen Überfluss an Auswahlmöglichkeiten verursacht. Tatsache ist, dass mit der viel zitierten Multioptionsgesellschaft[16] Traditionen und Gewohnheiten an Bedeutung verloren haben und der Konsument den bislang mit Sicherheiten und Routinen gesäumten Weg verlassen hat oder ihn verlassen musste.

Vor nicht allzu langer Zeit war ein Kaffee noch ein simpler Kaffee. Bestellt man heute bei *Starbucks* einen solchen, so wird die nette Dame hinter der Theke geduldig auf eine Konkretisierung des geäußerten Wunsches warten. Über 25 Varianten der Kaffeezubereitung stehen auf der Angebotstafel – vom Caffè Americano bis zum Espresso Macchiato. Selbstverständlichkeiten sind, wie dies Schumpeter bereits vor hundert Jahren beobachtet hat, im Sinne einer schöpferischen Zerstörung entzaubert worden. Anstelle der Uniformität ist ein Drift zu neuen Optionen entstanden.

Eigentlich ist dieser Drift zu neuen Optionen aus Konsumentensicht positiv zu bewerten, denn der Kunde verfügt nun über eine ausgeprägte Wahlfreiheit. Früher wurde ihm die Wahl vom Händler diktiert. Es gab nur wenige Sorten Reis im Regal, Erdbeeren im Winter waren undenkbar, und exotische Früchte fand man – wenn überhaupt – nur in wenigen Spezialgeschäften. Heute kann der Konsument auf ein überwältigendes Angebot zurückgreifen und ist dem (Sortimentierungs-)Willen des Händlers nicht mehr ausgeliefert. In einer Zeit, in der die Selbstbestimmung als zentrales Gut des Individuums betrachtet wird, erscheint es als Wohltat, dass das Angebotsdiktat der Händler gelockert wird. Der Konsument ist mündig geworden.

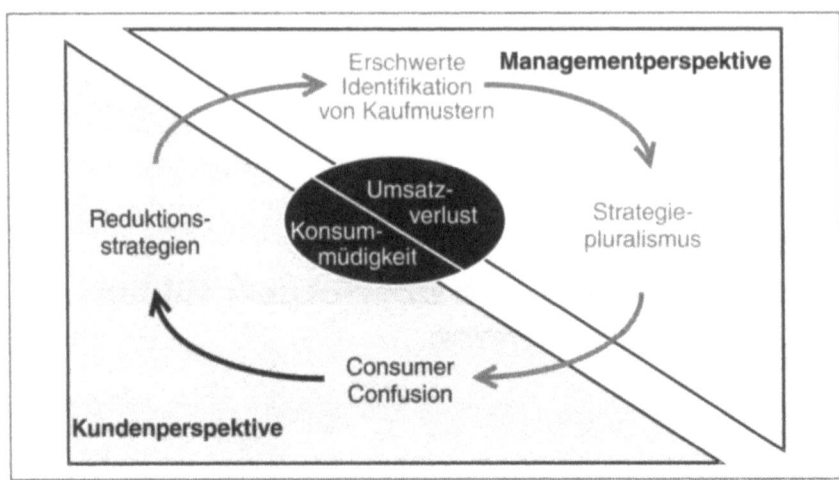

Abbildung 9: Verwirrungsspirale aus Kundenperspektive

Doch hat ein Angebot an 300 Käsesorten wirklich etwas mit Mündigsein zu tun? Bringt diese Freiheit – insbesondere bei Alltagsprodukten – dem Konsumenten wirklich einen Mehrwert? Ist nicht die Selektion von Leistungen als zentrale Mehrleistung der Handelsbranche zu betrachten? Hand aufs Herz, die Chance, dass ein Konsument unter 300 Käsesorten ein ihm mundendes Produkt findet, ist wahrscheinlich um einiges kleiner, als wenn der Händler die Auswahl auf ein Dutzend reduziert. Tatsächlich schmeckten Konsumenten, im Rahmen einer Studie, die Pralinen bei einer Auswahl von nur sechs Stück besser als bei einer Präsentation von 30 Stück.[17]

Nun bringt ein Strategiepluralismus nicht nur ein desorientierendes Produktangebot mit sich, sondern der gesamte visuelle und leistungsbezogene Auftritt des Händlers gibt dem Konsumenten weniger Orientierung. Nachfolgend werden diese Verwirrungsauslöser aus Sicht der Konsumenten näher erläutert.

Wie Consumer Confusion die Lust am Einkaufen raubt

Consumer Confusion – eine Definition

Obwohl das Phänomen Consumer Confusion erst vor einigen Jahren in der Marketingforschung explizite Berücksichtigung gefunden hat, wurde bereits in den späten siebziger Jahren über die Erscheinung nachgedacht. Damals wurde die Diskussion auf der Basis des Markenschutzes geführt **(Brand Confusion)**. Dabei stand die zu Verwechslungen führende Ähnlichkeit zwischen einer Original- und der Imitationsmarke (Me-too-Produkt) im Vordergrund. Anschaulich wurde die Verwechslungsgefahr am Beispiel des etablierten Markenprodukts *Tic Tac* und den (nicht mehr existierenden) Me-too-Produkten *Dynamints* und *Mighty Mints* untersucht.[18] Die Ergebnisse zeigten, dass Assoziationen zum Originalprodukt umso stärker sind, je ausgeprägter die Ähnlichkeiten bei der Verpackung, beim Markennamen, beim Schriftzug oder bei der Produktform ausfallen.

Dieser sehr spezifische Fokus der Markenverwirrung wurde erst viel später durch die Mitberücksichtigung der Psyche des Kunden erweitert. Die Erkenntnisse im Bereich der Brand Confusion sind in erster Linie für Markenartikelhersteller von Relevanz, da dank diesen systematischen Untersuchungen ihre Innovationen besser geschützt werden können. Für die Gestaltung der Marketinginstrumente bieten die Ergebnisse jedoch nur bedingt Unterstützung.

Die Diskussion zur **Product Confusion** stellt denn auch die konkreten Ursachen für eine Verwirrung aus Kundensicht in den Mittelpunkt – und dies unabhängig von der Diskussion Markenartikel versus Me-too-Produkte. Damit wird der Ball sowohl den Herstellern als auch den Händlern zugespielt. Beide Handelspartner besitzen das Potenzial, durch die Vielfalt, Ähnlichkeit und Komplexität ihrer (Produkt-)Botschaften die Entscheidungseffizienz der Kunden zu beeinträchtigen.[19] Beispielsweise hält die Komplexität auch im ursprünglich weniger anspruchsvollen Lebensmittelbereich immer mehr Einzug. Angebote aus dem Functional-Food- oder aus dem Wellness-Bereich führen dies vor Augen. Die Deklarationsverordnungen haben außerdem dazu beigetragen, dass die Produktinformationen derart verfeinert wurden, dass zum Beispiel ein Allergiker oder ein umweltsensibilisierter Kunde viel Geduld aufbringen muss, um sich im Dschungel der Fachbegriffe zurechtzufinden und ein geeignetes Produkt auszuwählen.

Der relativ enge Fokus auf das Verwirrungspotenzial der angebotenen Produkte wurde schließlich bei der noch jungen **Consumer-Confusion**-Diskussion geöffnet. Bei der Untersuchung von Consumer Confusion werden **alle vom Konsumenten wahrgenommenen Marketinginstrumente berücksichtigt.**[20] Das *Produkt* an sich spielt zwar weiterhin eine gewichtige Rolle beim Auslösen von Consumer Confusion, doch die gesamte *Atmosphäre einer Verkaufsstelle* besitzt ebenfalls einen nicht zu unterschätzenden Einfluss auf die Einkaufsentscheidung.

Zum Beispiel sind auch nach einer Betriebsphase von zwei Jahren immer noch häufig Kunden zu beobachten, die Mühe haben, mit dem Ticketing-System der *Schweizerischen Post* zurechtzukommen. Der Konsument muss sich in größeren Schalterhallen an einer Konsole ein Nummern-Ticket ausdrucken lassen. Elektronische Tafeln zeigen schließlich an, welche Nummer wann an welchem Schalter bedient wird. Gerade ältere Leute (die gerne noch persönlich bedient werden möchten und gerade deshalb eine Postfiliale aufsuchen) dürften von der Dynamik des Systems überfordert sein. Das eigene Ticket muss ständig mit der Tafel verglichen werden und, sobald die Nummer auftaucht, fängt die Suche des entsprechenden Schalters an. Der Kunde muss sich dabei durch die eng stehenden Verkaufsregale mit Schreibwaren hindurchzwängen. Je nach Geduld des Schalterpersonals wird die Nummer relativ rasch gelöscht, und die nächste erscheint auf der Tafel, ohne dass der „säumige" Kunde bedient wurde. Dieses überspitzt skizzierte Beispiel veranschaulicht, dass auch unterstützende Profilierungsinstrumente zur Verwirrung beitragen können. Der so überforderte Konsument wird die Poststelle wahrscheinlich nur dann aufsuchen, wenn es wirklich nötig ist; die Post erleidet aber einen Imageverlust.

Wann Konsumenten sich überfordert fühlen

Aus der Psychologie wissen wir, dass der Mensch sowohl eine lang anhaltende Monotonie (zum Beispiel Einzelzellenhaft) als auch längere Perioden der Überstimulierung (zum Beispiel Arbeit ohne jegliche Routine) zu vermeiden versucht. Wie gelingt uns dies? Durch Annäherungs- und Vermeidungsverhalten. Je nach Situation suchen wir nach Abwechslung (zum Beispiel Besuch eines Rummelplatzes) oder schirmen uns davon ab (zum Beispiel gemütlicher Abend zuhause).

Dieses Phänomen lässt sich durch den **optimalen Stimulationsansatz (OSL-Ansatz)** anschaulich beschreiben.[21] Der Ansatz geht davon aus, dass der Mensch stets *aktiv* auf der Suche nach einem als angenehm empfundenen, optimalen Stimulationsniveau (OSL) ist (vgl. Abbildung 10).

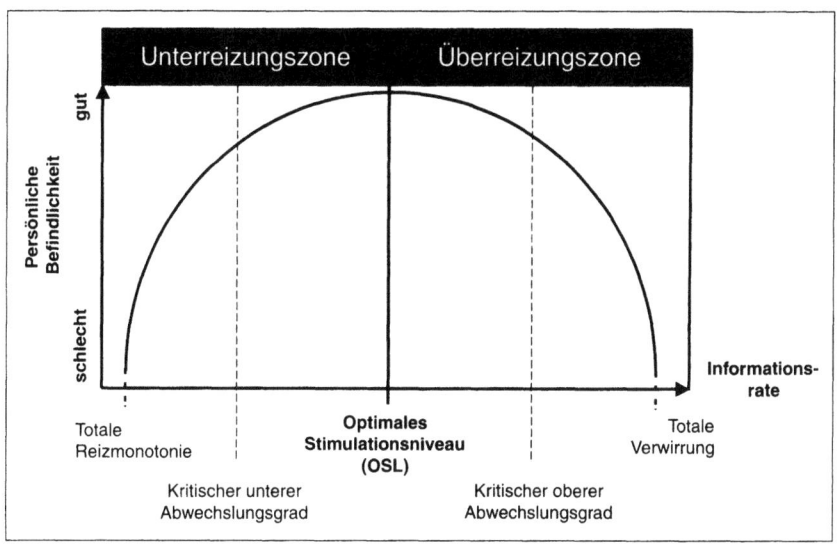

Quelle: In Anlehnung an Raju, P. S.: Optimum Stimulation Level, in: Journal of Customer Research, Vol. 7, 1980, S. 273; Bänsch, A.: Variety Seeking – Marketingfolgerungen aus Überlegungen und Untersuchungen zum Abwechslungsbedürfnis von Konsumenten, in: Jahrbuch für Absatz- und Verbrauchsforschung, H. 4, 1995, S. 347.

Abbildung 10: Informationsrate und persönliche Befindlichkeit

Mit der Höhe der Informationsrate (unter anderem beispielsweise Menge und Komplexität der Informationen in einer Verkaufsstelle), verändert sich auch die persönliche Befindlichkeit des Konsumenten. Das heißt, steigt die Informationsrate über ein individuelles OSL (zum Beispiel aufgrund einer zu großen Auswahl von ähnlichen Produkten), wird der Konsument emotional und kognitiv stark belastet (emotional: Ärger, Frust; kognitiv: verwirrt, entscheidungsmüde), sodass eine effiziente Entscheidung am Regal nur noch bedingt möglich ist.

Das OSL wird vor allem von Persönlichkeitsmerkmalen, kulturellen Aspekten und Lernfähigkeiten bestimmt. Das bedeutet, dass nicht alle Konsumenten nach gleich viel Abwechslung suchen. Es gibt Konsumenten, die mehr Abwechslung brauchen, bis sie sich wohl fühlen, als andere, die bereits in einem größeren Supermarkt die kritische obere Abwechslungsgrenze erreichen. Es ist davon auszugehen, dass Konsumenten, die bereits bei einer geringeren Informationsrate ihr OSL überschritten sehen, in Zukunft an Zahl und Bedeutung gewinnen werden. Das individuelle OSL ist über *längere Zeit hinaus stabil*. Veränderungen können insbesondere aufgrund eines persönlichen Wertewandels oder auch mit dem fortschreitenden Alter eintreten.

Die gespiegelte U-Kurve des OSL-Ansatzes kann in eine Unter- und eine Überreizzone aufgeteilt werden (vgl. Abbildung 10). In beiden Zonen versucht das Individuum über zielgerichtete Verhaltensformen, sein optimales Stimulationsniveau zu erreichen. In der **Unterreizzone** weist das Individuum einen Mangel an Abwechslung auf und wird deshalb so lange auf der Suche nach Neuem sein, bis das individuelle optimale Stimulationsniveau erreicht wird. Zum Beispiel werden die zwei bis drei Sommerhits, die nonstop aus den Musikanlagen der Strandbars dröhnen, den meisten Urlaubern nach zwei Wochen kaum mehr Freude bereiten. Im Gegenteil, sie sehnen sich nach Abwechslung. Diese finden sie zum Beispiel, indem sie alternative Musikstücke im eigenen CD-Player abspielen oder an einen „hitfreien" Strand wechseln. Durch die neuen Erfahrungen erhöhen sie die Informationsrate. Auf den Einzelhandel übertragen bedeutet das, dass zum Beispiel eine Verkaufsstelle, die seit Jahren nicht mehr renoviert wurde und ihr immergleiches Angebot seit jeher unverändert präsentiert, zu einer Art Überdruss und Langeweile der Konsumenten führen kann.

Setzt sich das Individuum jedoch einer zu hohen Informationsrate aus **(Überreizzone),** kann der Mensch die eingehenden Informationsbruchstücke nicht mehr optimal verarbeiten. Dies geschieht, sobald ein OSL überschritten wird. Dabei sinkt das Wohlbehagen des Individuums kontinuierlich. Die Überschreitung der kritischen Grenze beeinträchtigt die Qualität der Informationsverarbeitung und führt dazu, dass die Entscheidungsleistungen konfus, weniger genau und ineffizient werden. Eine Überreizung erfährt der Urlauber zum Beispiel dann, wenn er am Abend eine Diskothek aufsucht, in der laute Musik gespielt wird, nervöse Lichtspiele inszeniert werden, die Besucher sich auf den Füßen stehen und er Streit mit dem Partner bekommt. Wieder auf den Einzelhandel übertragen kann die Überreizung zum Beispiel daraus erfolgen, dass in der Verkaufsstelle Hektik herrscht, die Konsumentin selber unter Zeitdruck steht, weil der Partner am Bahnhof abgeholt werden muss und schließlich die Entscheidung durch viele ähnliche Produkte im Regal erschwert wird.

Bei einer **Überschreitung des kritischen Abwechslungsgrads** sprechen wir von **Consumer Confusion.** Es ist jedoch keinesfalls so, dass der Konsument dieser Überreizzone (wie auch der Unterreizzone) hilflos ausgeliefert ist. Konsumenten passen sich der Situation (indirekt) an, indem sie diese zum Beispiel meiden, oder aber es findet eine direkte Anpassung statt, indem das Handlungsmuster verändert wird (zum Beispiel Anhören der eigenen Musik-CD). Diese so genannten **Reduktionsstrategien** werden im nächsten Kapitel eingehend erläutert.

Was trägt nun aber dazu bei, dass die Informationsrate steigt oder sinkt? Wie können Sie als Hersteller oder Händler entsprechend reagieren, wenn Ihre Kunden gelangweilt sind (Unterreizzone) oder wenn diese in der Verkaufsstelle verwirrt werden (Überreizzone)? Entscheidend ist, die Balance zwischen Langeweile einerseits und Überstimulierung andererseits zu halten. Dieser Balanceakt erweist sich als kritische Fähigkeit zur Vermeidung von Consumer Confusion.

Quelle: Eigene Darstellung

Abbildung 11: Die Informationsrate lässt sich durch unterschiedliche Reize beeinflussen

Bilder: Links: Stadtviertel in Lucca, Toscana;
Rechts: ISC-Symposium an der Universität St. Gallen

Grundsätzlich führen so genannte **kollative Reize** (zum Beispiel Vielfältigkeit, Neuartigkeit) zu einer Erhöhung der Informationsrate. In Abbildung 11 ist beispielhaft ein unübersichtliches Stadtviertel in Lucca (Toscana) abgebildet. Die ineinander verkeilten Häuserreihen lassen nur erahnen, wo die Gassen durchführen. Alleine den Bewohnern bleibt wahrscheinlich die Stadtkenntnis vorbehalten. Im Handel führt gerade ein Strategiepluralismus zu einer starken Übergewichtung der kollativen Reize. Weil alles für jeden angeboten wird, hat der einzelne Konsument oft Mühe, sich zu orientieren. Finden Sie einmal in Lucca den Corso Garibaldi oder sonst eine kleine Gasse. Fast unmöglich.

Käsefestival bei Globus

Globus bietet zum Beispiel seinen Kunden in Zürich eine Auswahl an 300 Käsesorten an: Dabei sind alle Herren Länder von der Schweiz bis Italien, Geschmacksrichtungen von kräftig bis milde und Verarbeitungsarten von Hart- bis Weichkäse vertreten. Für einen Großteil der potenziellen Kunden wird dieses Angebot das optimale Stimulationsniveau überschreiten, da es schon schwierig ist, sich nur einen Überblick zu verschaffen. Die nötige Muße, um die verschiedenen Käsesorten zu probieren, wird den meisten Konsumenten fehlen. Demzufolge wird der Käselaie, der einfach nur die Käseglocke bestücken möchte, Reduktionsstrategien anwenden. Konkret könnte dies heißen: Er schaut auf den Preis, auf das Äußere des Käses (zum Beispiel kommen dieser Strategie Käsesorten wie Edamer oder Chaumes entgegen, da diese schnell wiedererkennbar sind) oder bricht im extremsten Falle den Kauf ab – wie zum Beispiel nachfolgende Aussage veranschaulicht, die in einem Kundengesprächskreis der Autoren gefallen ist:

„Ich wollte etwas überbacken und brauchte dazu einen geeigneten Käse. Im Supermarkt wurde ich mit über 50 verschiedenen Käsesorten konfrontiert. Da ich mich bei Käse nicht besonders gut auskenne – ich kenne gerade einmal den Appenzeller und Emmentaler –, sagten mir natürlich die vielfältigen Namen auch gar nichts. Irgendwann verging mir die Lust am Lesen der Informationen und am Produktevergleichen. Ich habe dann schließlich nichts gekauft und den Laden unverrichteter Dinge wieder verlassen. Ich wollte eigentlich nur einen Käse, der fürs Überbacken gut ist." (Kundenaussage)

Natürlich ist der Konsument lernfähig. Eine wiederholte oder intensivere Auseinandersetzung mit einer unbekannten Leistung führt dazu, dass deren Komplexität allmählich sinkt. Diese Lernprozesse sind vor allem im Dienstleistungsbereich immer wieder zu beobachten. So verursachten zum Beispiel die Kundenloyalitätskarten bei der Einführung vielfach Unverständnis. Wie setzt man die Karte ein? Wie kann man von der Karte profitieren? Wohin gehen meine persönlichen Daten? Mittlerweile wird ein Großteil der Händlerumsätze über Kundenkarten getätigt, weil der Kunde sich mit dem System auseinandergesetzt und erkannt hat, dass das eine oder andere Loyalitätsprogramm einen Nutzen bringt.

Diese Lernbereitschaft darf jedoch nicht darüber hinwegtäuschen, dass sich Konsumenten vermehrt weigern, sich auf immer wieder neue Marketingprogramme oder Produkte einzulassen. Die hohe Floprate der Innovationen und die hohe Nichtbeachtung von Funktionen (zum Beispiel bei Mobiltelefonen) zeugen davon. Gemäß Martin Langhauser, Marketingmanager der Gesellschaft für Konsumforschung, können sich mehr als 60 Prozent der Neueinführungen im deutschen Lebensmitteleinzelhandel nicht durchsetzen und werden noch vor Jahresfrist ausgelistet. Bei einer Investitionssumme von rund 650 000 Euro pro Innovation dürften die Kosten nicht unerheblich sein.

Auf der anderen Seite gibt es durchaus Händler, die sich erfolgreich auf die Aussendung von kollativen Reizen spezialisiert haben. Der Hamburger Kaffeeröster *Tchibo*, der das Geschäft mit den braunen Bohnen durch ein Non-Food-Schnäppchensortiment ergänzt hat, beherrscht die Klaviatur der kollativen Reize ausgezeichnet.

Geordnete Vielfalt bei Tchibo

Tchibo bietet wöchentlich ein neues, knapp gehaltenes Themensortiment (circa 2 300 Artikel pro Jahr) zu einem sehr guten Preis an: vom Salzstreuer über Radios und Spitzenunterwäsche bis zu Kompaktautos und inzwischen auch Mobilfunktelefonkontrakte. Der Kunde lässt sich vom neuen, meist originellen und praktischen Sortiment inspirieren und überraschen. Redundanzen kennt das Sortiment kaum, und somit erübrigt sich auch eine Entscheidung zwischen zwei funktionsgleichen Produkten. Das Erfolgsrezept? Tchibo bietet dem Konsumenten, neben den **kollativen Reizen** (wöchentlich neue und ungewöhnliche Produkte), auch so genannte strukturelle Reize.

Strukturelle Reize vermitteln dem Konsumenten Vertrautheit, Glaubwürdigkeit oder Einfachheit und reduzieren dank dieser Orientierungsfunktion die wahrgenommene Informationsrate. Dem Konsumenten ermöglicht dies eine effizientere Entscheidung. Tchibo sendet diese strukturellen Reize mit der Botschaft, „bewährt gute Qualität zu einem hervorragenden Preis-Leistungs-Verhältnis". Die hohe Glaubwürdigkeit des traditionsreichen Unternehmens trägt zudem das Ihre dazu bei, dass die Konsumenten beim Griff in das Regal die Gewissheit haben, jederzeit gute und praktische Ware zu kaufen. Ein weiterer struktureller Reiz wird durch die starke Selektion der Produkte garantiert. Der Konzern übernimmt die Auswahl der Produkte und bietet dem Konsumenten ein überschaubares Sortiment. Dies hat nichts mit Bevormundung des Kunden zu tun, sondern mit guter Kundenkenntnis. Sofern Letztere vorhanden ist, kann nicht von einer Diktatur der Hersteller und Händler gesprochen werden. Im Gegenteil: Die Selektionsfunktion stellt einen Dienst am Kunden dar und zeugt von **Kundenrespekt**. Die Geschäftsentwicklung des deutschen Röstkonzerns bildet dies positiv ab.

Hersteller und Händler tun also gut daran, kollative *und* strukturelle Reize ausbalanciert anzubieten. Ein breites und sich immer wieder veränderndes Sortiment kann durchaus begeistern – doch dem Kunden muss dabei eine **klare Orientierung** vermittelt werden. Fehlt diese Orientierung, wirkt das Sortiment verwirrend. Konsumenten, die in einer Verkaufsstelle in der Unterreizzone bleiben oder durch das Angebot in eine Überreizzone versetzt werden, können kaum zur Stammkundschaft gezählt werden.

Die Orientierung ist eng mit einer **klaren und einzigartigen Unternehmensstrategie** verbunden. Wie bereits zuvor erläutert, kann eine von den Mitarbeitern gelebte Grundsatzstrategie dazu führen, dass die einzelnen Marketingaktivitäten mit dem gleichen Ziel vor Augen umgesetzt werden. Je nach Strategie dürfen zum Beispiel Diskussionen zum Thema Schlussverkäufe, aufwändige Warenpräsentationen oder intensive Kundenberatungen keine Berücksichtigung in den Unternehmenssitzungen finden. Damit verkürzt sich die Besprechungsliste, und es findet eine „Verwesentlichung" der einzelnen Punkte statt. Durch diese interne Orientierung wird schließlich auch dem Kunden eine klare Botschaft vermittelt. Zum Beispiel: „Wir garantieren innovative und praktische Produkte zu einem hervorragenden Preis-Leistungs-Verhältnis." In diesem Laden wird der Kunde keine Billigware oder qualitativ schlechte Ware bekommen. Eine glaubwürdige Kommunikation dieser Unternehmensstrategie ist verantwortlich für die Entstehung von strukturellen Reizen.

Auf die strukturellen Reize kommen wir im zweiten Teil dieses Buches, wenn es um die Grundsatzstrategie geht, nochmals zurück. Was an dieser Stelle besonders interessiert, sind die kollativen Reize, die zur Entstehung von Consumer Confusion beitragen.

Welche Konsumenten besonders stark auf Consumer Confusion reagieren

Mehrfach wurde erwähnt, dass nicht jeder Konsument eine gleich starke Tendenz zur Überforderung aufweist. Je nachdem mag eine Person mehr Abwechslung als eine andere, oder je nach Situation ist eine Person offener, um Neues zu entdecken. Interessant wäre jedoch zu wissen, ob zum

Beispiel Männer durch das Händlerangebot eher verwirrt werden als Frauen oder ob ältere Personen wirklich mehr Mühe bei der Kaufentscheidung haben als junge Leute.

Mit den Daten unserer Consumer-Confusion-Studie haben wir nach Unterschieden beim Ausmaß der Verwirrung zwischen den verschiedenen demografischen Faktoren (Geschlecht, Alter, Haushaltsgröße, Schulabschluss und Einkommen) gesucht (vgl. Abbildung 12 auf Seite 56).[22]

Männer sind gemäß der Studie beim Einkaufen nicht schneller überfordert als Frauen. Die geringere Erfahrung der Männer mit dem Einkauf führt nicht dazu, dass diese öfter überfordert wären. Es kann angenommen werden, dass Männer sich weniger mit Produktdetails beschäftigen, weshalb der Kaufakt stark vereinfacht wird.

Demgegenüber sind bei Alter, Haushaltsgröße, Schulabschluss und Haushaltseinkommen signifikante Unterschiede zu beobachten. Die zweite Spalte führt die verschiedenen demografischen Gruppen auf (zum Beispiel Alters- oder Einkommensklassen), die eine unterschiedliche Confusion-Neigung aufweisen. Zum Beispiel sind die 10- bis 40-jährigen Konsumenten wesentlich weniger verwirrt als die 41- bis 50-jährigen. Bei der Betrachtung des **Alters** ist eine *stetig* steigende Verwirrung mit der Anzahl an Lebensjahren zu beobachten. Daraus kann gefolgert werden, dass mit dem Alter die Marketinginstrumente in einer Verkaufsstelle tendenziell eine stärkere Konfusion auslösen können. Diese Gruppierungen können als Basis für die Entwicklung von Orientierungsmaßnahmen dienen. Es gilt zum Beispiel, älteren Konsumenten eine Hilfsleistung anzubieten, ohne jüngere Kunden negativ zu beeinflussen.

Spalte 3 der Abbildung 12 listet schließlich auf, durch welche Auslöser die verschiedenen demografischen Gruppen sich besonders unterscheiden. Zum Beispiel wird die ältere Kundschaft wesentlich stärker durch Sortimentsveränderungen oder Regalumstellungen verwirrt als die jüngere Generation.

Bei der **Haushaltsgröße** ist insbesondere ein Unterschied zwischen Single- und Paarhaushalten einerseits und Familien andererseits zu beobachten. Dabei ist zu berücksichtigen, dass in den Ein- und Zwei-Personen-Haushalten auch viele Rentner leben. Konsumenten in Zwei-Personen-Haushalten unterscheiden sich insbesondere bei der Wahrnehmung der Produktvielfalt und den technischen Hilfsmitteln von Kleinfamilien. Demgegenüber bekunden Konsumenten in Zwei-Personen-Haushalten mehr Probleme aufgrund einer diffusen Labelpolitik als Personen, die in Vier-Personen-Haushalten leben.

Demografische Faktoren	Identifizierte Gruppen, die ähnlich stark verwirrt sind:		Insbesondere folgende Verwirrungsauslöser werden von den Gruppen unterschiedlich wahrgenommen
Geschlecht	Keine Unterschiede		
Alter	10 – 40 Jahre: 41 – 50 Jahre: 51+ Jahre:	am wenigsten verwirrt moderat verwirrt am stärksten verwirrt	Sortimentsveränderungen, Regalumstellungen, Verpackungsänderungen, technische Hilfsmittel, diffuse Labelpolitik
Haushaltsgröße	3+ Personen: 1 – 2 Personen:	am wenigsten verwirrt am stärksten verwirrt	Produktvielfalt, technische Hilfsmittel, störende Kundschaft
Schulabschluss	Universität: FH, Abitur: Sekundar-/ Realschule:	am wenigsten verwirrt moderat verwirrt am stärksten verwirrt	Produktähnlichkeit, Sortimentsveränderungen, technische Hilfsmittel, diffuse Labelpolitik
Haushaltseinkommen	ab 9 500 CHF: bis 9 500 CHF:	am wenigsten verwirrt am stärksten verwirrt	diffuse Labelpolitik

Abbildung 12: Unterschiedliche Ausprägung der Verwirrung

Lesebeispiel: Die 10- bis 40-jährigen Kunden sind tendenziell weniger verwirrt als die 41- bis 50-jährigen (mittlere Spalte). Grundsätzlich gilt, je älter, desto eher wird die Verwirrung durch Sortimentsveränderungen oder Regalumstellungen ausgelöst (rechte Spalte).

Der **Bildungsgrad** der Probanden übt ebenfalls eine unterschiedliche Wirkung auf die individuelle Neigung zur Verwirrung aus. Die Verwirrung sinkt mit dem Bildungsgrad. Sekundarschulabgänger sind im Vergleich zu Akademikern eher überfordert, was technische Hilfsmittel und diffuse Labelpolitik angeht.

Beim **Haushaltseinkommen** ist ein Schnitt zwischen den Einkommensklassen bis 7 000 Schweizer Franken und jenen ab diesem Gehalt zu erkennen. Ein hohes Haushaltseinkommen scheint demnach eine gewisse kritische Distanz zu den Leistungseigenschaften eines Einzelhändlers zu schaffen. Außerdem kann davon ausgegangen werden, dass ein höheres Einkommen auch eine gewisse Sicherheit verleiht, die den Konsumenten eher über der Sache stehen lässt. Die zwei Einkommensklassen (bis 7 000 und bis 9 500 Schweizer Franken) unterscheiden sich insbesondere bei der Wahrnehmung der Labelpolitik.

Vom Sortiment bis zur Ladengestaltung – die Auslöser von Consumer Confusion

Bislang wurde fast ausschließlich das Sortiment als Auslöser für Consumer Confusion betrachtet. Tatsächlich besitzt die Gestaltung des Sortiments ein hohes Verwirrungspotenzial, dennoch muss die **gesamte Ladenumwelt** ins Blickfeld gerückt werden. Denn gleichzeitig mit der Erhöhung der Wettbewerbsintensität kommt auch der Gestaltung der Ladenumwelt eine immer wichtigere Bedeutung als Marketinginstrument zu. Verkaufsprogramme, bunte Verkaufsförderungsaktionen am Point of Sale (POS), Degustationen, Deckenhänger oder Multimediabildschirme prägen das Bild einer Verkaufsstelle. Eine Ansammlung von kaleidoskopartigen Botschaften kann den gleichen Verwirrungseffekt auslösen wie zum Beispiel ein umfangreiches, mit ähnlichen Produkten bestücktes Sortiment.

Eine renommierte amerikanische Professorin, die sich intensiv mit der Ladenumwelt und deren Wirkung auf den Konsumenten befasst, hat einmal geschrieben: „Manager planen, bauen und verändern die Ladenumwelt kontinuierlich, aber sehr oft wird die Wirkung eines spezifischen Designs auf die Endkunden kaum verstanden".[23] Der amerikanische Soziologe Paco Underhill erwähnt in seinem neuesten Buch „The Call of the Mall. How we shop", dass einige Überredungskünste nötig waren, um Händler einer Mall dazu zu bringen, selbst auf den riesigen Parkplatz zu fahren und das Prozedere bis zur Ladeneingangstür durchzumachen – dies erst hätte den Managern die Augen geöffnet, dass sehr viele Einzelheiten gar nicht auf den Kunden ausgerichtet sind.[24] So fiel zum Beispiel die verwirrende

Ansammlung von Schildern negativ auf, die beim Vorbeifahren kaum wahrnehmbar und zu verstehen sind.

Diese Ausführungen zeigen, dass bei Marketingentscheidungen sehr oft die wirklichen Bedürfnisse der Kunden vergessen oder Maßnahmen mit falschen Annahmen bezüglich des bewirkten Kundennutzens umgesetzt werden. Die Schilderansammlung ist ein Paradebeispiel dafür:

- Die Vorgabe lautet: Der Kunde muss optimal gelenkt werden.
- Eine Lenkung erfolgt durch das Aussenden von Informationen.
- Informiert wird der Kunde, indem ihm die verschiedenen alternativen Möglichkeiten zur Orientierung vermittelt werden.

Orientierung entsteht durch eine „Verwesentlichung" der vorhandenen Informationen. Das heißt: **Manchmal ist weniger mehr.**

Es wird also offensichtlich, dass neben der mittlerweile vieldiskutierten Produktvielfalt noch weitere Hersteller- und Händlerleistungen eine Desorientierung beim Konsumenten hervorrufen können. Um den Kranz an Verwirrungsauslösern zu vervollständigen, haben die Autoren die Kunden selber sprechen lassen; denn für die Ermittlung verwirrender Leistungen ist alleine die Beurteilung der Konsumenten relevant (die Perspektive des Managements ist zu oft mit einem blinden Fleck versehen). Zu diesem Zweck wurden vier Fokusgruppen-Diskussionen durchgeführt.[25] Bei diesen speziellen Kundengesprächskreisen nehmen mehrere Personen gleichzeitig an einem moderierten Gespräch teil. Die vom Moderator initiierte Gruppendynamik soll die Teilnehmer dazu animieren, tiefer liegende Einstellungen und Motive kundzutun, die in einem Einzelinterview oder bei einem Fragebogen nicht zur Sprache kommen würden. Im Vordergrund stand die Sammlung von möglichst vielen unterschiedlichen Meinungen und Facetten zur Kundenverwirrung.

Abbildung 13 illustriert als Ergebnis der Diskussionsrunden eine Auswahl der wichtigsten Consumer-Confusion-Auslöser. Diese wurden den Profilierungsinstrumenten des Handels zugeordnet.[26]

Diese Consumer-Confusion-Auslöser können dazu beitragen, dass eine Entscheidung für den Konsumenten wesentlich schwieriger wird. Die Schwelle zur Verwirrung ist natürlich sehr individuell. Schätzen viele Konsumenten das breite Angebot in einem Supermarkt, führt dieselbe Auswahl für eine wachsende Kundenschicht zur Verwirrung. Diese Tatsache ruft nach zielgruppenspezifischen Lösungen.

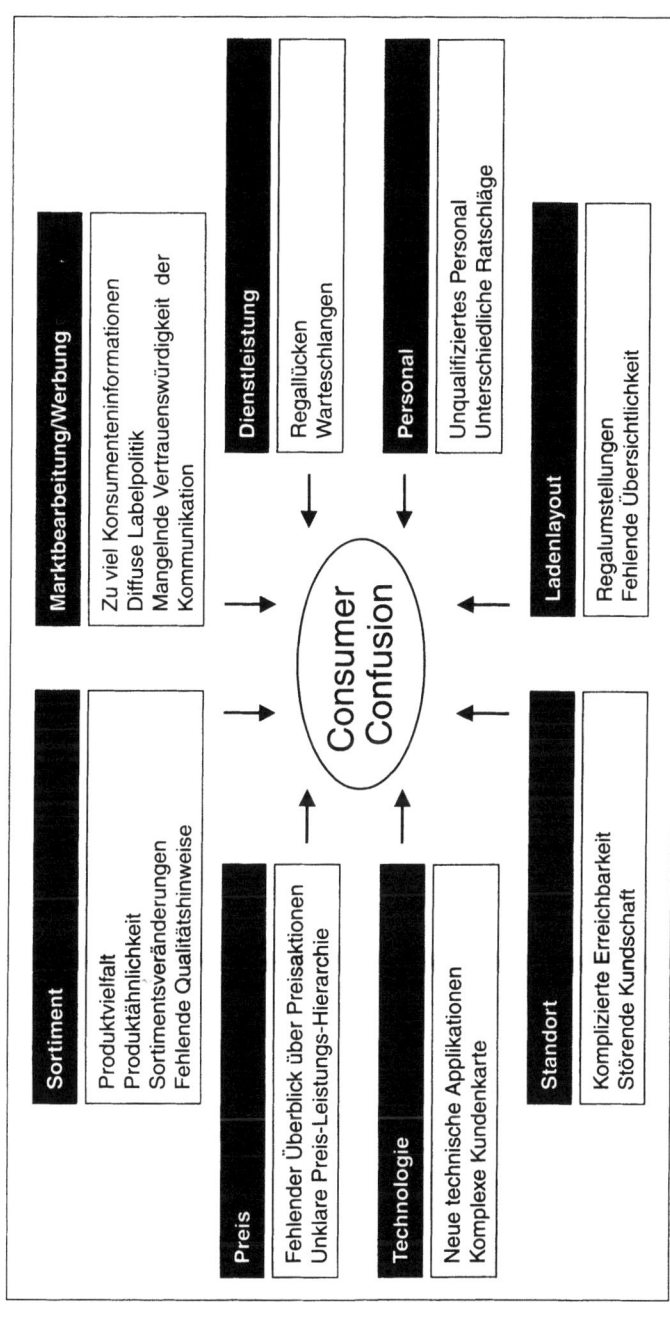

Abbildung 13: Die wichtigsten Consumer-Confusion-Auslöser

Nachfolgend werden die folgenden sieben Auslöser der Überforderung näher erläutert:

- Sortiment
- Marktbearbeitung/Werbung
- Dienstleistungen
- Personal
- Ladenlayout
- Standort
- Technologie
- Preis

Im Anschluss können Sie mithilfe der Checkliste Ihr eigenes Leistungsangebot beurteilen und kritische Verwirrungsauslöser identifizieren.

Sortiment

Dass eine möglichst facettenreiche Auswahl und eine überraschungsgeprägte Angebotsabwechslung dem Bedürfnis des modernen Konsumenten entsprechen, ist eine relativ weit verbreitete Ansicht. Mit Blick auf den oben vorgestellten OSL-Ansatz muss man dieser Meinung jedoch kritisch begegnen. Denn neben den Verbrauchern, die ständig nach neuen Angeboten suchen, existieren „Durchschnittsverbraucher", denen ein Feuerwerk an Optionen nur wenig Freude bereitet – ja auf die es sogar demotivierend wirken kann.

Eine **Produktvielfalt** löst zwar meistens eine anfängliche Begeisterung beim Kunden aus, doch sobald sich der Konsument am Regal entscheiden muss, zerstreut sich diese Vorfreude. Die Faszination der Vielfalt wird deshalb entfacht, weil die Chance, genau das Produkt zu finden, das den eigenen Bedürfnissen entspricht, bei einem umfassenden Sortiment relativ groß erscheint. Weiß der Kunde jedoch im Voraus noch nicht, auf welche Produkteigenschaften (beim Waschmittelkauf zum Beispiel Anzahl Waschgänge, Duft, Preis, Farbenfreundlichkeit) er beim Kauf achten sollte/möchte, sinkt der Nutzen eines umfangreichen Sortiments, sobald die konkrete Entscheidungsphase beginnt. Der Konsument ist nun gezwungen auszuwählen.

Ein typisches Beispiel für die Faszination der Vielfalt findet man im Bereich der Unterhaltungselektronik. Digitalkameras haben in den vergangenen Jahren einen starken Aufwind erfahren. Weil die Technologie noch neu ist, sind dem Konsumenten die relevanten Eigenschaften einer Kamera erst wenig bekannt. Deshalb werden häufig Händler mit großer Auswahl aufgesucht, weil man glaubt, dass eine der angebotenen Kameras sicher den Ansprüchen gerecht werden sollte. Am Regal beginnt jedoch die Qual der Wahl. Aus einer Auswahl von weit über 40 Digitalkameras wollen wir Ihnen die drei folgenden exemplarisch vorstellen. Können Sie sich auf Anhieb für eine der Kameras entscheiden?

Digitalkamera Canon PowerShot A 75	Digitalkamera Hewlett Packard Photosmart 735	Digitalkamera Konica Minolta Dimage Z2
3.0 Mio Pixel/Zoom 3x optisch (135 = 38–114 mm), Macro bis 5 cm Movie Funktion mit Ton, CompactFlash Speicherkarte Typ I, 32 MB inkl. 4x Alkaline-Batterien oder NiMH-Akkus optional Maße: 101.1x64.x31.5mm Gewicht: 250g CHF 401,-	3.2 Megapixel/30 Bit 3x optisch Zoom/5x digital Zoom 16 MB Speicher intern/ SD-Karten opt. 3.8 cm Farbdisplay HP Photo Imaging Software Maße: 105x46x71 mm/ Gewicht 235 g CHF 251,-	4.0 Megapixel und Zoom 10x optisch von 6.3–63 mm (38–380 mm im Format 135) Supermakro ab 3 cm von der Frontlinse 10 Bilder/Sek. mit 1280x960 Pixel SD-Speicherkarten, verwendet 4x AA Batterien oder NIMH-Akku mind. 2000 MAH Maße: 109.5x77.5x80 mm/Gewicht: 305 g Inkl. SD-Karte 16 MB CHF 581,-

Abbildung 14: Original-Regalbeschriftung dreier Digitalkameras

Es ist anzunehmen, dass bei Ihrer Wahl die Pixel-Anzahl oder der Preis im Vordergrund stehen – und die restlichen Eigenschaften? Weil die Kamera für die meisten eine nennenswerte Investition darstellt, werden diese Eigenschaften plötzlich auch relevant. Doch was heißt nun CompactFlash Speicherkarte Typ I oder Supermakro ab 3 cm? Hier beginnt der Nachteil einer großen Auswahl (und der Vorteil einer Beratung beim Fachhändler).

Da also der Konsument oft keine etablierten und klar strukturierten Präferenzen besitzt, ruft die Produktvielfalt Verwirrung und, wenn sie wiederholt auftritt, Ermüdungserscheinungen hervor; denn Konsumenten ohne klare Präferenzstruktur müssen sich erstens relevante Produkteigenschaften aneignen, sich zweitens über die eigenen Präferenzen klarwerden und drittens zwischen den Alternativen entscheiden. Meistens bleibt ihnen schließlich nichts anderes übrig, als sich spontan für ein Produkt zu entscheiden, weil die Begutachtung sämtlicher Produktvarianten zu viel Zeit in Anspruch nehmen würde (erinnern Sie sich an das Käsebeispiel).

Dass man die Vielfalt kritisch hinterfragt, ist übrigens nicht neu. Schon in den siebziger Jahren wurde die Schwelle zum Überfluss an der Stelle angesetzt, wo die Vorteile einer Vielfalt durch eine erhöhte Entscheidungskomplexität zunichte gemacht werden.[27] Oder in anderen Worten, sobald die Entscheidung am Regal dem Konsumenten Mühe bereitet, schwindet der Vorteil einer Wahlfreiheit rapide. Zum Standardbeispiel für dieses Phänomen ist die Konfitüren-Studie von Sheena Iyengar, Wirtschaftspsychologin an der New Yorker Universität Columbia, erhoben worden.[28] Das Forscherteam hat in einem kalifornischen Supermarkt den Konsumenten alternativ sechs und 24 Konfitüren zur Degustation angeboten. Bei der kleineren Auswahl sind nur 40 Prozent (von insgesamt 260 Kunden) der am Stand vorbeigelaufenen Konsumenten stehen geblieben, um das Angebot näher zu betrachten. Bei der größeren Auswahl (24 Konfitüren) konnte die Aufmerksamkeit von 60 Prozent (von insgesamt 242 Kunden) der Kundschaft gewonnen werden. Während 30 Prozent der Konsumenten, die sich an der kleineren Auswahl über das Angebot informiert haben, schließlich auch eine Konfitüre kauften, waren es nur drei Prozent bei der größeren Auswahl. Dieses Experiment zeigt, dass der Konsument zwar von einer größeren Auswahl angezogen wird, die Kaufchance jedoch beim vorselektierten Sortiment höher ausfällt. Der Vorteil der Varietät verflüchtigt sich bei der Entscheidungsfindung.

Das Dilemma zwischen der Faszination der Vielfalt und der Überforderung bei der Entscheidungsfindung wird auch als **Consumer Ambivalence** bezeichnet. Diese Ambivalenz erklärt auch, weshalb der Hinweis vieler Marketing- und Handelsforscher zur Sortimentsreduktion diametral zu den Ergebnissen vieler Marktforschungsprojekten steht. Denn Kundenbefragungen lassen häufig den Schluss zu, dass sich Konsumenten eine größere Auswahl wünschen oder sich an der zu kleinen Auswahl stören. Diese Kritik ist oftmals ein Zeichen dafür, dass der Konsument in den aktuellen Regalen nur bedingt Produkte findet, die seinen Bedürfnissen gänzlich gerecht werden. Dieses Kundenstatement sollte jedoch nicht als Fingerzeig interpretiert werden, mehr Produkte anbieten zu müssen, damit jeder einzelne Konsument „sein" Produkt findet. Denn mit einer steigenden Produktvielfalt sinkt ebenfalls die Wahrscheinlichkeit, dass ein Konsument aus der Mannigfaltigkeit genau sein Produkt herauspicken kann. Außerdem muss er sich von den restlichen Alternativen „trennen" – dies ist oft nicht einfach.

Nun ist aber bei der Produktvielfalt noch zwischen zwei unterschiedlichen Produktarten zu unterscheiden. Produktvielfalt ist meistens bei den so genannten *Pflichtprodukten* kritischer zu beurteilen (um die Begriffe Pflicht- und Kürprogramm aus dem Eiskunstlauf zu entlehnen). Pflichtprodukte sind alltägliche Güter, wie zum Beispiel Mineralwasser, Butter oder Toilettenpapier. Diese Pflichtprodukte stellen Gebrauchsgüter dar, mit denen sich der Durchschnittskunde kaum detaillierter befasst. Deshalb sind die oft zahlreichen Produktalternativen im Regal eher ein Entscheidungshindernis anstatt ein Profilierungsplus. Bei Pflichtprodukten sollte die Erwägung einer kleinen, sinnvoll selektierten Anzahl klar positionierter Produktvarianten nicht bereits im Vorhinein mit einem Tabu belegt sein.

Aus Wasser wird selten Wein

Procter & Gamble hat zwar mit großem Brimborium versucht, Konsumenten darauf aufmerksam zu machen, dass Toilettenpapier nicht Toilettenpapier sein muss. Mit der Marke „Charmin" wurde eine Produktlinie geschaffen, die dem Konsumenten kommuniziert, dass es durchaus Sinn macht, sich bei Toilettenpapier nicht für das erstbeste Produkt zu entscheiden. Vielleicht erleichtert die Marke dem Kunden sogar etwas die Entscheidung, denn das bisherige Sortiment zeichnete sich eher durch eine Profillosigkeit aus. Doch sobald sich die Konkurrenz ebenfalls entscheidet, ihr Toilettenpapier aktiv zu bewerben, steigen natürlich die Entscheidungsanforderungen für den Konsumenten – und dies bei Produkten, die sich kaum unterscheiden (außer vielleicht in der Farbe) und die nicht wirklich eine weltbewegende Funktion haben.

„Bei der Produktvielfalt ärgere ich mich oft über mich selber, weil ich vor den Toilettenpapieren stehe und mehrere Minuten vergleiche, wie viele Lagen, wie viele Blätter, bedruckt, unbedruckt etc., die Rolle hat. Wieso kann ich nicht einfach ein Produkt blind mitnehmen?" (Kundenaussage)

Ein Produkt, das früher nebenbei und ohne großen Entscheidungsaufwand gekauft wurde, wird plötzlich mit Eigenschaften aufgeladen (zum Beispiel „extra flauschig" oder „extra reißfest"), die dem Konsumenten eine intensivere Auseinandersetzung mit den Produktalternativen abverlangen. Häufen sich diese von Herstellern und Händlern vorangetriebenen Differenzierungen bei Pflichtprodukten, steigt der Entscheidungsaufwand des Konsumenten ins Unermessliche und damit auch die Kaufunlust.

Auf der anderen Seite könnte man von *Kürprodukten* sprechen, bei denen eine größere, aber wiederum sorgfältig selektierte Auswahl durchaus im Interesse der Konsumenten sein kann. Kürprodukte sind Güter des Genusses. Güter, die man sich aus Freude am Leben leistet. Dazu können zum Beispiel eine Flasche Wein, ein Buch, eine Stereoanlage oder ein Fünf-Gang-Menu gezählt werden. Bei diesen Produkten nimmt sich der Konsument für die Auswahl eher Zeit. Dabei ist jedoch zu beachten, dass die angebotenen Alternativen sich klar durch *zielgruppenrelevante* Eigenschaften, die prägnant kommuniziert werden, voneinander unterscheiden sollten. Für Supermarktkunden ist wahrscheinlich der Hinweis, dass die zehn unterschiedlichen Bordeaux-Weine sich durch ihren Tannin-Gehalt unterscheiden, kaum hilfreich. Hingegen ist für den Laien die Unterscheidung nach zum Beispiel Geschmack (rosig, fruchtig oder herb im Abgang) oder Kombinationsmöglichkeit (optimal zu Fisch- oder Fleischgerichten) sehr viel eher einleuchtend. Im Zuge der sinkenden Absätze des französischen Weines hat sich sogar der französische Landwirtschaftsminister eingeschaltet und für eine Vereinfachung des französischen Angebots auf den internationalen Märkten plädiert. Der Staat lässt sich die Werbekampagnen 15 Millionen Euro kosten. Bislang wurde der Konsument mit einer komplizierten Etikettierung der Weine aus 440 Anbaugebieten konfrontiert. Von Wiedererkennungswert darf gar nicht gesprochen werden. Man darf gespannt sein, mit welchen Maßnahmen eine Vereinfachung angegangen wird und wie die Konsumenten darauf reagieren.

Fazit: Bei Pflichtprodukten kann die Auswahl rascher zu Verwirrung führen, da sich der Konsument kaum intensiv mit den Produkten befasst oder befassen möchte. Bei Kürprodukten drückt ein umfangreicheres Angebot durchaus eine Sortimentskompetenz des Händlers aus und wird von der Kundschaft geschätzt. Aber auch hier besteht die Gefahr, mit einer wenig abgestimmten Zusammenstellung der Produkte Konsumenten zu verwirren.

Weil es bis heute nur wenigen großen Herstellern und Händlern gelungen ist, ihre Pflicht- und Kürsortimente den Bedürfnissen der Kunden entsprechend zu optimieren, sind eine steigende Zahl an Konsumenten skeptisch gegenüber deren Sortimentskompetenz eingestellt:

„Früher hatte man diese Auswahl noch nicht, deshalb war der Einkauf auch einfacher. Es ist interessant zu sehen, dass man mit der großen Auswahl nicht glücklicher geworden ist. Die Flut ist derart groß geworden."
(Kundenaussage)

Neben der Produktvielfalt ruft auch die **Produktähnlichkeit** Verwirrung hervor. Eine subjektiv wahrgenommene Produktähnlichkeit ist einerseits auf eine fehlende Produktkenntnis der Konsumenten zurückzuführen, sie wird aber andererseits auch durch ein *redundantes Sortiment* des Händlers hervorgerufen. Wenn sich die Produktalternativen im Sortiment kaum oder nur durch irrelevante Eigenschaften unterscheiden, entsteht ein erhöhtes Verwirrungspotenzial, weil die Entscheidungskriterien fehlen. Irrelevante Produkteigenschaften sind, um beim Weinbeispiel zu bleiben, für den Durchschnittsverbraucher der Tannin-Gehalt eines Weines oder die Hanglage der verarbeiteten Weintrauben. Die fehlende Produktkenntnis führt dazu, dass ein Sortiment, das für einen Produktmanager zwar ein klar eingeteiltes Spektrum abdeckt, für Konsumenten nicht „lesbar" ist. Rebsorten wie Cabernet Sauvignon, Merlot oder Zinfandel können Konsumenten durchaus als Entscheidungshilfen dienen, doch wenn von der Merlot-Traube fünf oder mehr Weine in einem Regal angeboten werden, sind die meisten bei der Suche nach Auswahlkriterien am Ende ihres Lateins.

Die quälende Wahl von Burdians Esel

Die Wahl zwischen ähnlichen Produkten wird dann zur Qual, wenn mehrere Alternativen gleich anziehend oder abstoßend eingestuft werden, wenn also der Konsument keine Kriterien für die Entscheidung findet. Das mittelalterliche Gleichnis von Burdians Esel bringt diese Situation auf den Punkt:

Ein hungriger Esel steht vor zwei Säcken Hafer. Die Säcke sind gleich gut gefüllt, der Hafer ist von gleicher Qualität, und die Säcke liegen gleich weit vom Esel entfernt. Eigentlich ist es völlig egal, aus welchem Sack der Esel frisst. Weil der Esel aber nach rationalen Kriterien für die Entscheidung sucht, grübelt er hin und her und verhungert schließlich, weil er sich nicht entscheiden kann.

Welche Digitalkamera landet in Ihrem Warenkorb, wenn Sie sich eingehend über das Angebot informiert, eine erste Selektion vorgenommen haben und immer noch 13 gleichwertige Produkte übrig sind? In solchen Situationen bleiben schließlich nur noch Schlüsselinformationen wie Anzahl Pixel oder der Preis. Immerhin – Burdians Esel hatte gar nichts, woran er sich klammern konnte.

Die subjektiv wahrgenommene Produktähnlichkeit wird zusammenfassend

- zum einen von einer fehlenden Produktkenntnis der Konsumenten hervorgerufen (wenn er den Unterschied zwischen einem Cabernet Sauvignon aus dem Stellenbosch- und Napa-Valley-Anbaugebiet kennen würde, hätte er keine Probleme mit der Wahl),
- und auf der anderen Seite durch die Sortimentsredundanzen des Händlers (mit einem tiefen Sortiment für eine mehrheitlich unkundige Zielgruppe) noch stärker unterstrichen.

Die Annahme, dass mit einem vollständigen Sortiment sowohl (Wein-) Laien als auch -Experten angesprochen werden können, ist trügerisch.

Viele Konsumenten vereinfachen in Situationen, in denen sie nicht mehr weiterwissen, kurzerhand die Kaufentscheidung. Geht es Ihnen nicht auch so? Zum Beispiel bleibt man dem einmal gemundeten Wein treu, obwohl die Weinregale zahlreiche und verlockende Alternativen bieten. Dies erleichtert insbesondere dem Weinlaien bei jedem Kauf die Entscheidung. Der gewohnheitsmäßige Griff ins Regal wird jedoch durch **Sortimentsveränderungen** regelmäßig vereitelt. Neue Produkte, Relaunches, Marketingprogramme oder Werbebotschaften verlangen dem Konsumenten immer wieder Lernbereitschaft ab. Oftmals übersteigt jedoch die Zahl und Kurzfristigkeit der Veränderungen die Bereitschaft der Konsumenten, sich auf Neues einzulassen. Im schlimmsten Fall werden die Konsumenten durch die Veränderungen ermüdet. Insbesondere bei Pflichtprodukten möchte sich der Konsument nicht immer wieder neu orientieren.

Mit Mut zurück zur Tradition

Dass insbesondere bei etablierten Markenprodukten eine Sortimentsveränderung einen kritischen Aspekt darstellen kann, hat kürzlich auch der zum *Nestlé*-Konzern gehörende Schweizer Schokoladehersteller *Caillers* erkennen müssen. Der Hersteller hat seiner traditionsreichen *Frigor*-Milchschokolade eine marginale Verjüngung verschrieben, indem eine neue gewölbte Gussform gewählt wurde. Diese Veränderung wurde von den Konsumenten jedoch nicht goutiert – vielmehr: den Konsumenten schmeckte die süße Verführung nicht mehr so wie früher. In zahlreichen schriftlichen Reaktionen wurde der Hersteller gebeten, doch wieder die alte Rezeptur anzubieten. Die Crux: Die Rezeptur wurde gar nicht verändert, nur die Gussform hatte man abgewandelt.

Caillers hat sich schließlich mutig und glaubwürdig für den Schritt nach vorn – zurück zur Tradition – entschlossen und die Original-Schokoladentafel wieder eingeführt (vgl. Abbildung 15). Dieses Beispiel zeigt, was weit herum beobachtbar ist: Veränderungen an einer bewährten Marke werden von Konsumenten sehr kritisch aufgenommen. Dass Konsumenten in das Geschehen eingreifen, ist jedoch eher selten der Fall, weil die Erfolgsaussichten relativ klein erscheinen. Umso bemerkenswerter ist das geschilderte Fallbeispiel. Produktmanager tun gut daran, behutsam mit anerkannten Markenprodukten umzugehen, ob das Produkt nun *Frigor*, *Nivea*, *Nutella* oder *Kellogg's Corn Flakes* heißt.

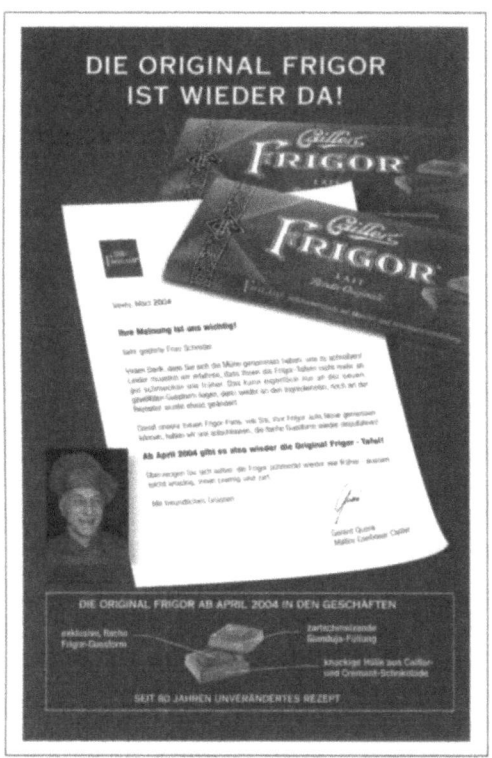

Quelle: Business Unit Chocolate, Nestlé Suisse S.A.

Abbildung 15: Cailliers führte die Frigor-Schokolade mit Mut zurück zur Tradition

Zwar lösen sich die Produktgenerationen im Lebensmittelhandel nicht derart schnell ab wie in der Computerbranche, wenn aber nur schon die Sortimentsveränderungen pro Woche beobachtet werden, summieren sich diese auf eine respektierliche Anzahl an Neueinführungen, Produkt-Relaunches oder Absetzungen. Für das Management stellen Neueinführungen oder Relaunches dankbare Instrumente dar, um temporäre Wettbewerbsvorteile zu erzielen. Die kurzfristigen Umsatzzahlen geben ihnen oftmals auch Recht. Doch längerfristig wird ein Großteil der Konsumenten die frequenzstarken Veränderungen nicht mehr honorieren und Kaufzurückhaltung üben. Neueinführungen und Relaunches (insbesondere jene, die dem Konsumenten keinen offensichtlichen Mehrwert bieten können) werden einfach nicht mehr beachtet.

"Mich verwirrt, wenn ich ein Produkt gefunden habe, das mir zusagt, dieses jahrelang kaufe, und plötzlich gibt es dieses nicht mehr oder es hat sich verändert." (Kundenaussage)

Insbesondere Markenartikel sind keine Chamäleons. Kontinuierliche Anpassungen an Kleinsttrends schaden der zentralen Botschaft der Marke.

Ein weiterer Confusion-Auslöser ist die **Qualitätsunsicherheit** bei einem Produkt. An welchen Kriterien ist die Qualität eines Produkts für den Konsumenten überhaupt erkennbar? Bei vielen Produkten ist die Einschätzung der Qualität vor dem Kaufakt gar nicht möglich. Die solide Waschkraft eines Waschmittels wird zwar auf der Verpackung und in der Werbung angepriesen, doch das geschriebene und gesprochene Wort ist oft kein Indikator für die tatsächliche Leistung. Eine *vertrauenswürdige* Produkt- oder Händlermarke kann dieser Unsicherheit entgegenwirken. Wenn dieses Vertrauen jedoch nicht aufgebaut werden kann, versickern auch die originellsten Werbebotschaften.

Standpunkt: Rückverfolgbarkeit als Stein der Weisen?

Mit der Rückverfolgbarkeit in der Lebensmittelproduktion wird versucht, die Konsumenten von der Sicherheit der Erzeugnisse zu überzeugen. Tracking- und Tracing-Systeme beleuchten fast jede Bewegung eines Huhns oder einer Forelle von der Farm oder Zucht bis ins Regal des Händlers. Fast eine Vorstufe von George Orwells Vision des Jahres 1984. Jede Putenkeule kann über einen Code bis zur Brutstätte zurückverfolgt werden. Das so geschlossene Produktionssystem dient als neues Qualitätsmanagement einer steigenden Anzahl an Produzenten. Die Fleischproduktion soll transparent und die Konsumenten informiert und aufgeklärt werden. Vertrauen basiert schließlich auf Fakten.

Wirklich? Keine Frage, die Rückverfolgbarkeit stellt wahrscheinlich einen Meilenstein in der Vermeidung von Lebensmittelkrisen dar. Erreger des Rinderwahnsinns oder der Hühnerpest können schon früh lokalisiert und eingedämmt werden. Vertrauen entsteht jedoch sehr selten durch Fakten. Um das Vertrauen in die Lebensmittel zu erhöhen, genügt es nicht, nur zu erklären. Diejenigen Kunden, die heute kritisch gegenüber der Lebensmittelsicherheit eingestellt sind (eigentlich die Hauptzielgruppe der Tracking- und Tracing-Aktivitäten), werden höchstwahrscheinlich den Vorkehrungen misstrauen und diese als Marketing-Finte einstufen. Die Kommunikation wird demnach versanden und dafür sorgen, dass Konsumenten mit noch mehr Informationen konfrontiert werden.

Der Bericht „Trust in Food in Europe"[29] verdeutlicht die kritische Einstellung der Konsumenten gegenüber Anbaumethoden und Sicherheit der Lebensmittel. Insbesondere wird beanstandet, dass Händler und Hersteller nur selten die Wahrheit über die wirkliche Sicherheit der Lebensmittel kommunizieren. Nur knapp zehn Prozent der befragten Konsumenten in sechs europäischen Ländern (Großbritannien, Dänemark, Norwegen, Italien, Portugal, Deutschland) gehen davon aus, dass sie genügend und vollständig durch die Landwirte, Industrie und Händler informiert werden. Konsumenten verlangen jedoch nur deshalb nach mehr Informationen, weil sie den Anbietern misstrauen und sich selbst ein Bild machen wollen.

Was tun? Es gilt, kontaminierte Lebensmittel durch die feinmaschigen Systeme noch *vor* dem Regal auszusortieren, dezidiert Experten sprechen zu lassen und vor allem: *Vertrauen in das Handeln des Gesamtunternehmens zu schaffen* (vgl. auch das Kapitel „Flankierende Maßnahmen" ab Seite 167 in Teil II des Buches). Außerdem sollte man sich immer wieder vor Augen führen: Die Bewahrung der Lebensmittelsicherheit gehört zum klaren Leistungsauftrag eines Herstellers und Händlers, wie zum Beispiel die Herstellung einer Verbindung nach dem Wählen einer Telefonnummer zur Aufgabe von Telekommunikationsunternehmen gehört. Nur: der Deutschen Telekom oder der Swissom würde es wahrscheinlich nicht einfallen, diese Leistung dem Kunden anzupreisen.

Wenn es darum geht, die Qualität (bei vorhandener Produktsicherheit) zu bewerten, bekunden Konsumenten insbesondere bei Frisch- als auch bei Fertigprodukten oft Probleme, die Qualität des Angebots einzuschätzen. Bei Frischprodukten erlaubt das äußere Erscheinungsbild meistens keinen Rückschluss auf die Qualität (zum Beispiel bei Melonen, Kokosnüssen, Kiwis oder Orangen). Auch bei abgepackten Produkten werden Qualitätshinweise vermisst; insbesondere dann, wenn der Inhalt durch die Verpackung verdeckt wird. Natürlich ist es ein Leichtes, die Produkte einfach auszuprobieren und sich somit ein eigenes und unmittelbares Urteil über ihre Qualität zu bilden. Doch eigentlich gehört diese Aufgabe zu den Funktionen des Handels, oder in anderen Worten: die Signalisierung der Qualität sollte einen Dienst am Kunden darstellen. Denn: Was würden Sie zum Beispiel mit einem Glas *Nutella*, einer Packung *Kellogg's* oder einer Box *Tandil* machen, wenn Sie erkennen müssten, dass die Erwartungen in das Produkt nicht erfüllt werden? Schweren Herzens wegwerfen? Oder unter Zähneknirschen aufbrauchen? Diese Szenarien sind nicht einfach an den Haaren herbeigezogen, sondern stellen reale Probleme dar. Wenn man bedenkt, dass viele Händler alles daran setzen, um einige Cents günstiger zu sein als die Konkurrenz, ist im Vergleich dazu das Risiko eines Falschkaufs (zum Beispiel eines Waschmittels) höher zu bewerten; denn beim Falschkauf verliert der Kunde den ganzen Einkaufsbetrag.

Erwähnt werden sollte aber auch, dass die Konsumenten anspruchsvoller geworden sind, was die Qualitätskriterien anbelangen. Während ursprünglich nur die Eigenschaften des angebotenen Produkts zur Beurteilung der Qualität herangezogen wurden, spielen heute auch die Produktion, der Handel und die Entsorgung eine Rolle in der Kundenbewertung. Dabei beschränkt sich der Konsument jedoch meistens nur auf einige wenige Qualitätsindikatoren (Schlüsselinformationen), die als Maß für die gesamte Produktqualität dienen (zum Beispiel Preis, Label, Farben, Produktherkunft, Markenname).

Marktbearbeitung/Werbung

In gesättigten Märkten nimmt die Vielfalt an Werbebotschaften laufend zu, weil das Angebot die Nachfrage übersteigt. Produkte werden häufiger und intensiver beworben; dadurch wird es für die einzelnen Anbieter immer schwieriger, als Kaufalternative wahrgenommen zu werden. Weil diese konkurrenzierenden Werbeinformationen im Kern sehr oft ähnliche Botschaften transportieren (zum Beispiel „jetzt neu", „30 Prozent mehr Inhalt", „nur für kurze Zeit"), bleiben die Signale vielfach ungehört. Die Werbung verschlingt zwar hohe Summen an Investitionen, erreicht den Konsumenten aber vielfach gar nicht. Konsumenten haben gelernt, (platte) Botschaften auszublenden, weshalb die Werbevielfalt kaum für Verwirrung sorgt – die Werbewirkung jedoch bescheiden ausfällt. *Coca Cola* hat zum Beispiel auf diese „Werberesistenz" mit einer Kürzung ihres weltweiten TV-Werbebudgets von 288 Millionen US-Dollar im Jahr 2001 auf heute 188 Millionen US-Dollar reagiert.

Kritischer sind die **Konsumenteninformationen** in der Verkaufsstelle zu beurteilen. Weil die Produktvielfalt den Konsumenten oft zur intensiveren Nutzung der Informationen auf den Verpackungen oder an den Regalen zwingt, kann er sich bei der konkreten Kaufentscheidung – im Gegensatz zu den Werbebotschaften im Alltag – der Informationsflut nicht entziehen. Insbesondere dann nicht, wenn das Produkt dringend gebraucht wird. Denn, wie bei der Sortimentsbestückung, wird meistens auch bei den Informationen auf den Verpackungen ein möglichst breites Bedürfnisspektrum abgedeckt. Das Prinzip, dass jeder diejenigen Informationen herauspickt, die er braucht, funktioniert auch hier nicht. Erstens muss der Konsument die gewünschten Informationen zuerst finden und diese zweitens auch zwischen den ähnlichen Produkten vergleichen. Dies erzeugt Verwirrung und führt dazu, dass der Konsument nicht mehr bereit ist, diese Anstrengung auf sich zu nehmen.[30]

Vor allem im Rahmen der Anstrengungen zur Transparenzerhöhung (bezüglich Produktzusammensetzung, Haltbarkeit, Zubereitung etc.) sind immer mehr Informationen auf Produktverpackungen angebracht worden. Schon 1977 wies der amerikanische Wirtschaftswissenschaftler Milton Friedman darauf hin, dass der Konsument Mühe hat, aus den zahlreichen ihm zur Verfügung gestellten Konsumenteninformationen einen Nutzen zu ziehen, und er empfahl den Händlern, von zusätzlichen Informationen auf den Verpackungen abzusehen.[31] Wie sich Herr Friedman wohl zu den heutigen Informationen auf den Verpackungen äußern würde?

Konsumenteninformationen sind oft auch sehr komplex. Zum Beispiel sind in den vergangenen Jahren im Rahmen eines steigenden Ernährungsbewusstseins zahlreiche Produktinnovationen entstanden, wie etwa so genannte Functional-Food-Produkte, die dem Konsumenten einen gesundheitsfördernden Zusatznutzen versprechen. In diese Kategorie fallen auch probiotische beziehungsweise prebiotische Joghurts. Die Bezeichnung wird für Nahrungsmittel verwendet, die speziell gezüchtete Bakterienkulturen enthalten, die die Regulation der Darmflora fördern und damit die Verdauung und das Immunsystem anregen. Als Produktalternativen (jedoch mit teils unterschiedlichen Nutzenversprechen) hat der Konsument unter anderem Joghurts mit Aloe-Vera-Extrakten, mit Beneo-Nahrungsfasern Inulin, mit Milchsäurebakterien LGG oder laktosefreie Joghurts zur Auswahl. Vielen Konsumenten sind diese Produktbezeichnungen und die damit verbundenen Nutzenversprechen nicht geläufig. Natürlich weiß ein Konsument, der an Laktoseintoleranz leidet, dass ein laktosefreier Joghurt für ihn geeignet ist; auch ein Konsument mit Reizdarm wird wahrscheinlich wissen, dass Joghurts mit probiotischen Bakterien für seine Gesundheit den größten Nutzen bieten. Dieser Kundenkreis ist jedoch relativ klein. Konsumenten, die keine Beschwerden aufgrund von Milchzucker oder hinsichtlich der Darmflora aufweisen, werden jedoch kaum über die Wirkung der verschiedenen Joghurts informiert sein. Das Argument, dass diese „nicht involvierten" Konsumenten ja einen „normaler" Joghurt wählen können und deshalb kein Grund zur Verwirrung vorliegt, trifft nur bedingt zu, weil auch nicht involvierte Konsumenten:

1. den Werbebotschaften ausgesetzt sind und diese versuchen zu interpretieren (was bei einem Halbwissen eher schwierig ist),

2. wissen wollen, auf welche Produkte sie verzichten, wenn sie ein konventionelles Produkt kaufen; Konsumenten möchten in anderen Worten erfahren, welche Opportunitätskosten bei der Entscheidung anfallen,
3. ihre Kaufentscheidung (sei diese auch gewohnheitsmäßig), von Zeit zu Zeit zu optimieren oder zu bestätigen versuchen; dies bringt immer auch eine Neuevaluation des *gesamten* Sortiments mit sich.

Diese Ausführungen sollen nicht bedeuten, dass neue Trends – wie zum Beispiel probiotische Produkte – nicht mehr aufgegriffen werden sollten. Vielmehr muss den Anbietern bewusst sein, dass diese neuen Produkte auch für *Laien* (für Konsumenten, die sich nicht mit der entsprechenden medizinischen Problematik auseinander setzen müssen) auf Anhieb verständlich sein müssen. Dazu reichen oftmals ein prägnantes Bild oder ein Erklärungssatz aus. Wichtig sind vor allem die *klare* Kennzeichnung und Abgrenzung der Produktlinien im Regal.

In eine ähnliche Kerbe wie die vielfältigen und komplizierten Produktinformationen schlägt die Kennzeichnung der Produkte mit Gütesiegeln. Die seit Anfang der neunziger Jahre forcierte **Labelpolitik** (mit ökologischen und sozialen Versprechen) mutet aufgrund häufig fehlender Branchenstandards oft verwirrend an. Was der eine Händler als biologisch angebaute Produkte anpreist, ist oft nicht vergleichbar mit den Produkten eines Konkurrenten. Die Richtlinien werden – trotz etlichen Initiativen wie zum Beispiel *Max Havelaar* oder *grüne Knospe* – mehrheitlich noch von Händlern definiert. Die daraus resultierende Intransparenz steigert die Akzeptanz höherer Preise für Produkte mit Gütesiegeln nicht unbedingt.

Zur Unübersichtlichkeit der Produktlabels hat die *organische* und *unkoordinierte* Entwicklung der Gütezeichen beigetragen. Eine steigende ökologische und soziale Sensibilität in der Gesellschaft hat innovative Hersteller und Händler dazu bewogen, mit verschiedenen Gütezeichen Produkte zu kennzeichnen, die nach bestimmten Kriterien hergestellt wurden. Weil nun in dieser Pionierphase jeder Händler seine eigenen Labels kreierte, ist die Zahl der Kennzeichen stark angewachsen. Da nahezu jedes Produktlabel unterschiedlichen sozialen und ökologischen Kriterien unterliegt, ist die Übersicht für den Konsumenten (und wahrscheinlich auch für das Management) äußerst schwierig geworden. Der ursprüngliche Gedanke, durch Labels Informationen zu bündeln und damit die Entscheidungseffizienz der Konsumenten zu erhöhen, wird durch die Labelähnlichkeit und -vielfalt zunichte gemacht. Für Eier, Fleisch und Milchprodukte wurden alleine im Schweizer Einzelhandel 16 bedeutende Labels gezählt *(Kagfreiland, Bio Weide-Beef, Natura-Beef, Demeter, Fidelio, Bio-Suisse, Bio En-*

gagement, Bio Natur Plus, Coop Naturaplan, Natura Beef Bio Suisse, Swiss Premium Rindfleisch, Agri Natura, IP-Suisse, Bell Natura, 7-Punkte-Fleisch-Garantie, SwissPrimGourmet); bei Gemüse, Obst und Getreide sind es sieben *(Bio Suisse, Bio, Demeter, Bio Engagement, Bio Natur Plus, IP-Suisse, IP-PI)* und bei Bananen, Kaffee und Tee deren vier *(Gebana AG, Claro, Max Havelaar, TerrEspoir)*. Trotz der hohen Verwirrung, die durch eine diffuse Labelpolitik ausgelöst wird, gehören gekennzeichnete Produkte zu einem zentralen Konsumentenbedürfnis. Diesem sollte jedoch besser entsprochen werden.

Weiterhin trägt auch die fehlende Überprüfbarkeit der Gütesiegel-Versprechen kaum zu einer einfachen Entscheidung bei. Obwohl die Einhaltung der Richtlinien für viele Gütesiegel von unabhängigen Institutionen durchgeführt wird, fehlt vielen Konsumenten das Vertrauen. Es stellt sich dabei heraus, dass die Akzeptanz „händlereigener" Labels stark vom Gesamtimage der Verkaufskette abhängt. Wenn der Laden als vertrauenswürdig eingestuft wird, färbt dies auch auf die Labelprodukte ab. Deshalb kommt dem „Store-Brand" eine überaus wichtige Funktion zu. Bei einer schlechten Dachmarke haben auch Labelprodukte, die extern überwacht werden, einen schweren Stand.

Ein Konflikt entsteht insbesondere in Situationen, in denen sich ein Konsument vom Anbieter nicht ernst genommen oder gar bedrängt fühlt. Das **Vertrauen der Konsumenten** kann in vielerlei Hinsicht von Händler und Hersteller gestört werden, denn in einem wettbewerbsintensiven Umfeld ist die Anpreisung der Produkte eine heikle Gratwanderung zwischen Verführung und Kundenpartnerschaft. Dass „hinter der Marke manches Mal kein eigenes Werk steht oder dass auf den produzierten Waren eine andere Marke prangt als auf dem Werkstor – das sollen die Endkunden nicht wissen. Sie sollen an die Marke glauben, dafür ist Kommunikation schließlich da."[32] Diese Aussage zeigt, dass der Konsument oft als Spielfigur betrachtet wird, die in einer Scheinwelt lebt und dabei als nicht mündig angesehen wird. Authentizität ist dabei ein Fremdwort. Warum?

Weil Umsatzwachstum vielerorts als heilige Kuh gesehen wird, müssen immer wieder neue Wege gesucht werden, um Kunden von Händlerleistungen zu überzeugen. Diese Wege grenzen oft an Verführung (Initiierung eines Kaufaktes durch Vortäuschen falscher/fragwürdiger Tatsachen), weil die Produkte sich häufig kaum mehr durch physische Komponenten unterscheiden. Folgende Beispiele sollen dies verdeutlichen:

▶ In der Werbung wird für Waschmittel geworben, die eine Bluse auch nach dem zwanzigsten Waschgang nicht verbleichen lassen und den

Partner immer noch zu begeistern vermögen. In der Realität sieht dann das Waschergebnis oft ernüchternd aus.

- Die von der deutschen *Stiftung Warentest* herausgegebene Zeitschrift „Test" hat 60 *Sonder*angebote wie Digitalkameras oder Staubsauger geprüft und feststellen müssen, dass drei Viertel der Angebote ein für den Konsumenten unvorteilhaftes Preis-Leistungs-Verhältnis aufweisen.[33] Die Qualität fängt an, unter dem Preis zu leiden.

- Fertigprodukte werden oft mit dem Nimbus von Frischprodukten versehen. Auf häufig industriell hergestellten Lebensmitteln prangt Großmutters Kochlöffel, der auf ein naturbelassenes und frisches Produkt hinweist. Obwohl solche Verkaufsprogramme viele Konsumenten mittels emotionaler Signale begeistern können, führen die fehlende Authentizität beziehungsweise die „Scheinwelten" zur Verwirrung einer nicht zu unterschätzenden Anzahl von Konsumenten.

Diese drei Beispiele zeigen auf, wo eine Hauptquelle der mangelnden Vertrauenswürdigkeit zu finden ist – nämlich in der *nicht authentischen* Kommunikation. Dies kann man insbesondere bei den Labelprodukten beobachten.

„Ich habe das Bild jeweils im Kopf, dass alle Kühe zwar in den gleichen Eingang der Fabrik hineingehen, dann aber als Bio und als Normalfleisch wieder herauskommen. Die einen kriegen dann den teureren Stempel und die anderen den billigeren." (Kundenaussage)

Dieser Umstand ist unter anderem darauf zurückzuführen, dass der erkennbare Mehrnutzen eines Bio-Produkts in keinem guten Verhältnis zum entsprechenden Preisaufschlag steht. So muss bei Bio-Produkten manchmal mit einer Einbuße der Qualität (bei Äpfeln zum Beispiel Wurmstiche, Frostbeulen) gerechnet werden, und der ökologische Nutzen, der zum Beispiel durch einen Verzicht auf chemisch-synthetische Spritzmittel entsteht, ist für den Konsumenten nicht direkt wahrnehmbar. Dieser fehlende direkte Nutzen steht einem höheren Preisniveau gegenüber. Der unklare Nutzen kann nur durch Vertrauensbildung aufgewogen werden. Ist dieses Vertrauen nicht vorhanden, werden die guten Absichten eines ökologischen oder sozialen Labels nicht deutlich. Als Beispiel sei hier die Vergabe eines Bio-Prädikats für Produkte aus Übersee genannt.

„Auslandprodukte werden oft als Bio-Produkte bezeichnet, doch die Transportwege werden dabei nicht in die Kalkulation einbezogen und die Überprüfung der Richtlinien ist für den Konsumenten sehr schwierig. Es ist eine Marketingsache und es wird papiermäßig kontrolliert." (Kundenaussage)

Diese Unsicherheit aufgrund eines fehlenden Vertrauens in die Anbieter kann am Verkaufsregal zu Verwirrung führen. Kann ein Konsument wirklich sicher sein, dass zum Beispiel das für den halben Preis angebotene Rindfleisch ein akzeptables Qualitätsniveau erreicht? Hat der Konsument kein Vertrauen zum Händler, wird der Griff ins Regal wahrscheinlich weniger üppig ausfallen.

Dienstleistungen

Regallücken werden von Händlern selten als solche bezeichnet. Das heißt, der Konsument wird nicht aktiv informiert, wenn ein Produkt temporär ausverkauft oder nicht lieferbar ist. Grund für diese zurückhaltende Kommunikation ist oftmals eine Null-Fehler-Toleranz. Das Verkaufspersonal oder das Unternehmen als Ganzes müsste dabei einen Fehler (zum Beispiel vergessene Nachbestellung, Logistik- oder Produktionsprobleme) eingestehen. Die Nicht-Kommunikation kann zu Verwirrung führen; denn angesichts kontinuierlicher Regalumstellungen, Verpackungsänderungen oder Sortimentsveränderungen sucht der Konsument die Regale ab, da er vermutet, dass das Produkt anderswo oder in einer anderen Verpackung angeboten wird. Erkennt er, dass die Produkte zeitweise nicht im Angebot sind, und braucht er sie dringend, dann muss sich der Konsument außerdem mit den zahlreichen Alternativprodukten auseinander setzen.

Lange **Warteschlangen** vor der Kasse sind grundsätzlich Ärgernisse, mit denen Konsumenten beim alltäglichen Einkauf konfrontiert werden. Darin sind noch keine Verwirrungsauslöser auszumachen. Doch wenn der Konsument beim Eintreten in den Laden bereits die Warteschlangen bemerkt, kann er sich genervt fühlen, und das subjektive Zeitdruckgefühl während des gesamten Einkaufsprozesses steigt, weil die Wartezeit an der Kasse mit in die Zeitkalkulation einbezogen wird. Der auferlegte Zeitdruck lässt die Effizienz, insbesondere bei der Evaluation von Neuprodukten, stark sinken.

Personal

Die **Fachkompetenz des Personals** kann ein Rettungsanker im Entscheidungsprozess der Verbraucher sein. Wenn Konsumenten sich nicht zwischen Produktalternativen entscheiden können, das Ladenlayout unübersichtlich gestaltet ist oder zwei verschiedene Preise auf dem Produkt stehen, kann das Personal Orientierung bieten. Sobald allerdings Verkaufspersonen die Produkte nicht oder falsch erklären oder den Standort der Sortimente in der Verkaufsstelle nicht mehr benennen können, bleibt der Konsument mit seiner Ungewissheit zurück.

"Wenn ich eine Auskunft haben möchte, muss das Personal oft zwei- oder gar dreimal weiterfragen. In großen Läden bekomme ich in den wenigsten Fällen eine qualifizierte Auskunft." (Kundenaussage)

Diese Situationen können den Konsumenten zeitweise belasten und damit einen normalen Fortgang des Kaufprozesses behindern. Irritiert durch diese Erlebnisse, kann der Kunde Kaufentscheidungen nicht mehr effizient und effektiv treffen.

Ist der Konsument auf eine Beratung angewiesen, weil er zum Beispiel die relevanten Entscheidungskriterien nicht kennt, und findet er dabei jedoch **kein Personal** in angemessener Zeit, kann dies ebenfalls Verwirrung auslösen. Ähnliches gilt, wenn das Personal fehlende Auskunftsbereitschaft signalisiert. So bestehen aus Kundensicht Hemmungen, die Verkaufsmitarbeiter anzusprechen, wenn diese in ein Gespräch untereinander vertieft sind oder gestresst der Arbeit (zum Beispiel Regale auffüllen) nachgehen. Insbesondere die letztgenannte Doppelfunktion des Verkaufspersonals (POS-Pflege und Beratungs- oder Auskunftstätigkeit) vermittelt dem Konsumenten das Signal, nicht willkommen zu sein.

Ladenlayout

Regalumstellungen führen dazu, dass der Kunde mehr und länger suchen muss. Mit der zunehmenden Hektik im Alltagsleben der Konsumenten (dies betrifft insbesondere jüngere und erwerbstätige Frauen) bleibt auch für den Lebensmitteleinkauf weniger Zeit. Eine Umstellung von Regalen ist für den Konsumenten oft nicht nachvollziehbar und kann seinen Einkaufsprozess erheblich stören. Wird in Betracht gezogen, dass die Orientierungsfreundlichkeit auf die Gesamtbeurteilung der Verkaufsstelle abfärbt, erweisen sich Regalumstellungen als äußerst kritisch. Regallücken oder Regalumstellungen lösen jedoch häufig nur dann einen neuen Entscheidungsprozess beziehungsweise einen Suchprozess aus, wenn der Einkauf dringend zu erledigen ist. Ansonsten wird der Kauf verschoben oder die Kaufabsicht wird nochmals hinterfragt.

Beim **unübersichtlichen Ladenlayout** wird von Konsumenten mehrheitlich eine klare Orientierung in Verkaufsstellen vermisst. Ein Ladenlayout sollte für (Neu-)Kunden schnell lesbar sein. Falls dies aus Gründen fehlender oder ineffektiver Kundenleitsysteme, fehlender Anordnungslogik oder Regalumstellungen nicht der Fall ist, fühlen sich Kunden schnell verloren. Die Komplexität besteht darin, dass der Konsument keine „Problemlösungsmethodik" besitzt, die die verschiedenen Entscheidungsschritte hin zum Ziel, nämlich zum Kaufabschluss, aufzeigen würde. Der Konsument besitzt ein Weltbild, das zum Beispiel nicht mit der Produktanordnung eines Ladens übereinstimmt. Um die Logik in der neuen Situation zu verstehen, muss er zum Lernen bereit sein, ansonsten verliert er sich im Chaos eines Ladens.

Das Ladenlayout ist ein zentraler Aspekt in der Betrachtung von Consumer Confusion, denn es übt eine so genannte „Gate-Keeper-Funktion" aus. Ein verwirrendes Ladenlayout kann zum Beispiel dazu führen, dass Konsumenten den Einkauf abbrechen, noch bevor sie ihre Produkte ausgewählt und bezahlt haben. Eine angenehme Ladengestaltung führt auf der anderen Seite dazu, dass sich Konsumenten eher Zeit nehmen, um das Angebot zu prüfen.

Standort

Eine **komplizierte Erreichbarkeit** bezieht sich oft auf die Anfahrt mit dem Auto. Undeutliche Beschilderung, enge Zufahrten zu den Parkgaragen oder schmale Parkplätze können den Konsumenten bereits vor dem eigentlichen Kaufprozess verwirren.

Außerdem kann eine **störende Kundschaft** den Einkaufsfluss vieler Konsumenten beeinträchtigen. Störend wirken hierbei insbesondere lärmende Kinder, Konsumenten, die die Verkaufsfläche als Ort für Kaffeekränzchen zweckentfremden und dabei die Zirkulation behindern, oder rücksichtslose Konsumenten, die ihren Einkauf rasch erledigen wollen und an die Regale drängeln. Diese Auslöser können dazu führen, dass die Entscheidungseffizienz der gestörten Konsumenten sinkt, weil die Aufmerksamkeit nicht mehr ungeteilt dem persönlichen Einkauf gewidmet ist. Das Bedürfnis nach mehr Ruhe und angenehmem Einkaufen wird bei einem Teil der Konsumenten deutlich an Bedeutung gewinnen.

Technologie

Technologische Applikationen unterstützen den Händler auf der strategischen Ebene insbesondere darin,

▶ sich einerseits über einzigartige Serviceleistungen (zum Beispiel eine erhöhte Einkaufsbequemlichkeit durch den Einsatz von LCD-Screens am Einkaufswagen zur besseren Navigation durch die Verkaufsstelle oder für detailliertere Produktinformationen) zu profilieren und

▶ andererseits Personalkosten durch den Einsatz von „unpersönlichen" Applikationen einzusparen.

Solche Applikationen bergen jedoch auch die Gefahr, dass der Kunde die neue Technologie nicht akzeptiert und im schlechtesten Fall überfordert wird. Die Gefahr der fehlenden Akzeptanz ist dann besonders groß, wenn unter anderem die Technologie dem Kunden zu kompliziert erscheint, wenn der persönliche Kontakt vermisst wird oder auch wenn die Applikation keinen offensichtlichen Nutzen bietet.

Auch das Bonussystem einzelner Anbieter (in der Form von **Kundenkarten**) wird häufig als zu kompliziert eingeschätzt.

„Das System der Kundenkarte ist so verschachtelt, dass unzählige Bedingungen erfüllt sein müssen, damit man Punkte bekommt." (Kundenaussage)

Insbesondere die flankierenden Marketingmaßnahmen tragen dazu bei, dass die wahrgenommene Komplexität steigt. Zu diesen Maßnahmen gehören zum Beispiel zusätzliche Einsparmöglichkeiten durch Sonderangebotsgutscheine, die per Post versandt und in Kombination mit der Kundenkarte eingelöst werden können.

Preis

Der Preis ist bei vielen Unternehmen zu einem Schlüsselinstrument avanciert, um im ständig härteren Verdrängungswettbewerb Konsumenten in die Verkaufsstelle zu locken. Die meisten Händler warten denn auch mit weit über 100 **Preisaktionen** pro Woche auf. In der Schweiz starteten die drei Händler *Migros*, *Coop* und *Pick Pay* im Jahr 2003 rund 4 000 Aktionen.[34] Diese Vielfalt führt dazu, dass Konsumenten, die sparen wollen oder müssen, ihre Freizeit für die Schnäppchensuche einsetzen müssen. Unterschiedliche Packungsgrößen oder Kombinationsangebote (zum Beispiel *Kellogg's*-Produkte werden in Kombination mit einem Schrittzähler verkauft) erschweren dabei zusätzlich einen Vergleich. Gewinner von Aktionen sind im Prinzip immer die Konsumenten, doch durch die vielen Preisaktionen verliert der Kunde erstens den Überblick, ist zweitens verunsichert über den wahren Wert der Produkte und misstraut drittens der guten Absicht der Händler. Letzteres ist deshalb kritisch, weil Konsumenten den Eindruck nicht loswerden, dass es keinen Preisnachlass ohne Hintergedanken gibt, geschweige denn Geschenke. Wenn bei Aktionen an der Qualität gespart wird, finden sich diese Befürchtungen der Konsumenten bestätigt. Der Marke wird außerdem durch Preisaktionen die Seele geraubt. Die Markenkraft basiert meistens auf einem emotionalen Mehrwert, einem konkreten Versprechen oder auf Traditionen, die durch das Verschachern der Produkte beeinträchtigt werden.

Eine **unklare Preis-Leistungs-Hierarchie** kann dem Konsumenten eine weitere rationale Entscheidungsgrundlage entziehen. Wenn das

Preislagenmanagement des Händlers diese Zuordnung (teurer = besser) nicht mehr ohne weiteres ermöglicht, entstehen beim Konsumenten Unsicherheiten, die bei den Folgekäufen oft auch auf andere Produkte(gruppen) übertragen werden. Im Hinblick darauf, dass der Preis eine wichtige Entlastungsfunktion im Entscheidungsprozess hat, kann eine unklare Preis-Leistungs-Hierarchie die Kaufzurückhaltung weiter erhöhen. Ist nun das 50 Euro teure Hemd wirklich qualitativ besser als das Produkt zu 20 Euro? Die umfangreichen Preisaktivitäten haben dazu geführt, dass die Gewissheit, mit einem teureren Produkt automatisch auch einen Mehrwert zu erwerben, verringert wurde.

Ein Hinweis zum Schluss

Die hier geschilderten Consumer-Confusion-Auslöser mögen (isoliert betrachtet) viele Konsumenten kaum in Verlegenheit bringen, und wahrscheinlich haben Sie auch das eine oder andere Mal den Kopf geschüttelt – vergessen Sie aber nicht, dass wir nur Kundenäußerungen wiedergegeben haben. Denn sobald die Frequenz und/oder Bedeutung der Auslöser eine gewisse Schwelle überschreiten, erhöht sich das Verwirrungspotenzial. Das heißt, sobald die verschiedenen Auslöser kumuliert ein optimales Stimulationsniveau überschreiten, versucht der Konsument über Reduktionsstrategien die Entscheidung zu vereinfachen. Die Betrachtung konzentriert sich dabei nicht auf einzelne Reize, sondern auf den gesamten Eindruck, den die Verkaufsstelle dem Konsumenten vermittelt.

Im Zustand der Verwirrung ist eine optimale Kaufentscheidung kaum mehr möglich. Eine nicht optimale Kaufentscheidung zeichnet sich dadurch aus, dass die für eine Entscheidung individuell wichtigen Produkteigenschaften nicht oder nur teilweise wahrgenommen werden, wodurch die Entscheidungsqualität sinkt.

Betrachtet man die strategische Ebene aus der Unternehmensperspektive (vgl. Teil II dieses Buches), stellt Consumer Confusion in gewisser Weise einen Hygienefaktor dar. Das heißt, Auslöser wirken profilierungshemmend und erschweren dem Konsumenten somit die Entscheidungsfindung. Eine orientierungsfreundliche Umwelt führt aber nicht automatisch zu Mehrumsatz. Die Orientierung ist Voraussetzung, jedoch nicht hinreichend für ein einzigartiges und begeisterndes Unternehmensprofil. Notwendig und hinreichend für eine erfolgreiche Unternehmensführung sind sowohl kollative Reize (zum Beispiel vielfältig, neuartig) als auch strukturelle Reize (zum Beispiel Vertrautheit, Einfachheit). Erst eine optimale Abstimmung dieser beiden Reize auf die Bedürfnisse des Konsumenten kann zu einem einzigartigen und begeisternden Unternehmensprofil führen.

Wenn Consumer Confusion einen Falschkauf nach sich zieht, kann dies nicht mit den möglichen Konsequenzen einer Entscheidungsineffizienz im Cockpit eines Flugzeugs verglichen werden. Konsumenten „stürzen" in Verkaufsstellen nicht gleich ab. Dennoch dürfen die ökonomischen Auswirkungen von Consumer Confusion nicht unterschätzt werden, denn wenn eine Vielzahl von Konsumenten durch bestimmte Marketingleistungen verwirrt wird, kann dies den Händlern stark schaden. Die Konsumenten werden sich durch Vereinfachungs- oder Reduktionsstrategien zu helfen wissen und zum Beispiel den Kauf abbrechen. Die Crux besteht dabei darin, dass diese Kaufzurückhaltung nicht direkt gemessen werden kann. Erstens kann Ihnen ein Konsument nicht zuverlässig sagen, ob er unter besseren Voraussetzungen mehr gekauft hätte, und zweitens wird Ihnen auch kein Konsument auf Anhieb anvertrauen, dass er in Ihrer Verkaufsstelle überfordert wird. Demzufolge kann eine isolierte Kundenzufriedenheitsanalyse nur ein verzerrtes Bild der Realität wiedergeben. Konsumenten können durchaus zufrieden mit den Handelsleistungen sein – gerade weil sie sich mit Reduktionsstrategien vor der Verwirrung schützen können. Ihr Abschirmverhalten lässt aber ein nicht messbares Loch in der Kasse zurück. Deshalb ist die Ermittlung der Intensität der Verwirrungsauslöser in Ihrer Verkaufsstelle so zentral (siehe dazu die folgende Checkliste). Nur so können Sie mit Orientierungsmaßnahmen reagieren und Ihr ganzes Profilierungspotenzial ausschöpfen.

Checkliste: Consumer Confusion in Ihrer Verkaufsstelle

Nutzen Sie die nachfolgende Checkliste, um das Verwirrungspotenzial Ihrer Verkaufsstelle grob zu ermitteln. Je mehr Fragen Sie mit Nein beantworten müssen, desto umfangreicher ist Ihr Handlungsbedarf. Für eine tatsächliche Messung der Kundenverwirrung ist jedoch der Einbezug der Konsumenten (Testeinkäufe) notwendig. Auf den Erhebungsprozess kommen wir im zweiten Teil dieses Buches zu sprechen.

	Ja	Nein
1. Die Anzahl der Produkte pro Sortiment wird durch eine Regel/einen Mechanismus gesteuert.	❏	❏
2. Es wird strikt darauf geachtet, dass dem Konsumenten keine ähnlichen Produktlinien parallel zur Auswahl angeboten werden.	❏	❏
3. Es wird darauf Wert gelegt, dass neben einem Markenprodukt kein funktionsgleiches Eigenmarkenprodukt ins Regal gestellt wird (auch nicht vice versa).	❏	❏
4. Die verschiedenen Verkaufsförderungsaktionen werden von einer Stelle aus koordiniert.	❏	❏
5. Die Beschilderungen im Laden (zum Beispiel Aktionstafeln, Hinweisschilder) geben den Konsumenten Orientierung.	❏	❏
6. Verkaufsförderungsmaßnahmen (zum Beispiel Dekorationen, Degustationen) werden gezielt eingesetzt.	❏	❏
7. Der Mehrnutzen von Relaunches/Produktneueinführungen wird klar ersichtlich (gemacht).	❏	❏
8. In der Verkaufsstelle werden die Regale rechtzeitig aufgefüllt. Regallücken werden vermieden.	❏	❏
9. Spezielle Verkaufsprogramme (zum Beispiel Frischeschwerpunkt) werden längerfristig verfolgt.	❏	❏
10. Die Rahmenbedingungen für Dienstleistungen bleiben konstant (zum Beispiel Recycling, Rückgaberecht).	❏	❏
11. Die Fluktuationsrate des Verkaufspersonals ist auf niedrigem Niveau angesiedelt.	❏	❏
12. Regale und/oder Produkte bleiben im Laden über längere Zeit am gleichen Standort.	❏	❏
13. Produktverpackungen behalten auch im Rahmen von Relaunches einen starken Wiedererkennungswert.	❏	❏
14. Die Produktpreise werden kaum verändert (z. B. Aktionen, Preisauf- und -abschläge, reduzierte Preise, Ausverkauf).	❏	❏
15. Technische Hilfsmittel finden eine hohe Akzeptanz bei den Konsumenten.	❏	❏

	Ja	Nein
16. Die Qualität der Produkte ist für den Konsumenten sofort ersichtlich.	❑	❑
17. Die Produktdeklarationen auf der Verpackung bieten dem Konsumenten eine wertvolle Entscheidungsunterstützung.	❑	❑
18. Die mit der Kundenkarte verbundenen Aktivitäten sind für den Konsumenten leicht verständlich.	❑	❑
19. Das Personal kann dem Konsumenten kompetent Auskunft geben.	❑	❑
20. Es wird darauf geachtet, dass die Schriften auf Hinweisschildern und Produkten gut lesbar abgedruckt werden.	❑	❑
21. Spezielle Dienste, wie zum Beispiel das Rückgaberecht oder Recyclingleistungen, werden klar kommuniziert.	❑	❑
22. Auf technische oder zu fantasievolle Produktbezeichnungen, die kaum auf die eigentliche Produktleistung verweisen, wird verzichtet.	❑	❑
23. Die Anfahrt zur Verkaufsstelle ist gut beschildert und enthält keine besonderen Hindernisse.	❑	❑
24. Verkaufsinformationen werden dem Konsumenten unmissverständlich und wahrheitsgetreu weitergegeben.	❑	❑
25. Gütezeichen sind verständlich, und ihre Anzahl hält sich in engen Grenzen.	❑	❑
26. Die Preistransparenz bei Produktalternativen ist vorhanden, ohne dass der Konsument einen Taschenrechner zu Hilfe nehmen muss.	❑	❑
27. Preisauszeichnungen am Produkt oder am Regal sind vollständig und gut sichtbar angebracht.	❑	❑
28. Die Preis-Leistungs-Hierarchie ist zum Beispiel mit einer Preiseinstiegsstufe, einem mittleren Segment und Premium-Produkten logisch aufgebaut.	❑	❑
29. Der Wissensstand sämtlicher Verkaufsmitarbeiter ist auf einem sehr ähnlichen Niveau.	❑	❑

	Ja	Nein
30. Der Laden ist übersichtlich gestaltet, sodass ein Suchen von Produkten überflüssig wird.	❏	❏
31. Die Glaubwürdigkeit der Kommunikation gehört zu den Eckpfeilern der Unternehmenspolitik.	❏	❏
32. Die Aktivitäten, die mit der Kundenkarte verbunden sind, bieten dem Konsumenten einen klaren Nutzen.	❏	❏
33. Es wird klar kommuniziert, was genau mit den gesammelten Kundendaten unternommen wird.	❏	❏
34. Das Marketing wird nicht dazu genutzt, Konsumenten zum Kaufen zu überreden.	❏	❏
35. Es wird darauf geachtet, dass die Abbildung auf der Verpackung wirklichkeitsgetreu dem Produkt in der Verpackung entspricht.	❏	❏
36. Der Preisnachlass bei Sonderaktionen (zum Beispiel Familienpackungen) erscheint nicht größer, als er effektiv ist.	❏	❏
37. Preiserhöhungen werden dem Konsumenten immer aktiv kommuniziert.	❏	❏
38. Lange Warteschlangen an den Kassen sind auch in Stoßzeiten eine Seltenheit.	❏	❏
39. Kosteneinsparungsprogramme haben das Verkaufspersonal nicht in einem kritischen Maße beschnitten.	❏	❏
40. Die Verkaufsstelle präsentiert sich nur selten oder nie hektisch und unruhig (zum Beispiel gestresste Kunden oder lärmende Kinder).	❏	❏
41. Ein Kundenandrang ist in der Verkaufsstelle selten anzutreffen.	❏	❏
42. Die Ladenatmosphäre zeichnet sich durch ein freundliches Ambiente aus.	❏	❏
43. Die Gänge zwischen den Regalen sind großzügig angelegt.	❏	❏

Diese Checkliste stellt die Managementperspektive in den Vordergrund und kann nur erste Indizien für das Verwirrungspotenzial vermitteln. Um Consumer Confusion akkurat zu messen, muss die Sicht der Konsumenten in den Mittelpunkt gestellt werden. Eine Gegenüberstellung der beiden Ergebnisse (aus Management- und Kundensicht) kann oft interessante Erkenntnisse bringen.

> *„Und so ist es, weil die Handlungen des Lebens oft keinen Aufschub dulden, ein richtiger Grundsatz, dass, wenn wir die wahrsten Ansichten nicht deutlich zu erkennen vermögen, wir den wahrscheinlichsten folgen ..."*
>
> René Descartes
> Discours de la méthode (1637)

Selektieren, aufschieben, ignorieren – wie sich Kunden wehren

Durch die Kundenverwirrung verändert sich das Kaufverhalten der Kunden grundlegend, denn in verwirrenden Situationen greifen Konsumenten häufig auf **Reduktionsstrategien** zurück. Diese vereinfachen den Konsumenten ihre Entscheidungen erheblich; dazu gehört zum Beispiel die Wahl des günstigsten Produkts, wenn die vielen ähnlichen Produkte keine anderen Entscheidungskriterien vermitteln können. Das führt dazu, dass das beobachtbare Verhalten der Konsumenten nicht mehr die eigentlichen Konsumpräferenzen abbildet. Ein Konsument, der preisgünstige Produkte in einer Verkaufsstelle erwirbt, muss nicht unbedingt ein preisorientierter Kunde sein. Consumer Confusion kann dazu geführt haben, dass der Konsument eine selektive Entscheidung vorgenommen und den Preis als Entscheidungsgrundlage zu Rate gezogen hat. Diese Verhaltensweise führt dazu, dass Kaufmuster noch schwieriger zu identifizieren sind – und damit schließt sich die in Abbildung 1 dargestellte Verwirrungsspirale.

Die Konsumentenverwirrung erzeugt einen in sich geschlossenen Kreislauf, der sowohl für den Kunden als auch für das Management negative Folgen haben kann. Wird dieser Kreis nicht durchbrochen, wird der Gang zum Händler für den Konsumenten zur mühsamen Pflicht. Diese Konsummüdigkeit senkt sukzessive die Kaufbereitschaft. Mehr Auswahl, mehr Werbeaktivitäten oder mehr Informationen bewirken dann nicht eine erhöhte Kauflust, sondern bringen insbesondere längere Entscheidungsprozesse, die nicht unbedingt zum Kauf führen müssen und langfristig eine Entscheidungsmüdigkeit hervorrufen. Obwohl sich der Konsument immer wieder an neue und chaotisch anmutende Situationen anpassen und gewöhnen kann, besteht bei einer kontinuierlichen Konfrontation mit immer wieder unbekannten Stimuli die Gefahr, dass seine Lernbereitschaft sinkt. Dadurch sinkt auch die Loyalität gegenüber einer Verkaufsstelle sowie gegenüber Markenartikeln.

Konsumenten greifen zu Reduktionsstrategien, weil sie dadurch die Informationsrate auf ein angenehmes Niveau senken können (vgl. OSL-Ansatz). Diese Reduktionsstrategien werden bei ganz unterschiedlichen Informationsraten angewendet. Der eine Konsument mag sich in einer bestimmten Situation einer höheren Informationsrate (zum Beispiel Sortimentsbreite, Musikberieselung) aussetzen als ein anderer Konsument. Deshalb lösen objektiv gleiche Reize subjektiv unterschiedliche Reaktionen aus (der eine genießt die Sortimentsbreite, der andere wird verwirrt). Sobald Sie sowohl reizsuchende als auch verwirrte Konsumenten in Ihrer Verkaufsstelle beobachten, müssen Sie sich die kritische Frage stellen, ob Sie nicht doch unterschiedliche oder sogar miteinander konkurrierende Strategien verfolgen. Ziel sollte es sein, sämtlichen Konsumenten (innerhalb Ihrer Zielgruppen) ein optimales Stimulationsniveau anzubieten.

Die nachfolgend beschriebenen Reduktionsstrategien sind gekennzeichnet durch eine bewusste oder unbewusste *Abwehr*reaktion des verwirrten Konsumenten. Dabei entstehen dem Handel unerwünschte Konsequenzen. Im schlimmsten Falle bricht der verwirrte Konsument den Kauf eines Produkts ab. Langfristig gesehen, schaden Verwirrungsauslöser dem Image der Verkaufsstelle und tragen dazu bei, dass der Einkauf zur Pflicht wird und Kaufzurückhaltung einsetzt.

Der gewohnheitsmäßige Kauf

Die wenigsten Konsumenten nehmen die facettenreichen Informationen, die ihnen entlang des Kaufentscheidungsprozesses zur Verfügung gestellt werden, aktiv wahr. Oder vergleichen Sie ständig die Toilettenpapierangebote der verschiedenen Händler, bevor Sie eines kaufen? Oder nehmen Sie jedes Mal, wenn Sie Olivenöl kaufen, sämtliche Flaschen im Regal in die Hand und entscheiden sich von neuem? Bei Pflichtprodukten wahrscheinlich in den seltensten Fällen. Vielfach bleibt der Konsument bei einem Produkt, das seine Bedürfnisse (mehr oder weniger) zu erfüllen vermag, und entscheidet jeweils aus Gewohnheit. Zum Beispiel kauft ein Konsument seit Jahren ein und dasselbe Olivenöl – wieso? Weil vielleicht schon die Eltern das entsprechende Öl im Haushalt hatten oder weil man sich einmal spontan für das eine entschieden hat und damit zufrieden war. Alle anderen Ölsorten lässt man dann meistens unbeachtet.

„Bei bestimmten Produkten hält sich die Verwirrung in Grenzen, weil ich ein ziemliches Gewohnheitstier bin. Wenn es um ein Olivenöl geht, dann habe ich einfach ein Produkt, das ich einmal probiert habe und seither immer wieder kaufe. Ich kann nicht einmal den Namen sagen, ich weiß nur, wie es aussieht. Es stehen zwar unzählige weitere Olivenöle im Regal –

ich könnte mir da lange Gedanken bei der Entscheidung machen, das unterlasse ich jedoch. Dadurch halte ich die Verwirrung in den Schranken. Es ist auch Trägheit oder Bequemlichkeit, überhaupt etwas Neues auszuprobieren." (Kundenaussage)

Diese Strategie wird spätestens dann zunichte gemacht, wenn die Produktverpackung verändert wird – was nicht selten vorkommt.

Habituelles Einkaufsverhalten kann deshalb auftreten, weil Konsumenten sich der Vielfalt an Informationen nicht mehr aussetzen wollen und durch gewohnheitsmäßiges Verhalten eine Entlastung erreichen. Insbesondere bei Produkten des täglichen Bedarfs (Pflichtprodukte) tritt dieses „automatische" Verhaltensmuster besonders häufig auf. Beim habituellen Einkauf wird auf positive Einkaufserfahrungen zurückgegriffen. Überforderte Konsumenten wählen eher Produkte, die ihnen bereits bekannt sind, weil damit eine geringere Informationsverarbeitung verbunden ist und die Unentschlossenheit reduziert werden kann. Der Einkaufsprozess besteht dabei aus unzähligen Riten, die sich über die Zeit gebildet haben. Dazu gehören zum Beispiel:

▶ Ein immer gleicher oder ähnlicher Gang durch die Verkaufsstelle mit den einzelnen Stationen an den Regalen. Dieses gewohnheitsmäßige Vorgehen wird einem oft erst bewusst, wenn man mit einer anderen Person zum Einkaufen geht.

▶ Der Einkauf wird seit Jahren ohne einen zwingenden Grund auf einen bestimmten Tag und/oder Stunde gelegt – zum Beispiel Samstag 07.30 Uhr, gleich nach Ladenöffnung. Bei der Beobachtung der „Einkaufsgenossen" fällt oft auf, dass diese Gewohnheit anscheinend weit verbreitet ist.

▶ Die Rollenverteilung bei Paaren unterliegt oft einem gewohnheitsmäßigen Ablauf. Er holt den Einkaufswagen und schiebt, sie sammelt die Produkte ein, er verlässt sich auf ihre Wahl, kann sich aber nicht verkneifen, das eine **oder andere spontan** (von seiner Frau unbemerkt) in den Wagen zu legen, sie legt die Produkte aufs Band und er bezahlt.

Diese Rollenverteilung birgt auch ihre Tücken, wie diese Teilnehmerin einer Fokusgruppe zu berichten hat:

„Ich schaue mir neue Produkte vielfach nicht an; auch wenn auf dem Regal steht, dass die Produkte neu sind. Ich kaufe nur die Produkte, die ich mir auf den Einkaufszettel geschrieben habe. Aber wenn mein Mann mitkommt, dann sind plötzlich ganz andere Produkte im Korb. Mein Mann

lässt sich viel mehr durch die Aufmachung beeinflussen." (Kundenaussage)

Nicht nur bei Pflichtprodukten, sondern sogar bei einer Vielzahl von Kürprodukten ist ein gewohnheitsmäßiges Einkaufen häufig zu beobachten. Dabei folgen meistens nach einem relativ umfangreichen Erstkauf und den damit verbundenen (positiven) Erfahrungen schrittweise vereinfachte Entscheidungsprozesse, bis schließlich gewohnheitsmäßig eine Leistung erstanden wird. Dies lässt sich zum Beispiel beim Autokauf beobachten. Konsumenten, die sich der Flut an Automodellen nicht gänzlich aussetzen wollen, bleiben oft ihrer Marke treu. Vieles wird dadurch vereinfacht: Der Händler ist bereits bekannt, die Werkstatt muss nicht gewechselt werden, die neuen Modelle der Marke sind geläufig. Die Wahl der verschiedenen Komponenten der Innenausstattung oder der Motoren stellt schließlich aber immer wieder eine neue Herausforderung dar – außer, man wählt ein Paketangebot oder ein Ausstellungsmodell.

Die Beibehaltung des Status quo bei der Produktwahl hängt auch mit der angestrebten Minimierung der Risiken zusammen. Wenn sich ein Konsument für ein neues Produkt entscheidet, profitiert er zwar unter Umständen von den Vorteilen der Neuerwerbung, gleichzeitig muss er aber auch mit Nachteilen rechnen; zum Beispiel besteht das Risiko, dass der neu eingeführte Brotaufstrich doch nicht schmeckt. Weil Nachteile bei einer Alternativwahl höher gewertet werden als korrespondierende Vorteile, erscheint das habituelle Produkt vielfach in einem attraktiveren Licht und besitzt deshalb eine höhere Wahlwahrscheinlichkeit.

Selektive Wahrnehmung

Wenn die Entscheidung schwer fällt, besteht die Tendenz, dass Konsumenten die Abwägung zwischen verschiedenen Produktalternativen aufgeben und sich stattdessen spontan entscheiden. Für diese spontane oder zumindest limitierte (nur wenige Produkte werden in die Entscheidung einbezogen) Produktbeurteilung sind Schlüsselinformationen besonders wichtig, weil deren verdichtete Eigenschaften die Informationssuch- und die Informationsverarbeitungsprozesse erheblich entlasten können. Insbesondere der Preis, der Markenname, „wirksame Bestandteile" (zum Beispiel Fluorid bei Zahnpasten) oder die Testergebnisse von Konsumentenforen (zum Beispiel *K-Tipp* oder *Stiftung Warentest*) sind wichtige Schlüsselinformationen und können unter Umständen eine risikoreduzierende Funktion erfüllen.

Diese Suche nach Schlüsselinformationen ist sehr gut beim Lebensmitteleinkauf in fremden Ländern zu beobachten. Stellen Sie sich vor, Sie möchten während Ihres Fahrradurlaubs in Ungarn einen löslichen Kaffee kaufen. Dies dürfte wahrscheinlich mit einigen Schwierigkeiten verbunden sein, weil Sie vermutlich bei den landesspezifischen Produkten keine Erfahrungswerte besitzen. Obwohl man vielleicht der Landessprache mächtig ist (oder zumindest die englische Sprache beherrscht), möchte man sich den vielen neuen Informationen nicht aussetzen. Anhand welcher Kriterien entscheiden Sie sich? Ein Rettungsanker oder eine Schlüsselinformation wäre der Preis. Um sicher zu gehen, dass die Qualität stimmt, greift man dann doch lieber nach dem teuersten Produkt. Oder nach jenem Produkt, das von anderen Kunden bereits am häufigsten gewählt wurde. Oder doch eher die globale Marke? Ein *Nestlé*-Produkt gibt dem Urlauber die Gewissheit, dass die Qualität ein hohes Niveau hat. Die Wahl wird vereinfacht, indem nur wenige Produktattribute, die ein Konsument als kaufrelevant wahrnimmt, in den Entscheidungsprozess Einzug finden.

"Bei der Produktvielfalt greife ich einfach auf das Umweltlabel zurück. Das gibt mir Sicherheit und beruhigt mein Gewissen." (Kundenaussage)

Auch die Orientierung am Preis stellt eine geeignete Problemlösung dar. Dabei wird oft die teurere Variante im Vertrauen auf eine stringente Preis-Leistungs-Hierarchie gewählt oder eben die billigere (auch Aktionen), um das finanzielle Risiko zu minimieren. Die Wahlalternativen werden dadurch stark eingeschränkt. Auch isolierte Produktattribute können dazu beitragen, dass die Entscheidung leichter fällt:

"Wenn ich bei Müsli-Produkten nicht weiß, was ich kaufen soll, entscheide ich nach der Höhe des Fettanteils. Dies ist geschickt, weil ich sowieso nicht weiß, welches Produkt ich möchte. So habe ich wenigstens einen konkreten und einfachen Anhaltspunkt." (Kundenaussage)

Während verwirrte Konsumenten oftmals Schlüsselinformationen als Entscheidungsgrundlage heranziehen, sind andere Konsumenten eher bereit, auch No-Name-Produkte zu berücksichtigen. Dies bedingt aber eine eigene Bewertung. Natürlich können auch No-Name-Produkte einen ähnlichen Status wie globale Markenprodukte besitzen, vorausgesetzt, das Image des Händlers ist vertrauenswürdig. Eine Marke entlastet den Konsumenten, weil im Markennamen die Garantie steckt, dass das Produkt bestimmten Werten gerecht wird. Zum Beispiel wird die Automarke *Volvo* mit einem starken Sicherheitsstandard verbunden. Oder auch bei *Persil* weiß man, was man hat – nämlich reine Wäsche. **Die Marke löst das Dilemma zwischen dem Wunsch, eine optimale Wahl zu treffen,**

und dem Wunsch, eine möglichst unkomplizierte und rasche Entscheidung zu fällen.

Weil vielen Produktmanagern eine langfristig ausgerichtete Pflege der Marke nicht optimal gelungen ist, werden die Produktsignale vom Konsumenten nicht mehr eindeutig wahrgenommen. Der Blick in eine Waschküche (Abbildung 16) lässt zum Beispiel erkennen, dass bei vielen (Waschmittel-)Konsumenten nicht mehr die Marke ausschlaggebend ist, sondern wohl der Preis. Die Marken wurden durch die wöchentlich wechselnden Sonderangebote derart untergraben, dass sie stark an Ausstrahlung verloren haben. Wieso soll für ein Produkt noch der Normalpreis bezahlt werden, und wieso soll die Treue zu einer Marke beibehalten werden, wenn sowieso alle Waschmittel das Gleiche versprechen? Der Kunde wird sich denken „ich bin doch nicht blöd". Der Preis erhält in Warengruppen, die kommunikativ nicht optimal bearbeitet werden, eine entscheidende Orientierungsfunktion.

Abbildung 16: Selektives Entscheidungskriterium Preis:
Viele Waschmittelkäufer greifen zu Sonderangeboten, statt Marken treu zu bleiben.

Weitere selektive Entscheidungskriterien können neben der Marke und dem Preis auch das Verpackungsdesign, die Produktpräsentation oder ein Gütesiegel sein.

„Bei Haushaltspapieren wird man regelrecht gezwungen zu rechnen. So und so viel Blätter kosten so viel und in dieser Rolle und in der anderen sind so viel Blätter enthalten. Dann gibt es einen Dreisatz! Ich bin zwar oft versucht, diesen Dreisatz durchzurechnen, denke dann aber doch, dass dies zu viel des Guten ist und nehme dann einfach die Rolle mit dem schönsten Design. Das ist meine Entscheidungshilfe." (Kundenaussage)

Eine Motivation, sich mit den Produkten eingehend auseinanderzusetzen, dürfen Sie vom Kunden nicht erwarten. Meistens hängt die Motivation mit dem Nutzungsgrund zusammen. Ist es wichtig, dass für den Besuch ein guter Tropfen Wein auf dem Tisch steht, ist eine intensivere Prüfung der Alternativen wahrscheinlich eher angebracht, als wenn im privaten Rahmen ein Landwein durchaus den Bedürfnissen genügt. Wird das Produkt nur privat genutzt, ist die Motivation, sich länger damit auseinanderzusetzen, wahrscheinlich geringer, als wenn das Produkt auch außerhalb der engeren Umgebung zum Einsatz kommt.

Den Kauf abbrechen

Ein **Kaufabbruch** kann entweder eine grundsätzliche Meidung der Verkaufsstelle, der Produktgruppe oder des einzelnen Produkts nach sich ziehen, oder aber es handelt sich um einen **Kaufaufschub,** um sich die Entscheidung nochmals zu überlegen. Beide Teilstrategien haben eine direkte, jedoch *kaum quantifizierbare* Auswirkung auf den Umsatz eines Unternehmens. Der Kaufabbruch oder -aufschub macht sich insbesondere in einer sinkenden Loyalität gegenüber der Verkaufsstelle bemerkbar, da Konsumenten öfter auf die Konkurrenz ausweichen.

Der Psychologe Barry Schwartz unterscheidet zwischen so genannten „Maximierern" und „Begnügern".[35] Maximierer stellen den Anspruch an sich, möglichst das optimale Produkt aus einer Auswahl zu identifizieren. Um dies zu erreichen, bleibt ihnen oft nichts anderes übrig, als alle Alternativen zu begutachten. Hierbei stellt natürlich die Sortimentsvielfalt eine wesentliche Komplexitätsfalle dar. Begnüger geben sich bereits mit einer akzeptablen Alternative zufrieden und lassen die restlichen Produkte unbeachtet zurück. Um diese akzeptable Alternative zu identifizieren, besitzt der Begnüger einzelne Kriterien wie zum Beispiel eine Preisschwelle, einen Qualitätsstandard oder Designvorstellungen. Damit ist der Begnüger ein typischer Konsument, der sich selektiv entscheidet. Maximierer können sich hingegen nicht mit dem erstbesten Produkt zufrieden geben. Diese Suche nach dem optimalen Produkt birgt oft auch die Gefahr, dass vor lauter Entscheidungsverdruss ein Kauf abgebrochen wird.

Wenn es dem Konsumenten nicht möglich ist, sich mit optimalem Ressourceneinsatz für eine Alternative zu entscheiden, wird der Kaufentscheidungsprozess oft (zumindest temporär) abgebrochen. Dieser Kaufabbruch ist tendenziell dann zu beobachten, wenn keine der Produktalternativen sich aus der Masse hervorheben kann oder wenn der Konsument die Erwartung hegt, zu einem späteren Zeitpunkt eine bessere Alternative (unter Umständen auch bei der Konkurrenz) zu finden.

„Wenn ich nicht sicher bin, ob ich das Produkt bekomme, das ich möchte, lasse ich es sein. Weil ich sonst etwas kaufe, von dem ich nicht sicher bin, dass es das Richtige ist – das würde mich später ärgern. Das möchte ich nicht, ich möchte das Leben genießen." (Kundenaussage)

Dieser Kaufabbruch tritt vor allem dann ein, wenn kein Entscheidungsdruck vorhanden ist. Im Gegensatz dazu wird im Falle eines Kaufs ohne Verzögerungsoption oft eine selektive Entscheidung in Erwägung gezogen. Ein Kaufabbruch ist auch bei Produkten zu beobachten, die aus monetärer Sicht an sich kein großes Risiko bergen. Es ist anzunehmen, dass dabei auch ein gewisser Stolz mitspielt – ein Falschkauf wird als persönliche „Niederlage" gewertet.

Die Entscheidung delegieren

Ein überforderter Konsument kann seine Entscheidung in vielfältiger Weise delegieren. Dazu gehören unter anderem die Empfehlungen von Familienmitgliedern, Bekannten oder vom Verkaufspersonal. Diese Empfehlung kann einen rein konsultativen Charakter oder aber die Eigenschaft einer kompletten Fremdentscheidung besitzen. Die Entscheidungsdelegation kann jedoch ihrerseits wieder zur Verwirrung führen, wenn verschiedene Auskunftsquellen widersprüchliche Hinweise liefern. Eine weitere, institutionalisierte Quelle der Entscheidungshilfe sind unabhängige Publikationen von Nichtregierungsorganisationen (NGO). Dazu gehören insbesondere die *Stiftung Warentest* (Deutschland) und die *Stiftung Konsumentenschutz* (Schweiz).

„Der Kassensturz [Fernsehsendung mit Produkttests] bringt manchmal Dinge an den Tag, die es vereinfachen, sich im Laden zu entscheiden. Man hat damit eine Sicherheit." (Kundenaussage)

Eine indirekte Entscheidungsdelegation kann darüber hinaus durch die Wahl derjenigen Produkte erfolgen, die auch von anderen Konsumenten häufig gekauft werden. Indikatoren dafür können zum Beispiel unvollständig bestückte Regale oder einfach die Beobachtung von anderen Kunden beim Einkaufen sein.

Mehr Informationen sammeln

Konsumenten reduzieren durch die Sammlung von Informationen die Unsicherheiten eines Kaufs. Dieser Informationsbedarf steigt, je höher die Risikoaversion und Unerfahrenheit des Konsumenten in der Verkaufsstelle ist und je höher die Informationsrate der Umwelt wahrgenommen wird. Eine zusätzliche Informationssuche kann im engeren Sinne nicht als Reduktionsstrategie deklariert werden, da sie keine Entlastung der Informationsverarbeitung herbeiführt. Eine Studie hat gezeigt, dass bei einer auftretenden Verwirrung zwar ein Teil der Konsumenten tatsächlich nach mehr Informationen sucht, danach ironischerweise aber teilweise noch verwirrter ist.[36] Auch eine umfassende Analyse von Dissertationen, Konferenzbeiträgen und Zeitschriftenartikeln weist darauf hin, dass bei Lebensmittelprodukten die Abhängigkeit zwischen wahrgenommenem Risiko und Informationssuche bei zwei Dritteln der 24 untersuchten Studien abgelehnt werden musste.[37]

Dennoch findet hier die Informationssuche als Reduktionsstrategie Erwähnung; denn wenn es dem Händler gelingt, die relevanten Entscheidungskriterien optimal zu präsentieren, kann die Informationssuche durchaus eine entlastende Funktion besitzen. Erst wenn die Informationsdarbietung bei einem bereits überstimulierten Konsumenten eine extensive Kaufentscheidung erforderlich machen würde, würde sich die Entscheidungsineffizienz erhöhen.

Zusammenfassend ist den Reduktionsstrategien gemeinsam, dass sie zwar die Entscheidung beschleunigen und dadurch die Konsumenten entlasten, aber gleichzeitig auch die Gefahr mit sich bringen, dass eine niedrige Entscheidungseffektivität Fehlkäufe nach sich zieht. Weil bei Fehlkäufen der „Fehler" oftmals beim Händler gesucht wird, sind Reduktionsstrategien mit dem Augenmerk auf das Unternehmensimage kritisch zu bewerten. Betrachten wir dazu als Beispiel die oben zitierte Aussage eines Konsumenten, der sportlich sehr aktiv ist und sein Müsli aufgrund fehlender Entscheidungskriterien anhand des Fettanteils auswählt. Der Kunde geht somit davon aus, dass das Produkt mit dem niedrigsten Fettanteil seinen Bedürfnissen als Sportler am nächsten kommt. Vom Einzelattribut (Fettanteil) auf die Güte des gesamten Produkts zu schließen, ist jedoch oft mit Tücken verbunden. Die Beurteilung anhand eines Einzelattributs ist zwar für den Konsumenten entscheidend einfacher, doch kann diese Strategie zu Fehlkäufen und damit zu Unzufriedenheit führen, was dem Händlerimage schaden kann.

Zwischen Pflicht und Kür

Vielfältige oder abwechslungsreiche Leistungsangebote müssen nicht zur Konfusion aller Konsumenten führen. Insbesondere bei Kürprodukten, mit denen sich eine Person identifizieren möchte (zum Beispiel Wohnungseinrichtung, Herrenanzug oder Fahrzeug), besitzt diese oft eine ausgeprägtere Muße, um sich mit dem Angebot intensiver auseinander zu setzen. Immerhin dienen die Kürprodukte dazu, sich von der Masse abzuheben. Diesen Wunsch nach Individualität hat *Mercedes* vor Jahren mit der Botschaft aufgegriffen, dass die Wahrscheinlichkeit, einem selbst konfigurierten E-Klasse-Wagen auf der Straße so nochmals zu begegnen, 1 zu 55 491 sei oder so hoch wie fünf Richtige im Lotto.

Nicht für jeden Konsumenten ist aber ein Fahrzeug ein Kürprodukt. Jemand, der sein Auto als reines Fortbewegungsmittel betrachtet, um von A noch B zu gelangen, wird sich kaum mit Motoren- oder Lederausstattungsvarianten beschäftigen wollen. Für diese Konsumenten erweisen sich die vielen Kombinationsmöglichkeiten als verwirrend. Beim Durchklicken des „Mercedes-Benz Car.Konfigurator" erhält man einen ersten Eindruck dieser Entscheidungsdichte: Fahrzeugklasse, Karosserie, Motor, Lackierung, Polster, Farbe, Innenausstattung, Sonderausstattung, Finanzierung. Doch spätestens bei der Wahl des Leders für das Lenkrad werden Konsumenten, die ein Fahrzeug eher als Pflichtprodukt betrachten, wahrscheinlich an Entscheidungseffizienz einbüßen, da die Ermittlung eines „optimalen" Produkts sehr viel Zeit (und Geduld) in Anspruch nimmt.

Während sich ein Konsument beim Autokauf eher weniger mit einem Spontanentscheid aus der Affäre ziehen kann, ist dies bei typischen Pflichtprodukten, zum Beispiel im Lebensmittelbereich, an der Tagesordnung. Reduktionsstrategien erleichtern dem Konsumenten die Bewältigung der Vielfalt und Komplexität der Händlerleistungen. Gewohnheitsmäßiges Einkaufen bewahrt den Konsumenten vor der Konfrontation mit immer wieder neuen Botschaften. Dadurch verlieren jedoch Marketinganstrengungen des Händlers sukzessive an Wirkung.

Sobald ein Händler seine Konsumenten nicht mehr begeistern kann, wird der Einkauf zur Pflicht, und die Aufmerksamkeit sinkt. Konsumenten verspüren keine Muße, um sich mit den Marketingbotschaften auseinander zu setzen. Dies führt dazu, dass eine (unbewusste) Kaufzurückhaltung entsteht. Um die Aufmerksamkeit zurückzugewinnen sollte man jedoch nicht auf noch mehr Informationen, Botschaften und Produkte setzen.

Wichtig sind die Struktur, Berechenbarkeit und Glaubwürdigkeit einer Leistung – alles *langfristig* zu planende Elemente.

Die Ansprache von Konsumenten, die ein Produkt sowohl als Pflicht- als auch als Kürprodukt erleben, ist keine einfache Aufgabe. Denn je nach Leistung überfordert man die eine oder langweilt man die andere Konsumentengruppe. Mercedes kann zum Beispiel mit geschickten Paketlösungen die Verwirrung sensibler Konsumenten erheblich einschränken und gleichzeitig Autofans mit dem Car.Konfigurator begeistern. Voraussetzung dafür ist eine klar verständliche, berechenbare und glaubwürdige Kommunikation.

Teil II:
Mit Profil gegen Consumer Confusion – So vermeiden Sie Käuferverwirrung und erreichen mehr Umsatz

Weisheit besteht in der Kunst des Weglassens.
William James

Strategieentwicklung als umfassender Prozess: die Profilierungspyramide

Die Erläuterungen in Teil I dieses Buches haben aufgezeigt, dass Consumer Confusion die Entscheidungseffizienz eines Konsumenten beeinträchtigen kann. Ineffiziente Kaufprozesse können dazu führen, dass die Kaufbereitschaft abflaut beziehungsweise der Gang in die Verkaufsstelle kaum mehr für Begeisterung sorgt. Reduktionsstrategien dienen dazu, die Reizflut zu minimieren und ein inneres Gleichgewicht herzustellen.

Oftmals wird dieses Ungleichgewicht zwischen den vom Konsumenten nachgefragten und den von den Anbietern angebotenen Informationen kaum erkannt. Konsumunlust und Kaufzurückhaltung werden dem negativen Wirtschaftsgang oder der unsicheren politischen Weltlage zugeschrieben. Diese eindimensionale Argumentation wird jedoch dem komplexen Wirkungsgefüge kaum gerecht. Eine Hypothese lautet denn auch, dass **Consumer Confusion** als eine mögliche Ursache für die Kaufzurückhaltung verantwortlich zeichnet. Die Frage stellt sich hierbei, wieso Consumer Confusion in der Unternehmenspraxis bisher kaum als Marketingherausforderung erkannt wurde. Weil äußere Einflüsse wie die flaue Wirtschaftsentwicklung eine einfachere Erklärung darstellen und die Ursache für das schlechte Unternehmensergebnis nicht in den eigenen Reihen gesucht werden muss? Oder weil die Psyche des Konsumenten immer noch als Black Box beziehungsweise als Unbekannte behandelt wird?

Oder weil man als Anbieter davon überzeugt ist, genau so zu agieren, wie dies die Konsumenten wünschen, und deshalb nur die dünner gewordene Brieftasche für den Abschwung verantwortlich sein kann?

Wahrscheinlich ist die Frage nicht eindeutig zu beantworten. Vielmehr interessiert hier jedoch, wieso Consumer Confusion überhaupt auftreten kann und welche Grundsätze und Routinen kritisch hinterfragt werden müssen, um dem Konsumenten die Lust am Einkaufen zurückzugeben.

Eine Begründung für die Entstehung von Consumer Confusion geht davon aus, dass der Konsument bei der Leistungserstellung der Anbieter nicht genügend ins Zentrum gesetzt wird. Aus Sicht der Hersteller und Händler mögen Produktqualität und -auswahl, Informationsgüte oder die Kompetenz der Mitarbeiter als hervorragend eingestuft werden. Diese Einschätzung ist jedoch alles andere als relevant. Ausschlaggebend ist einzig und allein das Urteil der Konsumenten. Die Maxime der Kundenorientierung fehlt zwar in kaum einem Unternehmen, und doch wird sie meistens nur inkonsequent verfolgt. Anders ist das vielerorts üppige, widersprechende, ständig wechselnde oder unnütze Angebot an Produkten und Informationen nicht erklärbar. Wollen Manager tatsächlich dem Kunden dienen, oder führen sie sich bei der Suche nach kurzfristigen Umsatzerfolgen nicht selbst in die Irre? Es findet oftmals keine zielgruppenspezifische Vorselektion der Leistungen durch das Unternehmen statt. Botschaften werden nach dem Gießkannenprinzip sämtlichen Konsumenten präsentiert. Es wird dabei davon ausgegangen, dass das Publikum im Rahmen einer Selbstselektion die subjektiv als relevant eingestuften Informationen zur Kenntnis nimmt. Davon kann jedoch in einer Informationsgesellschaft nicht mehr bedingungslos ausgegangen werden. Die grenzenlose Vielfalt überfordert den Kunden maßlos. Die Cafeteria-Logik funktioniert nur, solange die Optionen überschaubar bleiben, das heißt einer bestimmten Gesetzmäßigkeit folgen. Diese Gesetzmäßigkeit kommt einer *stringenten* Unternehmensstrategie vom Top-Management bis zum Verkaufspersonal gleich. Nur wenigen Unternehmen ist dies bis heute gelungen. Hat die Suche nach Prozesseffizienz und Umsatzsteigerung den Blick für Kundenbedürfnisse zu stark verdrängt?

Wie kommen Konsumenten mit der mangelhaften Berücksichtigung ihrer Bedürfnisse zurecht? Im Prinzip wäre es ein Einfaches, auf alternative Anbieter auszuweichen, die tatsächlich kundenzentriert handeln. Aber insbesondere im Lebensmitteleinzelhandel besitzen Konsumenten kaum eine solche Exit-Möglichkeit. Weil sich die Handelsunternehmen in ihren Aktivitäten oftmals stark angeglichen haben, bleibt dem Konsumenten häufig nichts anderes übrig, als die verwirrenden Situationen zu akzeptieren. In Abweichung zu dieser Aussage haben insbesondere in Deutschland Discount-Unternehmen eine klare und einfache Profilierungsstrategie entwickelt, die offensichtlich (betrachtet man die Marktanteilsgewinne) von Konsumenten als Exit-Möglichkeit geschätzt wird. Ein Grund für dieses Florieren der Discounter könnte die klare Abgrenzung zur Konkurrenz und die asketische Ladeneinrichtung respektive Auswahl sein. Konsumenten kaufen nicht nur wegen des niedrigen Preisniveaus in Discountern ein.

Natürlich ist der Mensch dazu fähig, sich mit der Vielfalt oder der Ungewissheit zu arrangieren. Auch ist der Konsument in der Lage, neue Verhaltensmuster zu erlernen. Vielen Konsumenten fallen diese ständigen Lernprozesse jedoch schwer, und sie versuchen über Reduktionsstrategien, eine akzeptierbare Entscheidungseffizienz zu erlangen. Dabei haben diese vom Konsumenten bewusst oder unbewusst angewendeten Strategien sowohl für ihn selber als auch für die Anbieter negative Folgen. Reduktionsstrategien können dazu führen, dass:

- ein „Matching" fehlschlägt, das heißt ein Konsument nicht das für ihn optimale Leistungsangebot erkennt,
- der Einkauf zur Pflicht wird und damit kaum mehr Freude oder Begeisterung über das Angebot entstehen kann,
- neue Leistungen der Anbieter unbemerkt bleiben, weil Konsumenten aus Gewohnheit oder selektiv entscheiden,
- die Kaufbereitschaft sinkt, weil ein gewohnheitsmäßiger Einkauf die Bereitschaft zur Inspiration durch Produkte, die nicht zum gewohnten Einkaufskorb gehören, stark vermindert.

Diese Konsequenzen können eine sinkende Verkaufsstellenloyalität einleiten und den Anteil der (Lebensmittel-)Ausgaben am verfügbaren Einkommen stetig senken. Wie können Hersteller und Händler dieser Entwicklung entgegensteuern? Es sind auf Anhieb zwei Stoßrichtungen zu erkennen:

1. Die identifizierten Reduktionsstrategien bieten sich einerseits als direkte Ansatzpunkte für Korrekturmaßnahmen auf der operativen Ebene an. Diese Maßnahmen können eine erhöhte Effizienz im Sinne unverzögerter Kaufentscheidungsprozesse unterstützen.

2. Im Gegensatz dazu greift eine Mitberücksichtigung des gesamten Unternehmensstrategieprozesses im Rahmen einer Confusion-Vermeidung wesentlich tiefer. Consumer Confusion entsteht nicht erst auf

der operativen Ebene, sondern gründet oftmals in strategischen Entscheidungen und/oder deren Implementation.

Im Sinne einer ganzheitlichen Lösungssuche kann nur die Betrachtung des gesamten Strategieprozesses Sinn machen. Nachfolgend wird ein Prozessmodell vorgestellt, das Hinweise für die Gestaltung einer kundenzentrierten Ladenumwelt gibt. Dieser Strategieentwicklungsprozess knüpft an den Überlegungen von Rudolph[38] an und wird insbesondere um das Phänomen Consumer Confusion ergänzt (vgl. Abbildung 17). Die Weiterentwicklung betrifft vor allem eine Konkretisierung der optimalen Implementierung von Profilierungsmaßnahmen auf der operativen Ebene.

Der erfolgreiche Strategieentwicklungsprozess baut dabei auf drei Bausteinen auf. Im ersten Schritt muss das Unternehmen eine konkret definierte Grundsatzstrategie festlegen, auf deren Basis sich das Unternehmen zweitens im Markt positionieren und drittens ein einzigartiges Profil aufbauen soll. Die drei Stufen entsprechen den normativen, strategischen und operativen Managementebenen und müssen in sich kohärent sein.

1. Die **Grundsatzstrategie** auf der normativen Ebene hat einen richtungsweisenden Charakter, der auf die zentralen Bedürfnisse der Kunden ausgerichtet ist. In kontinuierlichen Strategieentwicklungsprozessen wird die Ausrichtung ständig anhand von Gegenwarts- und Zukunftsbeurteilungen den Umweltveränderungen angepasst. Prinzipiell ist aber die Strategieselektion, die hauptsächlich in der Wahl eines Erfolg versprechenden Geschäftsmodells besteht, eine langfristige Entscheidung und ist dementsprechend stark im Unternehmen verankert. Die Grundsatzstrategie verleiht Stabilität im turbulenten Umfeld.

2. Aus der normativen Ausrichtung lässt sich die **Positionierung** ableiten. Ziel ist es hierbei, sich deutlich von der Konkurrenz im relevanten Markt abzugrenzen und neue Erfolgspotenziale zu erkennen sowie bestehende zu pflegen. Voraussetzung für eine einzigartige Positionierung sind die Ansprache und Selektion von klar definierten Kundengruppen, eine für den Kunden erkennbare und nutzenstiftende Differenzierungsstrategie sowie entsprechende Kernkompetenzentscheide.

3. Die operative Umsetzung dieser Positionierungsentscheidungen erfolgt schließlich im Rahmen der **Profilierungsanstrengungen.** In der Handels- und Dienstleistungsbranche ist von acht Profilierungs- beziehungsweise Marketinginstrumenten auszugehen. Dazu gehören das Personal, der Einsatz von neuen Technologien, die Service- und Dienstleistungen, die Marktbearbeitung im Sinne der Kommunikation, die Sortimentspolitik, die Ladenlayoutgestaltung und die Standortplanung.

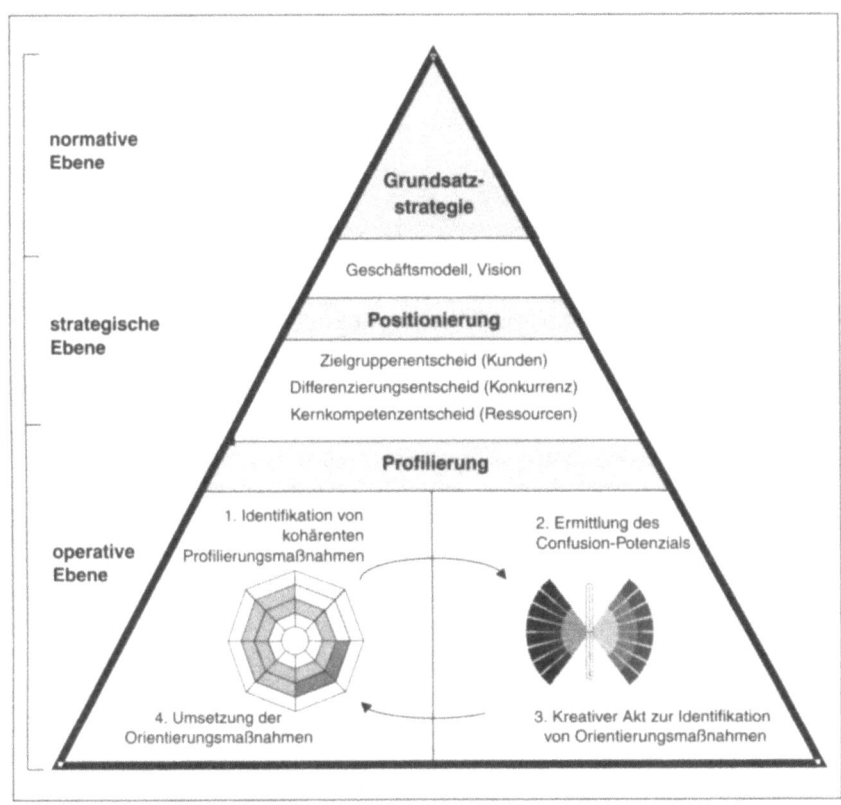

Quelle: In Anlehnung an Rudolph, Th.: Positionierungs- und Profilierungsstrategien
im Europäischen Einzelhandel, St. Gallen 1993, S. 153.

Abbildung 17: Profilierungspyramide des Handels

Ergänzt wird die Profilierungspyramide durch eine **Wirkungsanalyse** der umgesetzten Profilierungsmaßnahmen. Dieser Zusatz ist deshalb zentral, weil häufig Profilierungsmaßnahmen implementiert werden, die entweder die Vorgaben der normativen oder der strategischen Ebene verletzen und den Konsumenten schließlich verwirren. Zum Beispiel, wenn eine Luxus-Bekleidungsunternehmung sich auf renommierte Marken wie *Strellson* oder *Akris* spezialisiert hat und aufgrund eines Massentrends ohne kritische Reflexion eine Billigkleiderlinie in das Sortiment aufnimmt. Andererseits ist auch zu beobachten, dass die implementierten Maßnahmen zwar grundsätzlich der strategischen Unternehmensausrichtung nicht widersprechen, aber die Bedürfnisse der Konsumenten nicht berücksichtigen. Zum Beispiel, wenn eine Luxus-Bekleidungsunternehmung zwar exklusive und hoch dotierte Marken führt, diese aber nicht dem Geschmack der Zielgruppe entsprechen.

Die Wirkungsanalyse setzt sich aus vier Schritten zusammen:

1. Zunächst werden anhand von Marktforschungsergebnissen Profilierungsmaßnahmen abgeleitet, die der Unternehmensstrategie und den Bedürfnissen der definierten Zielgruppen möglichst genau entsprechen. Im Idealfall findet diese Identifikation von Maßnahmen auf einer breiten Basis statt, das heißt sowohl das Management als auch Mitarbeiter mit direktem Kundenkontakt sollten daran teilhaben und ihre Expertise einbringen können.

2. Das Consumer-Confusion-Potenzial der Profilierungsmaßnahmen kann schließlich bei einem Testpublikum oder, bei einer flächendeckenden Umsetzung, bereits beim Kundenstamm ermittelt werden. Dass umgesetzte Profilierungsmaßnahmen keine Verwirrung auslösen, kann am Schreibtisch nicht mit Garantie verhindert werden. Deshalb ist eine Wirkungsanalyse nach Umsetzung der gefassten Maßnahmen umso wichtiger.

3. Falls die Messung des Consumer-Confusion-Potenzials einen kritischen Wert überschreitet, ist ein kreativer Akt zur Beseitigung der Verwirrungsauslöser gefordert. Die Ermittlung von Orientierungsmaßnahmen geschieht im Idealfall unter Einbezug von Konsumenten, die aus erster Hand detailliert erklären können, welche Situationen für Verwirrung sorgen. Die Problemlösung an sich muss jedoch durch das Unternehmen selbst erarbeitet werden.

4. Die Umsetzung der Orientierungsmaßnahmen muss stets situationsabhängig, das heißt auf die einzelne Verkaufsstelle ausgerichtet, erfolgen. Es ist wichtig, dass das Ergebnis des kreativen Aktes mit einem langfristigen Fokus umgesetzt wird. Die identifizierten Orientierungsmaßnahmen werden schließlich als flankierende Maßnahmen zu den bestehenden Profilierungsmaßnahmen implementiert.

Erst wenn die umgesetzten Profilierungsmaßnahmen keine nennenswerte Verwirrung mehr auslösen, können neue Projekte initiiert werden (zurück zu Schritt 1). Nachfolgend werden die drei Stufen der Profilierung (inklusive der vier Schritte der Wirkungsanalyse) eingehend diskutiert, wobei der Fokus insbesondere auf die operative Ebene gesetzt wird.

Grundsatzstrategie und Geschäftsmodell: die verlässliche Leitlinie

Um von Konsumenten in Zukunft wahrgenommen zu werden, bedarf es einer langfristigen Strategie, die die „polychrone" Zeit innerhalb des Unternehmenssystems berücksichtigt (vgl. Abbildung 18). Die polychrone Logik geht davon aus, dass die unterschiedlichen Prozesse im Unternehmen (Strategieentwicklungsprozess, Wettbewerbstaktik etc.) mit unterschiedlicher, aber aufeinander abgestimmter Geschwindigkeit verändert werden sollten.[39] Diese zwiebelartige Veränderungslogik hat den Vorteil, dass sowohl Mitarbeitern als auch Konsumenten eine nachhaltige Orientierung vermittelt wird. Wenn ein Konsument zum Beispiel das Bedürfnis nach qualitativ hoch stehenden Produkten hat, greift er auf die äußerste Zwiebelschale eines Unternehmens zurück. Dabei verleiht ihm die Stabilität der unternehmerischen Grundsatzstrategie Orientierung. Bleibt die grundsatzstrategische Ausrichtung eines Unternehmens über Jahre hinweg dieselbe (zum Beispiel Produktführer) und sind die inneren Zwiebelschalen aufeinander abgestimmt, kann sich ein Vertrauensverhältnis zwischen Anbieter und Konsument entwickeln. Verändert sich jedoch die Grundsatzstrategie ständig, entsteht Unsicherheit.

Auch ein Mitarbeiter erhält durch die langfristig festgelegte Grundsatzstrategie einen Leitstern, der ein fokussiertes Handeln ermöglicht. Das Einkäufer-Credo eines Discounters kann zum Beispiel nur die Beschaffung zu möglichst günstigen Preisen sein. Frische- oder Lifestyle-Produkte fallen dabei aus dem Fokus. Dies erleichtert dem Einkäufer die Entscheidungsprozesse erheblich. Diese Orientierung ist auch deshalb wichtig, weil je näher die Schichten dem Kern der Zwiebel sind, desto flexibler muss das Unternehmen auf Veränderungen reagieren können. **Diese kurzfristigeren Veränderungen sind vom Mitarbeiter als auch vom Konsumenten besser zu bewältigen, wenn sie sich an einer stabilen Grundsatzstrategie orientieren können.** So stellen zum Beispiel bei einem Hard-Discounter ständige Preisänderungen (innere Zwiebelschale) keine Auslöser für Verwirrung dar, wenn Konsumenten sicher sein können, dass sie in der entsprechenden Verkaufskette stets den billigsten Preis für die Produkte bezahlen (äußere Zwiebelschale).

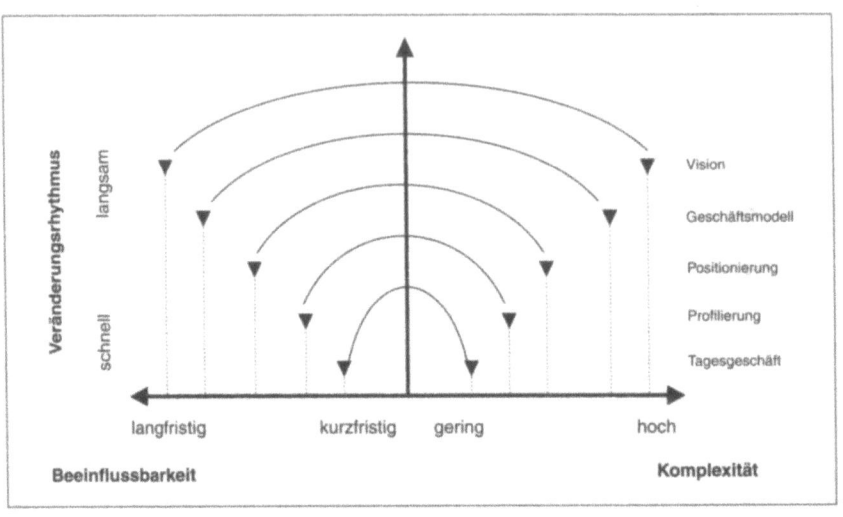

Quelle: In Anlehnung an Schweizer, M./Rudolph, Th.: Nostalgie als Erfolgsposition im Hyperwettbewerb?, in: Die Unternehmung, H. 6, 2002, S. 417.

Abbildung 18: Systemzeitrhythmen

Dabei müssen die Anbieter Geduld aufbringen. Es braucht Zeit, um eine neue Situation einschätzen zu können und sich Klarheit zu verschaffen. Schnellschüsse, Hyperventilation oder Projekt-Overload führen dazu, dass im Nachhinein hohe Investitionen in Korrekturen getätigt werden müssen. Eine Orientierung ist insbesondere dann nicht mehr gegeben, wenn

- die Systemzeiten nicht aufeinander abgestimmt sind. Dies ist zum Beispiel dann der Fall, wenn die Vision oder das Geschäftsmodell schneller verändert werden, als die Profilierung in der Verkaufsstelle umgesetzt wird, das heißt die Strategie dem Tagesgeschäft folgt. Konkret könnte dies bedeuten, dass eine Verkaufsstelle je nach Aktualität ihren Strategieschwerpunkt auf Frischeprodukte, Discountpreise oder auf einen Heimlieferservice setzt, ohne die operative Umsetzung durchgeplant zu haben. Demzufolge werden zwar Botschaften vermittelt und der Konsument wird den immer wieder wechselnden Botschaften ausgesetzt, nimmt jedoch in der Verkaufsstelle keine Veränderung wahr.

- die einzelnen Zwiebelschalen nicht kohärent gestaltet sind. Diese Konstellation kann zum Beispiel dann auftreten, wenn die äußere Schale für die Produktführerschaft steht und im Rahmen des Tagesgeschäfts Restposten verkauft werden. Im konkreten Fall könnte dies so ausfallen, dass *Akris* in ihrem Nobelshop an der Newbury Street in Boston ihre Ware zu einem stark reduzierten Preis anbieten, nur weil dies *JC*

Penny, Neiman Marcus oder *Macy's* ebenfalls tun. Die Exklusivität, die auf der Fahne von Akris steht, würde durch diese preisliche Anpassung stark leiden.

Ein erster Schritt zur Vermeidung von Consumer Confusion ist demnach die Entwicklung eines kundenorientierten Geschäftsmodells (vgl. zur Diskussion Abbildung 19). Ein Geschäftsmodell zeichnet sich dadurch aus, dass sämtliche Unternehmensaktivitäten langfristig mit einer zentralen Überzeugung verknüpft werden. Die Anzahl Töpfe, in die Ressourcen zugeteilt werden, wird reduziert und damit einer Verzettelung der Mittel entgegengewirkt. Der Kommunikation der Vision und des Geschäftsmodells kommt insbesondere im Hinblick auf die Vermittlung von Schlüsselinformationen eine zentrale Funktion zu. Die grundsatzstrategischen Signale der Unternehmen stellen ein effektives Instrument dar, um den Konsumenten bei seiner Kaufentscheidung zu entlasten. Dabei gewinnt der Anbieter, der die langsamen Instrumente (äußere Zwiebelschale) glaubwürdiger entwickelt als die Konkurrenz.

Konsumenten sind durchaus im Stande, verwirrende Botschaften zu verstehen, wenn eindeutig klar wird, für was die Verkaufsstelle als Ganzes steht.[40] So werden Konsumenten bei einem klar positionierten Produktführer nicht gezwungen, ihre Kaufentscheidung auf eine minutiöse Abwägung von Einzelinformationen zu basieren, sondern sie verlassen sich auf das Unternehmensimage. Das könnte im konkreten Fall heißen, dass der Konsument mit ruhigem Gewissen ein Bio-Produkt bei einem gut positionierten Händler (zum Beispiel Produktführer) einkauft, obwohl ihm die genaue Definition dieses Labels nicht ganz geläufig ist. Die klaren Botschaften des Händlers erleichtern die Entscheidungsfindung der Konsumenten. Hierbei spielen das Vertrauen und die Glaubwürdigkeit eines Händlers eine zentrale Rolle. Mit der Händlerreputation steht und fällt die Orientierung in einer Verkaufsstelle.

Aufgrund einer erhöhten Wettbewerbsintensität ist in der jüngsten Vergangenheit jedoch vermehrt eine Strategievielfalt bei Einzelhändlern zu beobachten. Um einem Umsatzschwund entgegenzutreten, wird versucht, eine möglichst breite Kundschaft anzusprechen. Diese breite Ansprache wird meistens auf Kosten einer klaren und einzigartigen Unternehmensstrategie umgesetzt. Sobald eine stark heterogene Kundschaft unter dem gleichen Dach bedient werden soll, schwindet die Orientierung für den einzelnen Konsumenten. Das Unternehmen steht schließlich für alles und doch nichts.

> **Schritt 1 der Confusion-Vermeidung:**
> Wählen Sie eine einzigartige und langfristig verankerte Grundsatzstrategie und ein ebensolches Geschäftsmodell.

Eine fehlende Glaubwürdigkeit ist zum Beispiel dann zu beklagen, wenn ein Händler, dem eine hohe Produktkompetenz bescheinigt wird, plötzlich auch billig eingekaufte Ware zu Schleuderpreisen anbietet. Dadurch wird die Strategie verwässert. Konsumenten ringen dann mit der Frage, für was das Geschäft eigentlich steht – für Qualität oder doch eher für niedrige Preise? Diese Ambivalenz kann zum Beispiel entstehen, wenn ein Produktführer ein 15 Euro teures Hemd anbietet, das die Qualitätsansprüche der Kundschaft nicht erfüllt (zum Beispiel bleicht es beim ersten Waschgang aus). Dies führt dazu, dass die Kundenbegeisterung und damit auch die Loyalität zu sinken beginnen.

Diese sinkende Loyalität und der Verlust der Glaubwürdigkeit setzt meistens nicht von heute auf morgen ein. Der Prozess ist schleichend und kaum messbar. Im Gegensatz dazu wird ein Verlust an Glaubwürdigkeit bei börsenkotierten Unternehmen sofort mit einer Kurskorrektur bestraft. Sind nur schwache Signale hinsichtlich eines Missmanagements für die Aktionäre erkennbar, erhält das Unternehmen postwendend, in Form eines Kursverlustes, die Quittung. Die (institutionellen) Aktienanleger sind flexibel – die Wiederherstellung der Glaubwürdigkeit kann Monate oder sogar Jahre dauern. Im Handel ist der Verlust an Glaubwürdigkeit demgegenüber kaum mit solchen unmittelbaren und markanten Reaktionen verbunden; denn oft sind Konsumenten zuwenig flexibel. Insbesondere die Standortvorteile einzelner Anbieter sprechen gegen einen raschen Wechsel der Einkaufsstätte. Dennoch darf die Kaufzurückhaltung bei einer immer wieder auf die Probe gestellten Glaubwürdigkeit nicht unterschätzt werden.

Deshalb empfiehlt sich die Entwicklung einer langfristigen Unternehmensstrategie, die für Stabilität sorgt und Voraussetzung für die Berechenbarkeit der Handlungen ist, was schließlich Glaubwürdigkeit ausstrahlt – sowohl für die Mitarbeiter als auch für die Konsumenten.

Standpunkt: Hat eine Strategie in einem turbulenten Umfeld ausgedient?

Ist die Festlegung einer langfristigen Unternehmensstrategie in der heutigen turbulenten Wirtschaft überhaupt noch realistisch? Was heute gilt, ist morgen bereits obsolet – Handel ist schließlich Wandel. Setzt man mit einer Strategie nicht die unternehmerische Flexibilität aufs Spiel? Schließlich landen die Strategiepapiere sowieso in den Schubladen des Managements, weil sich im Tagesgeschäft niemand daran halten kann. Die Strategie kann die Realität nicht abbilden, weil Letztere zu komplex und unberechenbar ist.

Wieso also eine Strategie? Eine Strategie kanalisiert die Ressourcen und kann auch in einem turbulenten Umfeld die Richtung weisen. Nur darf Strategie nicht mit einem Korsett verwechselt werden, sondern sollte als Leitplanke gesehen werden, innerhalb derer die Zukunft und die operativen Maßnahmen geplant werden. Um diese Leitplanken zu definieren, bedarf es keines Strategie-Papiers, das auf 50 Seiten Regeln für jede erdenkliche Eventualität erläutert, sondern es genügen fünf Seiten, die die gemeinsame Vorstellung des Geschäfts und der Entwicklungsperspektive zusammenfassen. Diese Leitplanken stellen ein Geschäftsmodell dar, das eine innere Festigkeit fördert, gleichzeitig aber auch Freiraum für Anpassungen an Umweltveränderungen offen lässt.

Die innere Festigkeit wird dank der klar definierten Leitplanken erzielt, die die Gefahr der „Hyperventilation" reduzieren. Es muss nicht mehr jedem Trend nachgerannt werden, sondern es findet eine Konzentration auf die Projekte statt, die eine ausgeprägte Strategietreue aufweisen – eine Konzentration auf das Wesentliche. Demzufolge stellen die Leitplanken effektive Selektionskriterien dar, die eine gezielte Ressourcenzuteilung möglich machen. Resultat ist, dass auf der operativen Ebene vielleicht nur noch eine Hand voll Projekte umgesetzt werden, diese sich aber durchdacht, koordiniert und effektiv zeigen. Der Konsument behält den Überblick über die Marketingaktionen und vor allem: Das Unternehmen ist berechenbar und wird dadurch vertrauenswürdig.

In einem schilderlosen Wald ist es nach dem französischen Philosophen Descartes ratsam, sich dadurch in Sicherheit zu bringen, dass man eine Richtung wählt und diese – mit einer gewissen Sturheit – auch beibehält. Es ist nicht empfehlenswert, an einer Weggabelung auszuharren, geschweige den umzukehren und den Verfolgern in die Arme zu laufen. Genauso verhält es sich mit einem Geschäftsmodell.

Eine einmal gefasste Unternehmensphilosophie sollte mit einer gewissen Sturheit verfolgt und nur noch marginal an Veränderungen angepasst werden. Ein Wechsel des Geschäftsmodells bringt die Gefahr der Desorientierung im schilderlosen Wald.

Ausgangspunkt eines Geschäftsmodells sollte immer ein Kaufmotiv oder ein Bündel von verwandten Kaufmotiven sein. Ein Kaufmotiv ist ein dem Kundenbedürfnis übergeordneter Antrieb, eine bestimmte Verkaufsstelle aufzusuchen. Rudolph hat drei Erfolg versprechende Geschäftsmodelle im Handel identifizieren können, die auf je einem Kaufmotiv basieren (vgl. Abbildung 19).[41] Diese verleihen den Hersteller- und Handelsaktivitäten auf strategischer Ebene einen starken Fokus, der bei einer optimalen Um-

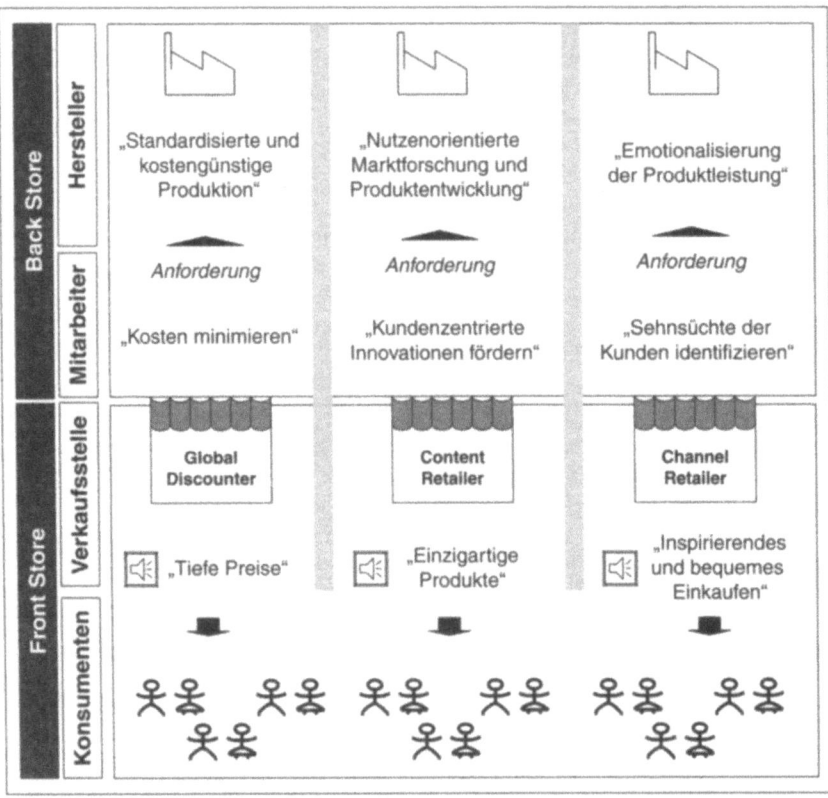

Quelle: In Anlehnung an Rudolph, Th.: Erfolgreiche Geschaftsmodelle im europäischen Handel, in: Thexis Fachbericht, Nr. 3, 2000, S. 28.

Abbildung 19: Erfolg versprechende Geschäftsmodelle im Handel

setzung bis in die operative Ebene auch dem Konsumenten ein einzigartiges Signal vermitteln kann. Die hier vorgestellten Geschäftsmodelle beziehen sich nicht nur auf den Auftritt der Verkaufsstelle, sondern das Augenmerk wird auf die gesamte Wertschöpfungskette gerichtet. Neben der Unternehmenskultur hat die Wahl des Geschäftsmodells auch Auswirkungen auf die Zusammenarbeit zwischen Händler und Hersteller.[42]

Das Denken und Handeln in Anlehnung an die drei Geschäftsmodelle gewinnt mit einer steigenden Wettbewerbsintensität an Bedeutung. In umkämpften Märkten ist dabei eine Konzentration auf eine der drei Grundsatzstrategien ratsam. Aufgrund der begrenzten Ressourcen ist zu empfehlen, dass die Wahl auf ein Geschäftsmodell fällt, das den bereits bestehenden Unternehmensstärken entspricht. Denn es gibt kaum Synergien zwischen den verschiedenen modelltypischen Prozessen, sodass deren parallele Aufrechterhaltung finanzwirtschaftlich kaum zu rechtfertigen ist (deshalb die Backsteine zwischen den Modellen in Abbildung 20). Untersuchungen haben gezeigt, dass eine konsequente Fokussierung auf ein Geschäftsmodell positive Auswirkungen auf die Profitabilität des Unternehmens hat.[43] Die Berücksichtigung mehrerer Kaufmotive ist nur bei relativ niedriger Wettbewerbsintensität realisierbar.

Diese Argumentation aus der Marktperspektive ist der strategischen Planung zuzuordnen. Im Folgenden werden drei idealtypische Geschäftsmodelle (Global Discounter, Channel Retailer, Content Retailer) beschrieben, die dies noch konkretisieren. Genau so wichtig ist es jedoch, die positiven Effekte dieser klaren strategischen Botschaften aus Sicht von Kunden und Mitarbeitern zu erwähnen. Konsumenten erhalten auf der operativen Ebene eine klare Orientierung, da die Händlerleistung berechenbar wird. Die Gewissheit, in einer bestimmten Verkaufsstelle den besten Service, die besten Produkte oder die billigsten Preise anzutreffen, erspart dem Konsumenten eine umfangreiche Beurteilung der Leistungen und unterstützt die Kaufentscheidung. Diese Glaubwürdigkeit ist der erste Schritt hin zu einer Vermeidung von Consumer Confusion in der Verkaufsstelle. Ebenso können sich die Mitarbeiter an einen zentralen Leitspruch halten und besitzen bei ihren Entscheidungen eine klare Leitlinie. Jede Entscheidung, sei dies nun eine Einberufung einer neuen Projektgruppe oder ein Einkauf neuer Produkte, sollte klar den Vorgaben des Geschäftsmodells entsprechen.

Global Discounter – Gewinn durch Preisorientierung

Die angesprochene Berechenbarkeit vermag teilweise auch den starken Aufwind europäischer Hard-Discounter zu erklären. Die klare Positionierung der Discounter hat (begünstigt durch den wirtschaftlichen Abschwung) dazu geführt, dass die Umsatzwachstumsraten sich überdurchschnittlich entwickelt haben. Der Konsument kann mit der Gewissheit, gute Preise vorzufinden, bei *Aldi* oder *Lidl* einkaufen. Zum Erfolg tragen auch weitere orientierungsfördernde Faktoren wie die beschränkte Artikelzahl, die relativ konstanten Preise und die seltenen Verpackungsveränderungen bei.

Global Discounter setzen denn auch in erster Linie auf die klassische Marketing-Philosophie der **Preis-Mengen-Führerschaft.** Diese basiert auf effizienten Einkaufs-, Logistik- und Verkaufsprozessen und sichert einen hohen Kundennutzen. Zentralisierte Geschäftsabläufe, einheitliche Sortimente und Verkaufsstellen sowie eine auf „Askese" ausgerichtete Unternehmenskultur, unterstützen die genannten Kernkompetenzen. Aus dem standardisierten Leistungsangebot resultieren Skaleneffekte verschiedenster Art, die sich schließlich in niedrigen Preisen bemerkbar machen.

Diese Eigenschaften entlang der Wertschöpfungskette lassen sich nicht ohne weiteres durch Händler, die nicht explizit die Strategie der Kostenführerschaft verfolgen, kopieren. Eine *Swiss,* die ihr Kerngeschäft in der Qualitätsführerschaft sieht, wird nur mit Quersubventionen eine Billigfluglinie unter dem gleichen Label und Management fliegen können, wenn sie sich in direkter Konkurrenz mit den Billigfliegern *Easyjet, Ryanair* oder *Air-Berlin* begibt. Die letztgenannten Low-Cost-Carriers haben ihre Wertschöpfungskette auf eine konsequente Kostenführerschaft getrimmt, Swiss hat für die Qualitätsführerschaft einen viel komplexeren Backoffice-Bereich zu unterhalten und wird deshalb mit hohen Herausforderungen konfrontiert. Gelingen wird dieser Spagat nur dann, wenn ein separates Management die Billigflüge unter einem anderen Namen isoliert vom restlichen Swiss-Geschäft führt und eine entsprechend spezialisierte Wertschöpfungskette aufweist.

Im Einzelhandel führen Global Discounter überwiegend Eigenmarken im Sortiment und sind daher autark gegenüber dominanten Markenherstellern. Diese Eigenmarken-Strategie bedingt jedoch ein starkes Corporate Branding. Strahlt der Firmenname keine oder nur eine bedingte Glaubwürdigkeit aus, werden auch die Eigenmarken dementsprechend bewertet.

Denner, der umsatzstärkste Soft-Discounter in der Schweiz, musste dies vor einiger Zeit schmerzlich erkennen. Mit einem radikalen Sortimentsschnitt und der ausschließlichen Führung von Eigenmarken sollte die Kostenstruktur wieder optimiert werden. Da Denner jedoch eher ein verstaubtes Image hatte, wurden die Eigenmarken von der Kundschaft nur in geringem Maße akzeptiert. Die Reaktion, wieder rund 75 Prozent des Sortiments mit Markenartikeln zu bestücken (und die Ladengestaltung zu modernisieren), hat Denner beachtlichen Erfolg gebracht. Günstige Markenartikel bedürfen nicht eines starken Corporate Brandings, da diese für sich selbst sprechen.

Gegenüber den beiden anderen Geschäftsmodellen gelingt eine Finanzierung durch Expansion. Niedrige Artikelzahlen, hohe Umschlaggeschwindigkeiten und langfristige Zahlungsziele sind Voraussetzungen dafür. Deshalb erfolgt die Expansion in neue Märkte häufig mit der Eröffnung mehrerer Verkaufsstellen in kürzester Zeit. *Aldi* lässt zum Beispiel durchblicken, dass bereits mehrere Standorte für den Eintritt in den Schweizer Markt in Planung sind. Rund 30 Filialen sollen dabei gleichzeitig eröffnet werden. Expansion durch Fusionen ist bei diesem Geschäftsmodell eher unüblich, weil der Transfer der Unternehmenskultur nur schwierig umzusetzen wäre.

Geschäftsmodell eines Global Discounters

Der erste *Media Markt* wurde 1979 in München gegründet. Die damalige wie heutige Geschäftsidee war „breite Auswahl an Markenprodukten zum Dauertiefpreis". Jeder Kunde kann dabei seinen Kauf rückgängig machen, falls er beim Wettbewerber ein günstigeres Angebot findet. Der Werbeslogan „Ich bin doch nicht blöd" besitzt bei deutschen Konsumenten den höchsten Wiedererkennungswert. Eine repräsentative Studie des Marktforschungsunternehmens *Dialego* ermittelte, dass derzeit fast 44 Prozent aller Deutschen über 14 Jahre dem Slogan auf Anhieb das richtige Unternehmen zuordnen können. Dieser Wert deutet auf eine einzigartige und kundenzentrierte Kommunikation hin.

Kostenoptimierung ist das übergeordnete Ziel von Media Markt. Als Teil der *Metro* Gruppe kann Media Markt unter anderem Kosten durch die Nutzung von Metro-internen Serviceleistungen in den Bereichen Einkauf, Logistik, Werbung und Informatik sparen.

Channel Retailer –
Erfolg durch Serviceorientierung

Channel Retailer streben mit einer Kundenpartnerschaftsstrategie nach Wettbewerbsvorteilen. Das Konzept basiert auf der Überzeugung, dass sich das Produktangebot nur bedingt dazu eignet, Konsumenten nachhaltig zu begeistern. Produkte werden zu schnell von der Konkurrenz nachgeahmt und insbesondere sind die einschlägigen Markenprodukte sowieso in fast jeder Konkurrenzfiliale erhältlich. Deshalb liegt der Schwerpunkt der Profilierung nicht beim einzigartigen Sortiment, sondern bei flankierenden Maßnahmen. Dazu gehören eine *umfangreiche* Markenartikelauswahl, emotionsreiches Angebot und Kommunikation, eine attraktive Ladengestaltung und sehr gute Serviceleistungen.

Auffallend für Channel Retailer sind der markenbetonte Einkauf und die Notwendigkeit, Kooperationen mit der Industrie einzugehen. Ziel der Zusammenarbeit sind insbesondere innovative Produkt- und Service-Ideen, um Wettbewerbsvorteile gegenüber Discountern aufzubauen. Die heutigen, hauptsächlich technologiegetriebenen ECR-Aktivitäten auf der Industrieseite werden daher zunehmend die Händlerseite erfassen. Neben der Möglichkeit, mittels offener Datenübertragung ein automatisches Bestellwesen umzusetzen, bieten die Kundenkartendaten neue Möglichkeiten, um das Angebot den Bedürfnissen der Kunden anzupassen. Insbesondere für international ausgerichtete Channel Retailer geht es darum, Zielgruppen zu identifizieren, die länderübergreifend ähnliche Bedürfnisausprägungen besitzen. Nur so lassen sich Skaleneffekte in Beschaffung, Logistik und Organisation ausschöpfen.

Die Mitarbeiter in der Verkaufsstelle werden dabei als ein zentraler Bestandteil der Strategie angesehen und erhalten für das Erbringen umfassender Problemlösungen Handlungsfreiheiten zugesprochen. Diese an Rahmenbedingungen geknüpften Freiheiten fördern die Innovationskraft eines Unternehmens und ermöglichen eine flächendeckende Umsetzung der erfolgreichsten Errungenschaften dank internem Benchmarking.

Mithilfe eines standardisierten Betriebsformenkonzeptes und der Bekanntheit internationaler Marken expandieren Channel Retailer wie zum Beispiel *Metro C&C* und *Carrefour* vergleichsweise schnell. Regionalen Bedürfnissen wird dabei zwar teilweise entsprochen, doch steht die Ansprache grenzüberschreitend homogener Bedürfnisse im Vordergrund. Weil sich die Channel Retailer in ihren Leistungen nicht markant unterscheiden, ist eine Expansion mittels Fusion häufig zu beobachten. Ein

Kulturschock bleibt dabei meistens aus und die Anpassung der Leistungen hält sich in engem Rahmen.

Hohe Anforderungen für den Channel Retailer stellen sich jedoch bei der Finanzierung der großflächigen Verkaufsstellen. Da die Mehrheit der Produkte einen niedrigen Warenumschlag erzielt und hohe Investitionen für Immobilien/Infrastruktur, Personal, Logistik und Ladengestaltung anstehen, bedarf es eines langfristig angelegten Finanzierungskonzeptes. Der Aufbau eines hohen Mehrwertes für den Konsumenten steht und fällt mit der Fähigkeit, dem Kunden ein angenehmes Einkaufsambiente zu bieten.

Geschäftsmodell eines Channel Retailers

Die schweizerische *Coop* hat sich fünf zentrale Werte auf die Fahnen geschrieben: Lebensfreude, Frische, Gesundheit, Convenience und Dynamik. Hierbei steht der Dienst am Kunde im Vordergrund der Leistungen. Der Kunde soll inspiriert werden, die Freude am Leben geweckt und die Bequemlichkeit beim Einkaufen und bei der Nutzung der Produkte erhöht werden. Der Channel Retailer versteht sich als loyaler Partner der Konsumenten und bietet ihm Unterstützung in allen Lebenslagen.

Content Retailer – Profilierung durch Produktorientierung

Content Retailer profilieren sich gegenüber ihren Kunden mit einem einzigartigen Produktangebot und konzentrieren sich deshalb primär auf die Entwicklung unverwechselbarer Eigenmarken. Diese starke Innovationsorientierung kommt über ein **handelsgetriebenes Category-Management** zustande. Folglich bestimmt der Handel die Sortimentszusammensetzung. Eine flexible Unternehmensorganisation sichert die dafür notwendige Innovationskraft.

Content Retailern gelingt es insbesondere dann, einen hohen Kundennutzen zu erzielen, wenn sie frühzeitig Bedürfnisveränderungen erkennen und diese in einzigartige Warenangebote umsetzen können. Mit aus diesem Grund weisen viele Content Retailer einen hohen vertikalen Integrationsgrad entlang der Wertschöpfungskette auf.

Die Expansion in andere Länder verläuft in der Regel langsam, da Handelsmarken international noch unbeschrieben sind und mittels Kommunikationsmaßnahmen erst bekannt gemacht werden müssen. Unternehmen dieser Gruppe besitzen eine starke Unternehmenskultur, die oftmals nicht über die Landesgrenze hinaus multiplizierbar ist. Die Gesellschaften sind wie zum Beispiel die *Migros* und *Marks & Spencer* selbst zur Marke geworden. Die daraus resultierenden Werte bieten den Mitarbeitern und den Kunden Orientierung und schaffen Vertrauen.

Der Betriebsformenauftritt, der im Vergleich zu Channel Retailern tendenziell kleinere Verkaufsstellen betrifft, fällt länderspezifisch aus. Das nationale Management verfügt über Handlungsspielräume, um Marktbesonderheiten berücksichtigen zu können.

Die Finanzierungsanforderungen für mittelgroße Verkaufsstellen betreffen insbesondere die Aufbauphase. Da im Vergleich zum Channel Retailer die Gewinnschwelle schneller erreicht wird, fällt der Kapitalbedarf kleiner aus. Aus diesem Grund neigen Content Retailer u.a. dazu, möglichst unabhängig zu bleiben, und scheuen eine Finanzierung über den öffentlichen Kapitalmarkt, wodurch das Expansionstempo limitiert wird.

Geschäftsmodell eines Content Retailers

Build-A-Bear bietet Konsumenten die Möglichkeit, ihre Kuscheltiere nach individuellen Wünschen zu kreieren und mit Accessoires zu kombinieren. Die Kreation des eigenen Traums wird in den Mittelpunkt gestellt. Die Interaktion mit dem Kunden während der einzelnen Phasen des Produktionsprozesses und die Kreativität der Kunden, die auf das Produkt direkten Einfluss hat, machen sowohl das Produkt einzigartig als auch dessen Entstehung zu einem Erlebnis. Das Kaufen eines Stofftieres wird somit zum Entertainment für die ganze Familie.

Checkliste: Ein kundenorientiertes Geschäftsmodell entwickeln

Die folgende Checkliste gibt zum einen Hinweise, wie Sie ein einzigartiges Geschäftsmodell entwickeln (linke Spalte) und beschreibt darüber hinaus, wie Sie ein bestehendes Geschäftsmodell optimieren können (rechte Spalte).

1.	Was sind die Kernkompetenzen Ihres Unternehmens, die einen Kundennutzen bieten?			
2.	Können Sie Ihr Unternehmen einem der drei oben skizzierten Geschäftsmodelle eindeutig zuordnen?			
2a)	Eine Zuordnung ist *nicht möglich*, • weil das Unternehmen Eigenschaften mehrerer Geschäftsmodelle besitzt, • weil das Unternehmen andere Kundenbedürfnisse anspricht, • weil man sich über den konkreten Kundennutzen des Unternehmens noch keine Gedanken gemacht hat.		2b)	Eine Zuordnung ist *möglich*. • Sehen das Ihre Kunden auch so? • Ist Ihr Unternehmen im Vergleich zur Konkurrenz, die das gleiche Geschäftsmodell verfolgt, führend? • Wo bestehen Verbesserungsmöglichkeiten zur Erreichung der oben skizzierten idealen Wertschöpfungskette?
3a)	Welche Geschäftsmodelle existieren bereits erfolgreich in Ihrer Branche?		3b)	Prüfen Sie kontinuierlich, ob Ihre Unternehmungsstrategie vom Konsumenten verstanden wird, und leiten Sie, falls nötig, flankierende Maßnahmen ein, um das Corporate Branding zu stützen?
4a)	Wählen Sie jenes Geschäftsmodell, das in der Branche untervertreten ist, achten Sie dabei aber auf Ihre bestehenden Kernkompetenzen.		4b)	Welche Maßnahmen sind erforderlich, um zum Branchenbesten zu avancieren (ohne dabei die Konkurrenz zu imitieren)?

5a)	Überlegen Sie sich, welche Auswirkungen dieser Entscheid auf Ihre Wertschöpfungskette besitzt, und planen Sie die Umsetzung.	5b)	Welche Einsparungspotenziale können Sie entlang der Wertschöpfungskette identifizieren, ohne beim Kundennutzen Abstriche machen zu müssen?
6a)	Begeistern Sie Ihre Mitarbeiter mit einer klaren Vision für das gewählte Geschäftsmodell. Die Mitarbeiter müssen die Strategie leben und zum Kunden tragen.	6b)	Wie stellen Sie sicher, dass neue Trends erkannt und deren Potenziale richtig eingeschätzt werden?
7a)	Stellen Sie sicher, dass Sie in einem wettbewerbsintensiven Umfeld wirklich nur ein Hauptbedürfnis der Konsumenten ansprechen und dieses dem Konsumenten kommunizieren. Gehen Sie zurück zu Punkt 1.	7b)	Gibt es eine übergeordnete Stelle, die die Ausrichtung sämtlicher Marketingmaßnahmen im Rahmen des Geschäftsmodells überprüft?
8)	Achten Sie darauf, dass Sie Ihr Geschäftsmodell stetig professionalisieren und weiterentwickeln (auch in guten Zeiten), die zentrale Botschaft der Unternehmung dabei aber nicht antasten (vgl. polychrone Zeit).		

Stellen Sie sicher, dass Sie Ihr Geschäftsmodell stets in der rechten Spalte halten können und kontinuierlich weiterentwickeln. Es ist sinnvoll, die Reflexion des Geschäftsmodells mindestens einmal jährlich durchzuführen und zwar einerseits aus Sicht des Managements und andererseits aus Sicht der Konsumenten.

Die neue Definition der Zielgruppe: Segmentierung nach Kaufmotiven

„Most mass markets are dead."[44] Die Existenzberechtigung der klassischen Marketingstrategie nach dem Prinzip der Massenansprache wird immer mehr in Frage gestellt. Neue Verhaltensmuster der Konsumenten haben Händler dazu veranlasst, potenzielle Konsumenten einer feineren Aufteilung zu unterziehen. Das Pendel der Segmentierung ist dabei vielerorts vom Massenmarkt in das gegenüberliegende Extrem des „One-to-One-Marketings" ausgeschlagen. Die Feststellung, dass die heutigen Konsumenten anspruchsvoller geworden sind und sich mehr Abwechslung und Auswahl wünschen, hat dazu geführt, dass vielerorts einer Ein-Kunden-Segmentierung die höchste Leistungsfähigkeit zugesprochen wird. Dadurch soll die Chance erhöht werden, dass die Bedürfnisse der Konsumenten optimal befriedigt werden können.

Das „One-to-One-Marketing" oder auch die „Mass-Customization" stellen jedoch vielfach eine Komplexitätsfalle für die Produktion dar. Bei drei Tagesmenüs auf der Speisekarte muss ein Koch zum Beispiel nur eine überschaubare Vielfalt an Lebensmitteln einkaufen. Außerdem halten sich bei drei Menus die einzelnen Handgriffe beim Kochen in Grenzen. Sobald aber 40 und mehr Menus angeboten werden, die jedem Geschmack der Kundschaft gerecht werden sollen, erhöht sich die Komplexität vom Einkauf (größere Anzahl an Zutaten) über die Zubereitung (parallele und unterschiedliche Handgriffe) bis zur Bestellungsaufnahme und zum Servieren. Außerdem können nur viel kleinere Mengen pro Zutat eingekauft werden, was die Kaufmacht erheblich einschränken kann. Nicht erwähnt werden muss das Entscheidungsdilemma des Gastes, der zwischen den 40 Menüs entscheiden muss.

Das Pendel der Segmentierung sollte idealerweise irgendwo in der Mitte zwischen einem Menü (wird den Kunden mit der Zeit langweilen) und einer Vielzahl von Menüs (Erhöhung der inneren Komplexität und Entscheidungsdilemma für den Konsumenten) zum Stehen kommen. Mit anderen Worten, die Segmentierung sollte (für die meisten Warengruppen) weder eine Massenansprache noch eine Einzelansprache nach sich ziehen. Letzteres wird heute oft als Mikro-Segmentierung bezeichnet. Bei der Berliner Modemesse „Bread & Butter" 2004 wurden zum Beispiel an einem Wochenende fast 600 Marken für Mikro-Segmente wie „Urban-Mix-Kids" oder „Asia-Trash-Girls" auf den Laufstegen präsentiert. Sogar für Mode-Enthusiasten dürfte diese Vielfalt an Kleinstmarken für Kleinstmärkte wahrscheinlich nur schwer verdaubar sein. Die (vermeintliche)

Individualisierungstendenz der Kundenbedürfnisse bietet den Anbietern die Möglichkeit, das Leistungsangebot zu differenzieren und damit der direkten Konkurrenz partiell zu entrinnen. Es ist jedoch falsch anzunehmen, dass sich jede Produktlinie erfolgreich auf individuelle Bedürfnisse ausdehnen lässt.

Aus dem Blickwinkel des ersten Teils dieses Buches muss der starken Differenzierung des Leistungsangebotes ein erhöhtes Consumer-Confusion-Potenzial zugesprochen werden. Insbesondere wenn Anbieter versuchen, vielfältige und spezielle Leistungsansprüche unter einem Dach anzubieten, führt die individuelle Ansprache dazu, dass der Kundenvorteil sinkt.

Wie soll eine optimale Segmentierung erfolgen, wenn weder der Massenmarkt- noch der Mikromarktansatz für die meisten Warengruppen kaum Erfolgsaussichten versprechen?

Anstatt immer tiefer zu segmentieren, wie dies an den feinmaschigen Zielgruppentypologien in jüngster Zeit oft ausgeartet ist, sollten globalere Kriterien wieder an Bedeutung gewinnen. Außerdem muss akzeptiert werden, dass ein Konsument nicht einer einzigen Verhaltensschublade zugeordnet werden kann. Die Logik der multioptionalen Konsumenten erfordert ein radikales Umdenken. Segmentieren heißt nicht mehr Konsumenten separaten Gruppen zuzuordnen, sondern Eigenschaftsräume zu kreieren, die bei Konsumenten zentral sind (vgl. Abbildung 20).

Im Rahmen traditioneller Segmentierungsmethoden wurden Konsumenten in jüngster Zeit zwar nicht mehr anhand ihrer demografischen Eigenschaften unterteilt, sondern mittels den von ihnen geäußerten Bedürfnissen. Dabei wurde angenommen, dass ein Konsument zum Beispiel fast ausschließlich preisorientiert, produktorientiert oder serviceorientiert handelt. Weil nun aber die Wettbewerbsintensität in vielen Bereichen markant gestiegen ist, konnten sich die meisten Händler nicht mehr nur auf ein Bedürfnis konzentrieren, sondern haben zum Beispiel neben Produkten für preisorientierte Konsumenten auch Angebote für produkt- und serviceorientierte Konsumenten in das Leistungspaket aufgenommen. Schließlich muss man ja der Konkurrenz die Stirn bieten und schließlich will sich ein Manager durch neu initiierte Aktivitäten profilieren. Diese Ausdehnung des Leistungskatalogs führt jedoch zu Strategiepluralismus. Der Händler spricht mit dem Angebot alle, aber doch niemanden richtig an (vgl. linke Grafikhälfte der Abbildung 20). Um die Aufmerksamkeit von zum Beispiel preis-, produkt- und serviceorientierten Konsumenten in einer einzigen Verkaufsstelle zu gewinnen, werden oftmals für jedes Segment spezielle Botschaften ausgesendet (zum Beispiel Sonderangebote, Degustationen). Der kumulierte Effekt kann dazu führen, dass die vielen Angebotsschilder, Produktvarianten oder Dienstleistungsoptionen gar nicht mehr wahrgenommen werden. Die zum Beispiel für den produktorientierten Konsumenten bestimmten Informationen erreichen diesen gar nicht mehr. Durch die immer differenzierteren Leistungsangebote vernachlässigt der Handel seine eigentliche Selektionsfunktion. Dem Konsumenten wird dabei ein breites Leistungsspektrum geboten, aus dem er das für ihn optimale Angebot selektieren soll. Diese Entscheidungsdichte ist trotz Lernprozessen immer schwieriger zu bewältigen.

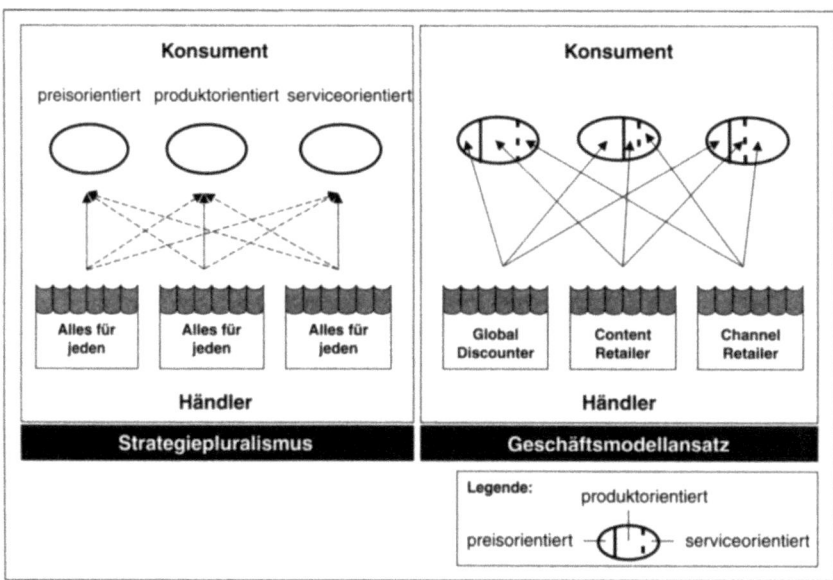

Abbildung 20: Neues Segmentierungsparadigma

Wird das multioptionale Handeln der Konsumenten anerkannt, darf nicht die Quintessenz sein, dass, wenn der Kunde sowieso alles möchte, ein möglichst vollständiges Angebot zur Deckung aller Hauptbedürfnisse geführt werden muss. Sondern: Nur die Ansprache eines Hauptbedürfnisses oder eines Kaufmotivs kann Orientierung in das Sortiment bringen (vgl. rechte Grafikhälfte der Abbildung 20). Welches Unternehmen kommt Ihnen in den Sinn, wenn Sie heute möglichst günstig einkaufen möchten?

Aldi? Lidl? Welches, wenn Sie einzigartige Produkte beschaffen wollen? Schon schwieriger. Und welcher Händler bietet Ihnen eine inspirierende Atmosphäre und Auswahl? Unmöglich. Bei einer einzigartigen Positionierung weiß der Konsument sofort, je nach momentanem Bedürfnis, zu welchem Händler er gehen muss, um ein optimales Angebot zu erhalten. Wenn Sie alles für jeden anbieten, hat der Kunde keinen wirklich zwingenden Grund, Ihre Verkaufsstelle aufzusuchen. Bei der Ansprache eines Kaufmotivs schon. *Aldi* zeigt es auf und spricht mit dem Angebot sämtliche Kunden an (von reich bis arm) – weil jeder Konsument, *je nach Situation*, preissensibel handelt. Aldi bietet dem multioptionalen Kunden eine optimale Orientierung.

Um dieser zentralen Botschaft Nachdruck zu verleihen: Nur ein kundenzentriertes Leistungsangebot, das zum Beispiel mittels Berücksichtigung so genannter **Kaufmotive** der Kundschaft erreicht werden kann, garantiert, dass Konsumenten ohne größeren Aufwand ihr optimales Produkt finden und mit nützlichen Leistungen konfrontiert werden. Kaufmotive haben im Handelsmarketing und in der Konsumentenforschung bezüglich geeigneter Ansprache von Konsumenten stark an Bedeutung gewonnen.[45] Mittels so genannter Eigenschaftsräume, die aus einer Kombination von bestimmten Kaufmotiven bestehen können, wird der Händler in die Lage versetzt, Konsumenten für die gezielte Ansprache trennscharf zu kategorisieren.[46]

Kaufmotive gelten als Treiber der Konsumenten für den Gang zu einer bestimmten Verkaufsstelle. Zum Beispiel kann dies ein bequemes Einkaufen sein (kurze Warteschlangen, angenehme Ladenatmosphäre) oder ein möglichst günstiges Gesamtangebot. Diese Motive sind Ausgangspunkte für ein Erfolg versprechendes Geschäftsmodell. Weiter oben wurden drei Beispiele von erfolgreichen Geschäftsmodellen vorgestellt, die aber nicht abschließender Natur sein müssen.

Um Botschaften *treffsicher* an die potenzielle Kundschaft aussenden zu können, darf nur wenigen Einkaufsmotiven in einer Verkaufsstelle entsprochen werden. Zur Ausdifferenzierung dieser Leistungsansprüche müssen relevante (Cluster von) Kaufmotiven erkannt werden, die:

1. einen überdurchschnittlichen Kundennutzen bieten können,

2. ein Umsatzpotenzial versprechen, das für eine nachhaltige Entwicklung des Unternehmens notwendig ist,

3. möglichst auf der Grundlage bereits vorhandener Kompetenzen im Unternehmen befriedigt werden können,

4. durch die Gestaltung der Marketinginstrumente klar und in einem angemessenen Kostenrahmen angesprochen werden können,

5. von der Konkurrenz noch nicht oder nur rudimentär bearbeitet werden.

Eine Entwicklung der Positionierung mittels Einkaufsmotiven gilt als eine Sonderform der Segmentierung. Die Analyse der Motivstruktur eines Konsumenten wurde bislang jedoch empirisch vernachlässigt.[47] Für den hier zugrunde liegenden Prozess zur Confusion-Vermeidung reichen jedoch die drei konzeptionellen Einkaufsmotive, die durch die drei oben vorgestellten Geschäftsmodelle abgedeckt werden (preisorientiertes, serviceorientiertes und produktorientiertes Einkaufen), aus.

Demzufolge kann von einem preis-, produkt- und serviceorientierten Konsumenten ausgegangen werden, wobei diese Motive einen *situativen Charakter* aufweisen und somit der gleiche Konsument, je nach Einkaufssituation, einem unterschiedlichen Kaufmotiv nachgehen kann. Zum Beispiel ist zu beobachten, das viele Konsumenten während Festtagen beim Lebensmitteleinkauf weniger auf den Preis achten als im Alltag. Für das Festessen mit Freunden rückt die Qualität des Produkts in den Vordergrund. Bei der Betrachtung der Verkaufsstellenpräferenzen kommt dieses Verhalten sehr deutlich zum Ausdruck. So sucht zum Beispiel eine frappante Mehrheit der Schweizer Konsumenten sowohl *Migros-* (mehrheitlich Eigenmarken) als auch *Coop-* (mehrheitlich Markenartikel) Verkaufsstellen auf. Bei einer kleinen Studie von 120 befragten Passanten gaben 95 Prozent an, sowohl bei der Migros als auch bei Coop einzukaufen. Dritte und vierte Wahl waren schließlich zwei Softdiscounter (*Pick Pay* und *Denner*). Unabhängig von Einkommen oder Status besuchen Konsumenten *je nach Situation* unterschiedliche Geschäftsmodelle.

Wenn Konsumenten doch sowieso alles möchten und sich nicht nur auf eine Verkaufsstelle oder ein Geschäftsmodell beschränken, wieso soll nicht alles unter einem Namen und Dach angeboten werden?

Wie bereits bei der Diskussion der Geschäftsmodelle angedeutet, ist zu empfehlen, dass ein Unternehmen sich nur auf ein grundlegendes Kaufmotiv konzentriert (obwohl Konsumenten je nach Situation unterschiedlichen Motiven nachgehen). Denn durch die Ansprache mehrerer Kaufmotive (zum Beispiel Preis- *und* Produktorientierung) steigt die Reizstärke einer Verkaufsstelle stark an. Die Marketinginstrumente erscheinen dabei diffus, weil für den Konsumenten nicht offensichtlich wird, welches Kaufmotiv angesprochen wird. Es findet keine Entscheidungsunterstützung statt, da die Leistungen in der Flut an unterschiedlichen Botschaften nicht mehr für sich sprechen können. Kaufe ich mit dem 15 Euro teuren Hemd ein günstiges, aber qualitativ minderwertiges Produkt oder erfüllt das Hemd den Qualitätsstandard der Verkaufsstelle? Solche Konflikte tauchen unweigerlich auf, wenn in der gleichen Filiale unterschiedliche Motive angesprochen werden. Die Konzentration auf nur ein oder ein kleines Bündel von Kaufmotiven (Eigenschaftsraum) besitzt demgegenüber den Vorteil, dass klar kommuniziert und eine Glaubwürdigkeit ausgestrahlt werden kann. Bei einem reinen Produktführer kann der Konsument demnach darauf vertrauen, dass das Hemd dem Qualitätsstandard der Verkaufsstelle entspricht und nicht nach dem ersten Waschgang reif für die Altkleidersammlung ist.

Schritt 2 der Confusion-Vermeidung:

Wählen Sie einen Eigenschaftsraum (also ein bestimmtes Kaufmotiv oder ein kleines Bündel von Motiven), der mit dem Geschäftsmodell abgestimmt ist.

Ansprache der Kaufmotive bei einem Global Discounter

Die von *Media Markt* gewählte Zielgruppe der preissensiblen Kunden ist recht breit gesteckt. Differenzierung gegenüber Wettbewerbern erfolgt primär über den Preis. Dieser Wettbewerbsvorteil wird unter anderem mittels einer Geld-Zurück-Garantie aufrechterhalten, die den Kundennutzen gewährleisten soll.

Ansprache der Kaufmotive bei einem Channel Retailer

Coops Zielgruppe sind Kunden, denen ein großes Angebot an frischen Ökoprodukten wichtig ist und die Serviceorientierung zu schätzen wissen. Die Differenzierung gegenüber Wettbewerbern erfolgt durch die schnelle Erfassung von Kundenbedürfnissen und über das Einkaufserlebnis. Wünschen nach Ökoprodukten und Produkten aus fairem Handel wurde entsprochen.

Ansprache der Kaufmotive bei einem Content Retailer

Build-A-Bears Zielgruppe ist breit gesteckt und umfasst „Kinder" im Alter von drei bis 103 Jahren, die Interesse an Stofftieren haben. Familien stellen hierbei einen bedeutenden Teil der Zielgruppe. Die Differenzierung gegenüber Wettbewerbern erfolgt primär über die Einzigartigkeit des individuell zu gestaltenden Produkts, das im Build-A-Bear-

Workshop während des Produktionsprozesses vom Kunden begleitet werden kann. Die emotionale Beziehung zwischen Kunde und Stofftier steht hierbei im Mittelpunkt, was unter anderem dadurch deutlich wird, dass man ein Herz für das Stofftier aussuchen kann.

Checkliste: Wahl und Pflege von Zielgruppen

1. Identifizieren Sie die Gründe, wieso Konsumenten Ihr Unternehmen aufsuchen (Kaufmotive).	
2. Korrespondieren diese Kaufmotive mit Ihrem gewählten Geschäftsmodell?	
Die Fragen 1 und 2 dienen zur Überprüfung Ihrer Kommunikation. Wenn die befragten Konsumenten die Botschaften Ihres Geschäftsmodells (zum Beispiel „einzigartige Produkte") nicht erkennen sollten (Gründe für die Verkaufsstellenwahl stimmen nicht mit dem Geschäftsmodell überein), dann sind Ihre Kommunikation und Ihre Leistungen nicht effektiv genug.	
3. Falls ja, bieten Sie mit Ihrem Angebot einen überdurchschnittlichen Kundennutzen?	3. Falls nein, sind sämtliche Ihrer Marketinginstrumente wirklich nur auf diese Kundengruppe ausgerichtet?
4. Verspricht Ihnen die Kundengruppe ein Umsatzpotenzial, das für eine nachhaltige Entwicklung des Unternehmens notwendig ist?	4. Bietet das von Ihnen gewählte Geschäftsmodell wirklich einen Kundennutzen?
5. Sind Ihre internen Prozesse klar auf diese Kundengruppe ausgerichtet?	5. Falls die Frage 3 oder 4 mit nein beantwortet werden muss, sollten Sie ein Erfolg versprechenderes Geschäftsmodell wählen.
6. Sind die Marketingprozesse klar auf diese Kundengruppe ausgerichtet?	

Profilierungsmaßnahmen: Orientierung für den Kunden

Wie bereits mehrfach erwähnt wurde, muss sich ein Händler von der Konkurrenz klar differenzieren, um vom Konsumenten wahrgenommen zu werden. Dies bedingt eine klare Vision, ein darauf abgestütztes Geschäftsmodell, das die gesamte Wertschöpfungskette dirigiert, und schließlich eine optimale Orchestrierung der Profilierungsinstrumente.

Geeignete Profilierungsmaßnahmen bestimmen

Eine Differenzierung auf der operativen Ebene ist in der Vergangenheit oft damit verwechselt worden, möglichst viele Botschaften abzusetzen, um in den Köpfen der Kunden zu bleiben. Vielfach wurde darauf hingewiesen, dass eine Erhöhung der Informationsrate zu einer erhöhten Kaufbereitschaft führt. Insbesondere die Studien zur Thematik des erlebnisorientierten Konsumenten gehen davon aus, dass zum Beispiel eine extravagante Dekoration der Verkaufsstelle, Zweitplatzierungen, wechselnde Events Konsumenten bedingungslos begeistern. Dabei gerät oft in Vergessenheit, dass diese Erhöhung der Informationsrate – soll wirklich eine höhere Attraktivität geschaffen werden – an einen angenehmen und stressfreien Kontext gekoppelt sein muss.[48] Nur wenn der Konsument eine Grundorientierung besitzt, ist er offen für Neues. Die Balance zwischen kollativen (Profilierungsanstrengungen) und strukturellen (Orientierungsmaßnahmen) Reizen steht dabei im Vordergrund.

> **Schritt 3 der Confusion-Vermeidung:**
> Identifizieren Sie Profilierungs- *und* Orientierungsmaßnahmen.

Wie Sie bei der Identifikation von Profilierungs- und Orientierungsmaßnahmen vorgehen können, wird mit dem Profilierungskreislauf (vgl. Abbildung 21) Schritt für Schritt dargestellt.

Um geeignete Profilierungsmaßnahmen zu identifizieren, sollten Sie die Konsumenten einbeziehen. Kundenbefragungen können hierbei wichtige Hinweise liefern (Stufe 1). Das Confusion-Potenzial der auf den Erkenntnissen der Stufe 1 entwickelten Profilierungsmaßnahmen kann nur bedingt vor der Umsetzung ermittelt werden. Dieses Potenzial kann zwar bei der Entwicklung von Profilierungsmaßnahmen minimiert werden, doch erweist sich die Wirkung in einer realen Umgebung manchmal als nicht berechenbar. Falls ein Verwirrungspotenzial bei Anwendung des Consumer-Confusion-Radars entdeckt wird (Stufe 2), müssen im Rahmen eines kreativen Aktes Orientierungsmaßnahmen identifiziert werden (Stufe 3). Dazu brauchen Sie Zeit und gesunden Menschenverstand. Schnelle und nur auf Zahlen basierende Entscheidungen können diesem kreativen Prozess oftmals schaden. Die Umsetzung der Orientierungsmaßnahmen (Stufe 4) sollte schließlich die Wirkung der ursprünglich identifizierten Profilierungsmaßnahmen voll entfalten.

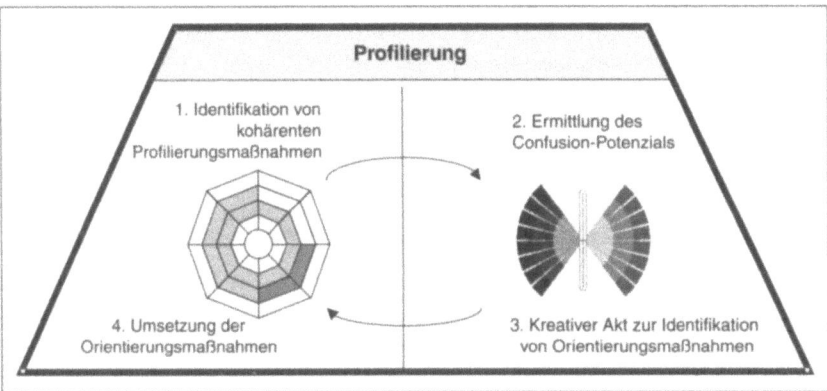

Abbildung 21: Profilierungskreislauf

Die nachfolgende Ausführung zu diesen vier Prozessschritten ist als Leitfaden zu verstehen. Die Entwicklung von Orientierungsmaßnahmen wird hier exemplarisch durchgeführt. Dieser Prozess sollte in der Praxis aber über unternehmensinterne Workshops geschehen, da sehr viele situative Faktoren zu berücksichtigen sind. Wichtig erscheinen bei der Entwicklung und Umsetzung von Orientierungsmaßnahmen folgende Punkte:

1. Orientierungsmaßnahmen müssen jederzeit strategiekonform sein.
2. Orientierungsmaßnahmen müssen gezielt und selektiv eingesetzt werden.
3. Es ist darauf zu achten, dass durch Orientierungsmaßnahmen keine zusätzliche Konfusion entsteht.

Grundsätzlich gilt: Weniger ist manchmal mehr.

Stufe 1: Profilierungsmaßnahmen identifizieren

Wie kann es Anbietern gelingen, ihr Profil so zu gestalten, dass dieses von Konsumenten als einzigartig wahrgenommen wird? In Anlehnung an die vorgestellten Geschäftsmodelle stehen die Suche und der Aufbau eines nachhaltigen Mehrwertes für den Konsumenten im Mittelpunkt der Betrachtung. Es geht demnach um die Frage, wie das Management unter Vorgabe des strategischen Grundentscheides und der Festlegung der Zielgruppe den Kundennutzen auf der operativen Ebene steigern kann.

Profilierungsstrategien können die Umsetzung strategischer Marketingpläne *systematisch*, *profilgebend* und gleichzeitig *profitsteigernd* unterstützen. Dabei erweist sich das Zonenmodell der Profilierung als ideales Instrument.[49] Das Zonenmodell setzt sich aus acht Erfolgsfaktoren zusammen, die bei einer Evaluation der Verkaufsstelle durch den Konsumenten als kritisch einzustufen sind.

Acht Erfolgsfaktoren für eine kundenfreundliche Verkaufsstelle

1. Beim **Personal** sind insbesondere die Fach- und Sozialkompetenz, die Freundlichkeit und die Präsenz für den Kunden wichtig. Vor allem weil die Zahl erklärungsbedürftiger Produkte steigt, hat das Personal eine wichtige Beratungsfunktion.

2. **Neue Technologien** können dem Konsumenten den Einkauf in vieler Hinsicht erleichtern. So wird dem Konsumenten mancherorts zum Beispiel ermöglicht, an so genannten „Info-Points" in der Verkaufsstelle bedarfsgerechte Informationen abzurufen oder von bargeldlosen Zahlungssystemen zu profitieren. Für den Kunden nicht immer direkt erkennbar findet der Technologieeinsatz auch in Form von Warenwirtschafts- und Planungssystemen für die Optimierung des Warenflusses statt.

3. Das **Dienstleistungsangebot** hat im Kaufentscheidungsprozess an Relevanz gewonnen. Insbesondere in der Unterhaltungselektronik sind unter anderem großzügige Garantieleistungen, Installationsunterstützung oder hauseigene Servicestellen wichtige Kaufkriterien. Das Kernprodukt wird demzufolge mit verschiedenen (entgeltlichen oder unentgeltlichen) Dienstleistungen angereichert.

4. Die **Marktbearbeitung** ist ein wichtiges Kommunikationsinstrument, um sich im Bewusstsein der Konsumenten zu verankern und um auf die einzigartigen Leistungen der Verkaufsstelle aufmerksam zu machen. Dank dieses Sprachrohrs lässt sich eine starke Marke rund um das Unternehmen bilden.

5. Die **Sortiment**szusammenstellung gilt als Kernaufgabe eines jeden Händlers und sollte sich stets an die Grundsatzstrategie des Unternehmens anlehnen. Ein Content Retailer ist demnach darauf bedacht, mehrheitlich innovative Eigenmarken zu führen und nur gezielt globale Herstellermarken ins Sortiment aufzunehmen. Auch müssen in diesem Kontext Fragen bezüglich der Sortimentstiefe und -breite sowie der Sortimentskombination beantwortet werden.

6. Im intensiveren Wettbewerbumfeld wird eine durchdachte **Preis**politik immer wichtiger. Dazu gehört ein ideales Preislagenmanagement mit einer attraktiven Einstiegspreisklasse, einem Preisniveau, das die Masse anspricht und einem Premiumsegment. Bei weniger preissensitiven Konsumenten wird nicht der Preis isoliert betrachtet, sondern dem Preis-Leistungs-Verhältnis deutlich mehr Gewicht zugeschrieben. Preisaktionen lassen kurzfristige Wettbewerbstaktiken zu, um Neukunden zu gewinnen.

7. Die Grundfunktion des **Ladenlayouts** ist die logische und übersichtliche Gestaltung der Produktpräsentation. Darüber hinaus lässt sich durch kreative Maßnahmen die Einkaufsatmosphäre beeinflussen und durch eine attraktive Warendarbietung die Neigung zu Impulskäufen erhöhen. Für viele Channel und Content Retailer wurde der Wandel vom gewöhnlichen Einkaufen, verstanden als Pflichtübung, hin zum erlebnisorientierten Einkauf zur Doktrin.

8. Der **Standort** schließlich entscheidet oft über Erfolg oder Misserfolg. Einkaufszentren sind auf hohe Kundenfrequenzen angewiesen und müssen demnach gut und bequem erreichbar sein. Insbesondere wird dabei der Verkehrsanbindung und dem Parkplatzangebot ein großer Wert zugeschrieben.

Die Kundenbeurteilung dieser acht Profilierungsinstrumente weist nicht nur die Zufriedenheit mit den jeweiligen Anbietern aus, sondern es findet auch ein permanenter Vergleich zur Konkurrenzleistung statt. Dieser Tatsache wurde durch eine Aufteilung der einzelnen Erfolgsfaktoren in drei verschiedene Zonen Rechnung getragen (vgl. Abbildung 22).

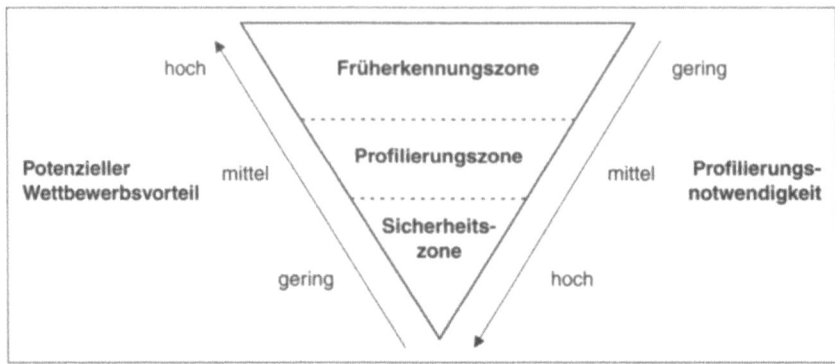

Quelle: Rudolph, Th.: Positionierungs- und Profilierungsstrategien im Europäischen Einzelhandel, St. Gallen 1993, S. 286.

Abbildung 22: Gesetz der Profilierungsdynamik im Handel

Abbildung 22 erklärt den Zusammenhang zwischen der Profilierungsnotwendigkeit und dem erzielbaren Wettbewerbsvorteil. Dabei enthält die *Sicherheitszone* Maßnahmen, die vom Kunden erwartet und von den direkten Konkurrenten bereits angeboten werden (zum Beispiel bargeldlose Bezahlung). *Profilierungsmaßnahmen* sind auf dem Markt einzigartig, finden beim Kunden eine hohe Wertschätzung und verleihen dem Unternehmen ein positives Betriebsstättenimage (zum Beispiel ethische, soziale oder ökologische Kennzeichnung der Produkte). Maßnahmen aus der *Früherkennungszone* versuchen latente Kundenbedürfnisse anzusprechen, die künftig stark an Bedeutung gewinnen werden. Das Risiko besteht aber darin, dass die zwar innovativen und von der Konkurrenz noch nicht angebotenen Maßnahmen von der Kundschaft (noch) nicht nachgefragt werden. Kritischer Erfolgsfaktor ist hierbei die optimale Markteinführungszeit.

Dabei besitzt die Dynamik der Umwelt einen markanten Einfluss auf die Klassifizierung der Profilierungsmaßnahmen. Maßnahmen, die heute von Konsumenten noch als herausragend angesehen werden, gelten morgen als Selbstverständlichkeit (zum Beispiel bargeldloses Bezahlen, Convenience-Produkte). In diesem Zusammenhang wird auch vom Gesetz der Profilierungsdynamik gesprochen, das Handelsunternehmen auffordert, fortlaufend neue Profilierungsmaßnahmen zu identifizieren. Findet diese kontinuierliche Selbsterneuerung nicht statt, wird sich die Wirkung sämtlicher Profilierungsinstrumente zurückbilden und der Sicherheitszone nicht mehr gerecht. Dabei sind die erarbeiteten Maßnahmen stets auf die längerfristig ausgerichteten normativen und strategischen Ebenen auszurichten, damit die Kohärenz der den Konsumenten vermittelten Botschaften stets Orientierung verspricht.

Stufe 1: Profilierungsmaßnahmen identifizieren

Abbildung 23 visualisiert das Zonenmodell der Profilierung mit den beschriebenen acht Instrumenten, die in je drei Zonen aufgeteilt werden.

Abhängig vom gewählten Geschäftsmodell sind unterschiedliche Schwerpunkte bei der Ressourcenallokation auf die verschiedenen Profilierungsinstrumente zu setzen. Produktführer sind zum Beispiel dazu angehalten, einzigartige Maßnahmen im Bereich „Sortiment" voranzutreiben. Die Ressourcen fließen demnach mehrheitlich nur in einen einzigen Topf; die restlichen Instrumente sind auf einem Mindestniveau der Sicherheitszone zu belassen. Durch diesen fokussierten Ressourceneinsatz erhält das Unternehmen ein starkes Profil, das vom Konsumenten eindeutig wahrgenommen wird.

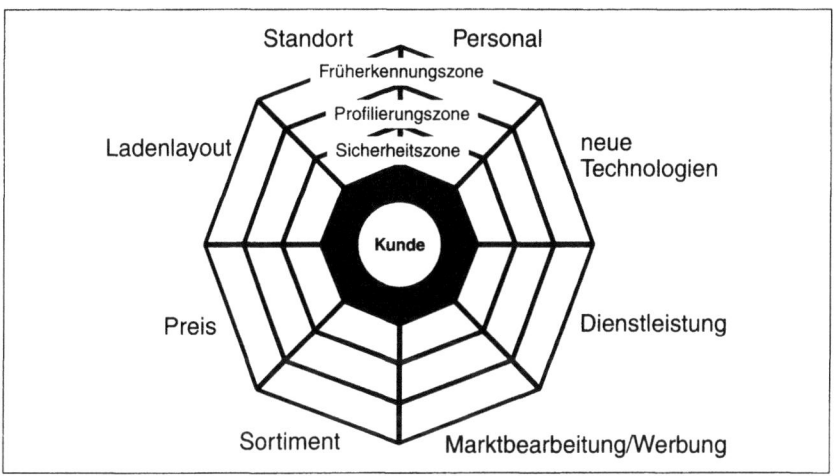

Quelle: Rudolph, Th.: Positionierungs- und Profilierungsstrategien im Europäischen Einzelhandel, St. Gallen 1993, S. 289.

Abbildung 23: Zonenmodell der Profilierung

Eine prioritäre und simultane Behandlung aller acht Instrumente birgt die Gefahr der Verzettelung. Aufgrund knapper Ressourcen wird es nicht möglich sein, mehrere Instrumente besser zu gestalten, als dies die Konkurrenten tun. Ein Hard-Discounter, der sein Personal ausgiebig zu schulen beginnt und damit eine erhöhte Beratungskompetenz anvisiert, handelt demzufolge nicht strategiekonform. Eine erhöhte Beratungskompetenz führt zu erhöhten Personalkosten, die unweigerlich dazu führen werden, dass die Produktpreise korrigiert werden müssen (womit die Global-Discounter-Strategie untergraben wird). Außerdem erwartet ein preisorientierter Konsument keine Beratungskompetenz im engeren Sinne. Somit ist von einer Verzettelung der Ressourcen auszugehen. Natürlich hängt dieser Zusammenhang von der Wettbewerbsintensität in der Branche ab. In einem geschützten Rahmen wird es eher möglich sein, mehrere Instrumente zu pflegen (zum Beispiel Produkt- und Preisführer) als in einer Situation, in der viele (spezialisierte) Marktteilnehmer um potenzielle Konsumenten buhlen.

Die Fokussierung der drei Geschäftsmodelle auf je nur ein Profilierungsinstrument führt dazu, dass Ressourcen zielgerichtet eingesetzt und schließlich vom Konsumenten verstanden werden. Eine einzelne Stimme in einem Raum ist eher verständlich als 20 aus unterschiedlichen Winkeln. Die Fokussierung der Aktivitäten bedeutet jedoch nicht, dass die restlichen Instrumente vernachlässigt werden dürfen. Diese müssen stets auf ein akzeptables Niveau gebracht werden. Die Profilierungsdynamik bringt es mit sich, dass kontinuierlich Maßnahmen eingeleitet werden müssen. Doch der Schwerpunkt sollte klar auf einem einzelnen Instrument liegen.

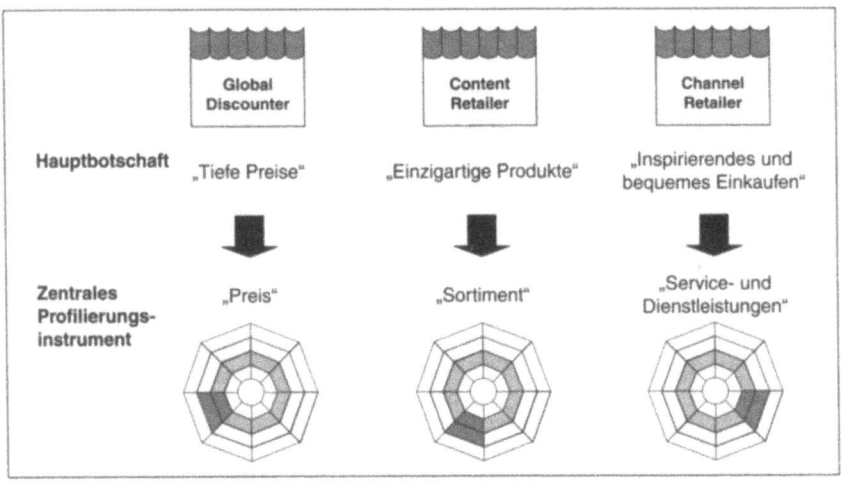

Abbildung 24: Profilierungsschwerpunkte der Geschäftsmodelle

Gestützt auf Marktuntersuchungen lässt sich mithilfe des Zonenmodells das Ist-Profil einer Handelsunternehmung feststellen (beispielhaft in Abbildung 25 dargestellt). Dies führt zu einer unternehmensspezifischen Einschätzung jedes einzelnen Profilierungsinstruments im Vergleich zur Konkurrenz – und zwar aus Kundensicht. Der Kunde muss dabei die Leistungen der Unternehmung bezüglich jedes der acht Instrumente benoten. Daraus resultiert schließlich – unter der Bedingung einer genügend großen Stichprobe – eine visuelle Darstellung der Einschätzung im Zonenmodell (dunkelgraue Felder).

Das Unternehmen leidet unter einem akuten Profilierungsproblem, weil keine Leistung vom Kunden überdurchschnittlich gut wahrgenommen und weil die Technologie und der Preis als nicht akzeptabel eingestuft wurden. Auf Basis dieser Ist-Situation lässt sich ein Soll-Profil erstellen (vgl. ebenfalls Abbildung 25; hellgraue Flächen), wobei dieses in Einklang mit der Grundsatzstrategie entwickelt wird und Schwerpunkte gesetzt werden müssen.

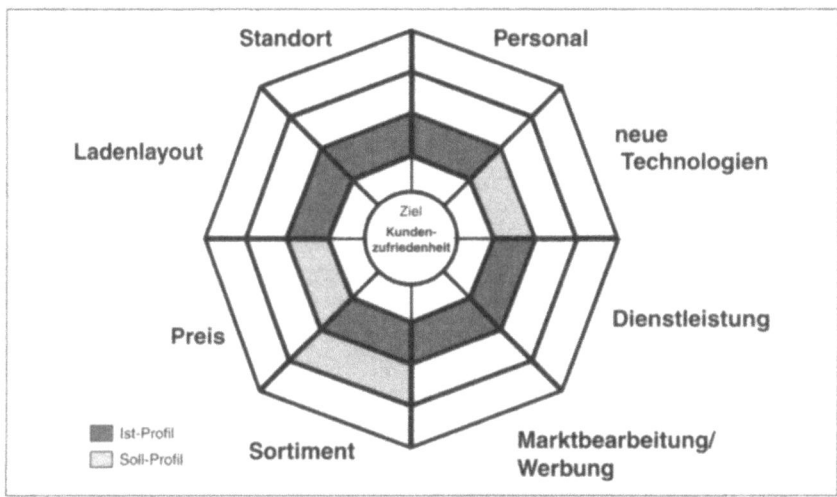

Abbildung 25: Ist- und Soll-Profil

Angenommen, das Unternehmen in unserem Beispiel hat das Geschäftsmodell des Produktführers gewählt, so muss insbesondere der Sortimentssektor als Schwerpunkt gelten (mindestens Profilierungszone). Außerdem sind die Instrumente Technologie und Preis mit entsprechenden Profilierungsmaßnahmen in die Sicherheitszone zu hieven. Die restlichen Instrumente können aufgrund des strategischen Schwerpunktes auf dem Niveau der Sicherheitszone belassen werden. Dies bedeutet jedoch nicht, dass kein Handlungsbedarf für diese Instrumente besteht. Aufgrund der oben dargelegten Profilierungsdynamik müssen die Maßnahmen immer wieder den Kundenerwartungen angepasst werden. War eine Expresskasse noch vor Jahresfrist in der Profilierungszone angesiedelt, ist diese Leistung heute unter Umständen bereits auf die Sicherheitszone zurückgefallen, weil sich der Konsument an die Dienstleistung gewöhnt hat. Dieses Beispiel zeigt, dass Stillstand immer ein Rückschritt ist. Um die erreichten Zonen zu halten, müssen die Maßnahmen den veränderten Bedürfnissen der Konsumenten angepasst werden.

Profilierungsinstrumente des Global Discounters

Für *Media Markt*-Filialen werden meist citynahe, aber nicht zentral gelegene **Standorte** ausgewählt, um Kosten zu sparen und ausreichende Parkplätze sicherstellen zu können. Ein **Gesamtsortiment** mit etwa 45 000 Artikeln aus den Bereichen Telekommunikation, Unterhaltungselektronik, Computer, Bild- und Tonträger sowie Haushaltselektrogeräte wird angeboten. Rund 15 000 dieser Artikel sind neue Medien. Die jeweiligen Geschäftsführer können eigenverantwortlich entscheiden, wie sie ihr Sortiment gestalten, solange sie Artikel in allen der Kernbereiche (Telekommunikation, Unterhaltungselektronik, Computer, Bild-/Tonträger, Haushaltselektrogeräte) anbieten. „Artfremde" Produkte werden grundsätzlich nicht angeboten, um Kosten zu sparen und gleichzeitig in den spezifischen Bereichen ein breites Sortiment bieten zu können. Aggressive **Werbung** mit provokanten Slogans wie „Ich bin doch nicht blöd" ist ein Markenzeichen von Media Markt. Insbesondere die Einstiegspreislage wird mit angebotenen Produkten abgedeckt. Generell wird eine regionale Tiefst**preis**strategie gefahren, wobei es jedoch auch vereinzelt Aktionen gibt, wie zum Beispiel die mittlerweile vom Landesgericht Hamburg als wettbewerbswidrig beurteilte Aktion „Fernseher umsonst" bei einem EM-Sieg 2004 der deutschen Fußballnationalmannschaft. Es wird den Kunden garantiert, dass sie den Differenzbetrag zurück erhalten, falls sie ein gekauftes Produkt bei einem Wettbewerber preiswerter hätten kaufen können. Das **Ladenlayout** ist schlicht und übersichtlich. Scannerkassen werden als **Technologie** eingesetzt. Als **Service** werden unter anderem der Einbau von Autoradios, die Reparatur defekter Geräte, die Lieferung von Produkten nach Hause, die Entsorgung von Altgeräten und Ratenzahlung angeboten. Die Hierarchie von Media Markt ist verhältnismäßig flach. Die unternehmerische Verantwortung für die Geschäftsergebnisse der Filialen, aber auch Gestaltungsbefugnisse in Bezug auf Vertrieb, Werbung und Sortiment liegt bei dem jeweiligen Geschäftsführer und dem **Personal** vor Ort. Der jeweilige Geschäftsführer ist Miteigentümer seiner Filiale und hat dafür zu sorgen, dass auf lokale Marktgegebenheiten schnell und flexibel reagiert wird.

Insgesamt kann man sagen, dass Media Markt bei den Instrumenten Service, Personal, Ladenlayout und Technologie die Sicherheitszone erreicht, in Bezug auf das Gesamtsortiment, Preis und Werbung die Profilierungszone.

Profilierungsinstrumente des Channel Retailers

Coops **Standorte** sind in der Schweiz sehr weit gefächert und somit für Kunden gut erreichbar. Die Standorte liegen vorwiegend zentral in Ortschaften oder an Hauptstraßen, die zu einer Stadt führen. Verkaufsstellen gibt es auch in kleineren Ortschaften und in unterschiedlichen Größen vom Coop Pronto mit einem **Sortiment** bestehend aus Lebensmitteln bis zu Coop Megastores mit großem zusätzlichem Non-Food-Angebot. Das Sortiment ist sehr vielfältig und standortspezifisch ausgerichtet. Die Megastores verfügen über rund 40 000 Produkte. Viele Bioprodukte, Frischeprodukte, Produkte aus fairem Handel (zum Beispiel Kaffee von *Max Havelaar*) und artgerechter Tierhaltung werden angeboten. Neben Kompetenzmarken (*Naturaplan, Naturaline, Oecoplan* und *Cooperación/Max Havelaar*) werden vorwiegend Markenartikel angeboten. Per TV-Spots mit Sympathiepersonen, die die Natürlichkeit der Produkte anpreisen und Lebensfreude ausstrahlen, wird geworben. **Werbung** wird auch in Magazinen, Kino und auf Postern gemacht sowie mittels einer wöchentlichen Kundenzeitung, die mit ihrer Millionen-Auflage einen großen Anteil der schweizerischen Haushalte erreicht. Die Auswertung der Kundendaten, die durch die Kundenkarten ermittelbar sind, ermöglicht eine zielgruppengerechte Ansprache und Ausrichtung des Angebots. Freundlichkeit und kompetente Beratung stehen beim **Personal** im Vordergrund. Die Mitarbeiter arbeiten teils auf Monatslohnbasis, teils auf Stundenlohnbasis. Das weitgehend identische Wegleitungskonzept des **Ladenlayouts** soll die Orientierung der Kunden erleichtern. Die Gänge sind breit, gut beleuchtet und die Regalanordnung ist logisch. Der Einsatz von Scannerkassen als **Technologie** ermöglicht auch kurzfristige Preisänderungen. Die Lagerhaus- und Warenwirtschaftssoftware entspricht dem modernen Stand der Technik. Geschäftspartner sind mit Coop unter anderem per WebEDI in Verbindung, was die Abstimmung unter den Geschäftspartnern und somit schließlich die Verfügbarkeit der Produkte sicherstellt. Das **Preis**niveau von Coop liegt leicht über dem von direkten Konkurrenten wie der *Migros*. Bei der Preisfestsetzung wird Wert auf Einheitlichkeit gelegt. Es wird primär auf Qualität geachtet, die mit einem leicht höheren Preisniveau zu haben ist. Als **Service** bietet Coop einen Konsumentendienst, der auch per Telefon oder Internet kontaktierbar ist und Kundenanliegen aufnimmt. Zusätzlich wird in größeren Städten Remote Ordering angeboten, sodass 365 Tage im Jahr nach vorheriger Bestellung per Telefon, Fax oder übers Internet Einkäufe zum Kunden nach Hause geliefert werden können. Der Liefertermin kann hierbei vom Kunden festgelegt werden. Festivals wie das Mondo

Vino-Weinfestival, das in vielen Coop-Verkaufsstellen durchgeführt wurde, unterstreichen das Erlebnis beim Einkauf.

Coop erreicht für alle Instrumente die Sicherheitszone; in Bezug auf die Standorte, den Service und das Ladenlayout erreichen etliche Filialen die Profilierungszone.

Profilierungsinstrumente des Content Retailers

Es gibt über 150 *Build-A-Bear*-Verkaufsstellen. Diese befinden sich überwiegend in den USA. In Kanada, Dänemark, England, Japan und Südkorea werden ebenfalls in geringer Anzahl Filialen betrieben. Die **Standorte** der Build-A-Bear-Läden liegen fast immer in großen Einkaufszentren, die leicht zu erreichen sind und eine hohe Kundenfrequenz aufweisen. Hinzu kommt der Online-Auftritt via www.buildabear.com. Das **Personal** besteht bei den außeramerikanischen Standorten aus Franchisees. Dies ermöglicht es, auf lokale kulturelle Gegebenheiten einzugehen, und reduziert für Build-A-Bear das Risiko bei der Expansion in ausländische Märkte. Die verwendete **Technologie** ist preisgekrönt (2002 Technology Award). Besonderheiten bezüglich der Technologie sind die einzelnen Produktionsstationen, die die Kunden im Geschäft durchlaufen und die die jeweiligen Kundenwünsche einbeziehen. Die acht Stationen sind „Choose Me", bei der ein Stofftier gewählt wird, „Stuff Me", bei der das Stofftier gefüllt wird und „Hear Me", bei der dem Stofftier elektrische Geräte eingesetzt werden, die Geräusche oder Musik erzeugen. Weitere Stationen sind „Stich Me", bei der das Stofftier zusammengenäht wird, „Fluff Me", bei der das Fell des Stofftiers bearbeitet wird, „Name Me", bei der das Stofftier benannt werden kann und der Kunde Kindergeschichten ausgedruckt bekommt sowie für das Stofftier eine „Geburtsurkunde" erhält. An der vorletzten Station, „Dress Me", kann das Stofftier bekleidet werden und die Station „Take Me Home" schließt den Prozess ab. Es dauert rund 30 Minuten, diesen Prozess zu durchlaufen. Das **Ladenlayout** ist nach den einzelnen Produktionsprozessstationen gegliedert sowie kindergerecht gestaltet. Das **Sortiment** besteht aus bereits fertigen Stofftieren, individuell gestaltbaren Stofftieren, wobei es 30 verschiedene Stofftierarten gibt (vom klassischen Teddy bis zum Stofffrosch) und einigen limitierten Sonderausgaben für Sammler. Nach jedem Feiertag werden neue Produkte eingeführt, die zum Teil auf Kundenanregungen zurückzuführen sind. Die Anzahl der Produkte ist relativ gering, da der Verfügbarkeit eine hohe Priorität eingeräumt wird und gleichzeitig die Lagerhaltungskosten gering gehalten werden sollen. Build-A-

Bear macht **Werbung** per TV-Spots, in Elternmagazinen und Kinderzeitschriften, sowie per Direktmarketing zum Beispiel per E-Mail. Bezüglich des Preises sind die einzelnen Build-A-Bear-Produkte in der mittleren Preislage angesiedelt, wobei sich – abhängig von der Auswahl der einzelnen Accessoires für das Stofftier – insgesamt ein höherer Preis ergeben kann. Als **Service** wird unter anderem durch das „Find-A-Bear Tracking System" (elektronische Registrierung) neben der Auswertung von Marktforschungsinformationen das Zurücksenden gefundener Stofftiere ermöglicht.

In Bezug auf die Zonen lässt sich sagen, dass Build-A-Bear beim Personal, der Werbung, der Standortwahl, der Technologie und dem Service die Sicherheitszone erreicht. Bei der Ladenlayoutgestaltung, und bei dem Sortiment erreicht Build-A-Bear die Profilierungszone.

Diese drei Fallbeispiele zeigen auf, welche Formen strategiekonforme Profilierungsmaßnahmen annehmen können. Im Folgenden bieten wir Ihnen Hinweise, wie auch Sie optimale Profilierungsmaßnahmen für die einzelnen Sektoren entwickeln können.

Am effektivsten erweist sich das **Zuhören.** Aber Vorsicht, Zuhören muss gelernt sein. Feargal Quinn, CEO der irischen Handelskette *Superquinn,* hat die Problematik des Zuhörens anschaulich auf den Punkt gebracht.[50] Eine uns allen bekannte Szene: In einem Restaurant macht der Oberkellner oder der Koch persönlich die Runde und fragt die speisenden Gäste, ob das Zubereitete ihnen schmeckt. Haben Sie je ein „Nein" erwidert? Wahrscheinlich nicht allzu oft – obwohl nicht selten ein kritischer Einwand durchaus angebracht wäre. Die fast schon rhetorische Frage: „Schmeckt es Ihnen?" lässt also kaum Raum offen für eine wirkliche Kundenreaktion. Das Beispiel steht stellvertretend dafür, dass das Potenzial des Zuhörens noch kaum ausgeschöpft wird und Kundenreaktionen oft missinterpretiert werden (alle Gäste haben ja bestätigt, dass ihnen die Speisen schmecken). Kunden sollten in **Kundengesprächskreisen** nicht zum Applaudieren gebracht werden, sondern Sie sollten ihnen Raum geben, um sich kritisch zu äußern. Lassen Sie sich außerdem bei der Interpretation der Kundenaussagen Zeit – eine Problemlösung ist meistens nicht auf Anhieb erkennbar.

Die nachfolgenden Hinweise zur Ermittlung von Profilierungsmaßnahmen mögen einer Binsenweisheit nahe kommen, doch erweist sich die Kundenkenntnis sehr häufig als unterschätzte Größe bei der Entwicklung von Marketingmaßnahmen. Zur Interpretation des Kundenfeedbacks sind folgende Punkte zu berücksichtigen:

1. Erwarten Sie nicht, dass Konsumenten Ihnen eine Patentlösung vorlegen, sondern suchen Sie „bloß" nach **Problembereichen,** die beim Einkaufen oder bei der Nutzung der Produkte auftreten.
2. Scheuen Sie sich dabei nicht vor **kritischen Kundenaussagen,** denn nur diese bringen Sie weiter.
3. Nutzen Sie die **kreative Ader** Ihrer Mitarbeiter, um optimale Lösungen für die vom Kunden skizzierten Problembereiche zu entwickeln; die kreative Ader ist deshalb notwendig, weil Problemlösungen häufig nicht logisch ableitbar und auf den ersten Blick erkennbar sind:

Problembereich	Lösung
Das Gemüse ist nicht frisch	Die Erhöhung der Lieferfrequenz kann das Problem nur bedingt lösen. *Kreative Lösung:* Zum Beispiel Optimierung der Belichtung, Verbesserung der Haltbarkeit, saisonale und/oder regionale Produkte.
Zu kleine Auswahl	Die Erweiterung der Sortimente kann das Problem nur bedingt lösen. *Kreative Lösung:* Zum Beispiel Verbesserung der Produktverfügbarkeit, Optimierung der Warenpräsentation, klare Kommunikation der Produkteigenschaften.
Unklare Lebensmittelsicherheit	Die Einführung von Labels/Gütezeichen kann das Problem nur bedingt lösen. *Kreative Lösung:* Zum Beispiel Angebot an regionalen Produkten, (Wurst-)Produktion in der Verkaufsstelle, Lebensmittelexperte als (Werbe-)Botschafter.

4. Sortieren Sie die Lösungen zur besseren Befriedigung der Kundenbedürfnisse nach **„strategiekonform"** und „nicht strategiekonform".
5. Verfolgen Sie die strategiekonformen Lösungen, um bei den Schwerpunktinstrumenten des gewählten Geschäftsmodells in die **Profilierungszone** vorzustoßen, und nutzen Sie nicht strategiekonforme Maßnahmen, um die Sicherheitszone bei den restlichen Instrumenten zu halten.
6. Unterscheiden Sie zwischen Lösungen, für welche Konsumenten bereit sind, etwas zu zahlen, und solchen, die nicht **verrechnet werden können.** Setzen Sie nicht verrechenbare Leistungen nur dann um,

wenn der daraus erwartete Imagegewinn größer ist als die entstehenden Kosten.

Dieser Prozess sollte am besten breit abgestützt werden. Filialleiter, mittleres Management und eventuell auch das Top-Management sollten hierbei ihre Sicht einbringen können. Die Umsetzung erfolgt schließlich über die Setzung von Meilensteinen, Vergabe von Verantwortlichkeiten und über die Ressourcenzuteilung.

Nun ist es so, dass auch eine minutiöse Erarbeitung und Umsetzung dieser Profilierungsmaßnahmen keine Garantie für die Vermeidung von Consumer Confusion darstellen. Das Confusion-Potenzial neuer und einzigartiger Profilierungsmaßnahmen kann nur bedingt vor der Umsetzung abgeschätzt werden. Ein Abgleich der Profilierungsmaßnahmen mit den normativen und strategischen Vorgaben ist zwar eine notwendige, aber noch nicht hinreichende Voraussetzung für eine Confusion-Vermeidung.

Zur Ermittlung des Consumer-Confusion-Potenzials sind zwei Hauptansatzpunkte erkennbar. Zum einen bietet sich ein *Pilotprojekt* an, zum Beispiel in Form eines einzelnen Verkaufspunktes, der entsprechend den neuen Profilierungsmaßnahmen angepasst wird. Diese Vorgehensweise ist insbesondere bei nur wenig tief greifenden Maßnahmen denkbar. Dazu zählen zum Beispiel die Einführung neuer Produkte oder der Einsatz eines neuen Kundenkartenprogramms. Von einer Laboruntersuchung ist jedoch eher abzuraten, weil die Reizstärke einer einzelnen Maßnahme immer im Kontext der gesamten Umwelt betrachtet werden muss. Bei weit greifenden Profilierungsmaßnahmen ist das Wagnis einer *großflächigen Umsetzung* einzugehen (zum Beispiel Region, Land).

Die Ermittlung von Consumer Confusion in einer Verkaufsstelle gibt Aufschluss darüber, welche Maßnahmen den Konsumenten überfordern und deshalb eine *profilierungshemmende* Wirkung ausüben. Erst wenn diese Wirkung abgebaut wird, lässt sich das ganze Profilierungspotenzial entfalten.

Wie dieses Consumer-Confusion-Potenzial ermittelt wird, soll Schritt 2 verdeutlichen.

Stufe 2: Das Consumer-Confusion-Potenzial ermitteln

Im Prinzip wäre die Ermittlung von Consumer Confusion denkbar einfach. Man nehme die im ersten Teil dieses Buches identifizierten Auslöser von Consumer Confusion und lasse den Konsumenten per Fragebogen bestimmen, wie stark er diese in einer entsprechenden Verkaufsstelle wahrnimmt. Diese Vorgehensweise greift jedoch zu kurz. Um eine unverfälschte Beurteilung der Verkaufsstelle zu erhalten, wird das Augenmerk auf Testeinkäufe gelegt. Das heißt, die Testpersonen werden mit einem Einkaufszettel ausgestattet, auf dem gebrauchsübliche Produkte aufgelistet sind, die in der Verkaufsstelle beschafft werden müssen. Im Lebensmittelbereich können diese Vorgaben zum Beispiel folgende Produkte erfüllen:

> Einkaufszettel
>
> Ein gut schmeckendes und gesundes Müsli
>
> Etwas Kalorienarmes zum Naschen
>
> Multivitaminsaft
>
> Pestizidfreie Trauben
>
> Teefilter
>
> Lachs aus der Züchtung
>
> Senf
>
> Konfitüre

Abbildung 26: Beispiel für einen Einkaufszettel

Mit dem Testeinkauf wird zum einen bezweckt, dass sich auch Konsumenten mit dem gesamten Sortiment auseinander setzen müssen, die normalerweise gewohnheitsmäßig einkaufen. Zum anderen kommt die Testperson unmittelbar mit allen Profilierungsinstrumenten in Kontakt. Nehmen wir an, ein Konsument kauft sich regelmäßig nur *Kellogg's* Corn Flakes, weil diese bereits im Kindesalter auf dem Frühstückstisch standen. Auf die Frage, wieso er gerade dieses Produkt in seinen Warenkorb gelegt hat, könnte er wahrscheinlich keine Begründung nennen – außer dass ihm das Produkt schmeckt und er es aus Gewohnheit kauft. Weil er die restlichen Produkte rund um die Kellogg's Corn Flakes gar nicht beachtet, wird er auch nicht vom Angebot verwirrt. Neue Lebenssituationen können aber den Konsumenten dazu bringen, das Sortiment neu zu entdecken. Zum Beispiel, wenn der Händler die Marke Kellogg's auslistet, die Verpackungen sich verändern, die eigenen Kinder Kellogg's Corn Flakes nicht mögen oder wenn der erwartete Besuch süßere Frühstücksmüsli präferiert. In diesen Fällen muss sich der Konsument mit dem gesamten Sortiment auseinander setzen. In dieser Situation zeigt sich, ob der Händler wirklich ein gut lesbares Sortiment anbietet.

Mit dem Testeinkauf werden genau solche Einkaufssituationen simuliert; Entscheidungssituationen, in denen sich der Konsument klar werden muss, welches Produkt seinen Bedürfnissen am besten entspricht. Mit der Vorgabe, ein gut schmeckendes und gesundes Müsli zu kaufen, wird die Testperson die angebotenen Produkte neu einschätzen müssen. Sie sieht sich aber auch mit allen anderen Profilierungsinstrumenten im Laden konfrontiert. Findet die Testperson das entsprechende Regal? Helfen Produktinformationen weiter? Sind die Hinweise auf der Verpackung glaubwürdig? Kann das Personal Auskunft geben? Ist es möglich, in Ruhe am Regal auszuwählen? Dies sind nur einige Fragen, die den Testpersonen nach dem Testeinkauf mittels Fragebogen gestellt werden. Dabei werden die Ausprägungen der Consumer-Confusion-Auslöser ermittelt.

Das so genannte **Consumer-Confusion-Radar** bildet schließlich das Ergebnis dieser Testeinkäufe ab. Das Managementtool kann auf einen Blick die profilierungshemmende beziehungsweise -unterstützende Wirkung von Profilierungsmaßnahmen aufzeigen (vgl. Abbildung 27 auf Seite 140).

Die *linke Hälfte* des Radars bildet die Neigung der Konsumenten zur Konfusion (ausgelöst durch die jeweiligen Profilierungsinstrumente) in drei unterschiedlichen Intensitäten ab. Ergibt die Marktforschung einen Wert im dunklen Bereich (Confusion 1), übt das entsprechende Instrument ein hohes Konfusionspotenzial aus und trägt somit nicht zur Profilierung bei – im Gegenteil. Eine vertiefte Analyse kann schließlich zu Tage fördern, welche Auslöser besonders für die Verwirrung verantwortlich sind. Dank der Umsetzung von geeigneten Orientierungsmaßnahmen lassen sich die Confusion-Auslöser eindämmen, wodurch das Profilierungspotenzial vollständig ausgeschöpft werden kann.

In den dunklen Bereich würden wahrscheinlich bei den meisten Händlern ihre Aktivitäten im Bereich der Gütesiegel fallen. Dieser an sich schlaue Schachzug zur Unterstützung der Kaufentscheidung hat vielerorts zu

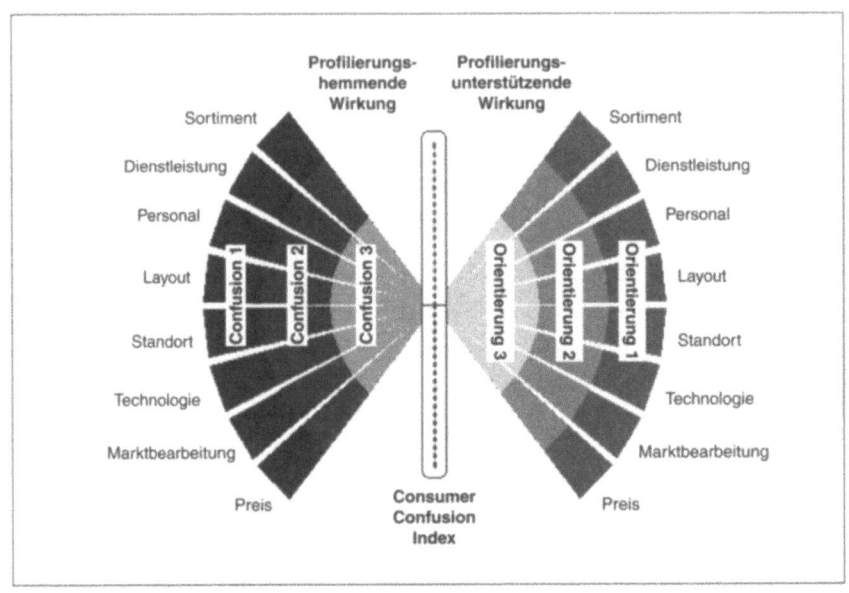

Quelle: Schweizer, M: Consumer Confusion im Handel, Schesslitz 2004.
Abbildung 27: Consumer-Confusion-Radar

einem wahren Label-Salat geführt. Weil erstens die Anzahl der Produktlabels in den vergangenen Jahren geradezu explodiert ist und weil zweitens die gebündelten Informationen hinter der Produktkennzeichnung vom Konsumenten nicht eindeutig verstanden werden, wird die Profilierungswirkung der Labels aufgehoben. Dieses Beispiel verdeutlicht, dass an sich gut gemeinte und innovativ angedachte Profilierungsmaßnahmen – je nach deren Umsetzung – sogar eine verwirrende Wirkung auf den Konsumenten ausüben und damit die Profilierung eines Handelsunternehmens hemmen können.

Die *rechte Hälfte* des Radars zeigt an, inwieweit die umgesetzten Profilierungsmaßnahmen des Händlers für den Konsumenten eine profilierungsfördernde Wirkung besitzen. Als Beispiel kann hier die Verpackungslösung des führenden Schweizer Einzelhändlers, der *Migros,* für die verschiedenen Kartoffelsorten vorgebracht werden. In der Vergangenheit wurde fälschlicherweise angenommen, dass die Kartoffelsorte an sich ein Differenzierungsargument darstellt. Es war für Laien jedoch schwierig zu erahnen, welche der unzähligen Kartoffelsorten für ein Kartoffelpüree, für Bratkartoffeln oder Rösti geeignet sind. Mit der unterschiedlichen Farbgebung der Verpackungen (blau = festkochend, grün = mehlig) wurde dem Konsumenten die Wahl erleichtert.

Es erscheint wahrscheinlich, dass jede Neuerung in einer Verkaufsstelle zuerst für Verwirrung sorgt, weil sich Konsumenten umorientieren müssen. Demzufolge muss bei der Umsetzung von innovativen Profilierungsmaßnahmen immer mit einem Pendelausschlag in die Confusion-Zone gerechnet werden. Ziel muss es jedoch sein, dass das Pendel nicht zu stark ausschlägt und insbesondere nicht *mittel- oder sogar langfristig* in diesem Bereich bleibt. Flankierende Maßnahmen, zum Beispiel die kurzfristige Bereitstellung von erhöhten Personalressourcen bei der Einführung einer neuen Leistung, können auch einen kurzfristigen Ausschlag des Pendels abfedern.

Das Ziel eines Einzelhändlers muss es sein, alle Profilierungsinstrumente mindestens in die rechte Zone der Grafik zu bringen. Je nach grundsatzstrategischer Ausrichtung müssen schließlich einzelne Profilierungsinstrumente in den dunklen Bereich rechts (Orientierung 3) vorstoßen. Eine längerfristige Beobachtung dieses Radars ermöglicht die Überprüfung der Effektivität der umgesetzten Profilierungsmaßnahmen und wird, verknüpft mit anderen Instrumenten der Marktforschung, dabei helfen, bestehende Kunden optimal zu pflegen und verlorene Kunden wieder zurück zu gewinnen sowie höhere Verkaufspreise zu erzielen.

Der Thermometer in der Grafikmitte stellt den so genannten **Consumer-Confusion-Index** dar, der die einzelnen Werte der Profilierungsinstrumente in einer aggregierten Form abbildet. Diese Darstellungsform kann im Rahmen einer Balanced Scorecard auch dazu dienen, konkret messbare Ziele zu formulieren und das Unternehmen auf deren Erfüllung hin auszurichten.[51]

1. Mit dem Consumer-Confusion-Index lässt sich zum einen ein **Benchmark zwischen den einzelnen Filialen** erstellen. Insbesondere die Veränderungen innerhalb von Jahresfrist sind hierbei aussagekräftig. Welche Orientierungsmaßnahmen haben besonders Anklang gefunden? Zu berücksichtigen ist, dass Consumer Confusion nicht von der Größe der Verkaufsstelle abhängig sein muss. Das heißt, die Produktanzahl im engeren Sinne ist nicht unbedingt ausschlaggebend für die Wahrnehmung zum Beispiel einer zu großen Produktvielfalt. Vielmehr kann zum Beispiel eine zu kompakte Artikelbestückung der Filiale oder eine Sortimentierung mit „überflüssigen" Produkten dazu führen, dass Konsumenten die Auswahl als zu umfangreich einschätzen.

Den orientierungsfreundlichen Filialen ist es gelungen, ihre Konsumenten prägnant zu informieren. Eine Kaufentscheidung wird primär nicht durch mehr Informationen effizienter, sondern sie wird durch gezielte Hinweise unterstützt. Die vielen Hinweisschilder, die von der Decke herunterhängen oder an den Regalen angebracht sind, werden vom Konsumenten in einer verwirrenden Verkaufsstelle kaum beachtet. Dem Argument, dass eine Konsumentenschaft mit heterogenen Bedürfnissen unterschiedlich angesprochen werden muss, kann zwar allgemein zugestimmt werden. Wird jedoch versucht, diese unterschiedlichen Bedürfnisse oder Motive allesamt in einer Verkaufsstelle zu befriedigen, entsteht eine Informationsvielfalt. Es wirkt für den Konsumenten erschwerend, aus den vielen Informationen diejenigen zu selektieren, die für ihn bestimmt sind.

Diese globale Sicht zeigt, dass die Auslöser für Verwirrung sehr vielschichtig sind. Dabei ist zu beachten, dass die Handelsleistungen aus einer subjektiven Perspektive der Konsumenten zu betrachten sind. Diese vielerorts vernachlässigte Logik kommt insbesondere bei der Produktvielfalt zum Tragen, da auch in Kleinfilialen ein Überfluss an Produkten von den Probanden festgestellt werden kann.

2. Zum anderen lässt sich mit dem Consumer-Confusion-Index die **Kundenstruktur** einer Verkaufsstelle ermitteln.

Abbildung 28 (siehe Seite 143) gibt eine Drei-Gruppenlösung des Consumer-Confusion-Index wieder, die im Rahmen unserer Forschungsarbeiten entstanden ist.[52]

In *Gruppe 1 (Consumer Orientation)* sind Probanden vereint, die sich in einer Verkaufsstellenumwelt gut zurechtfinden. Sie zeichnen sich dadurch aus, dass sie die Consumer-Confusion-Auslöser weniger stark wahrnehmen als Konsumenten der beiden anderen Gruppen. Dies mag einerseits daher rühren, dass die orientierten Konsumenten nach Abwechslung und überraschenden Reizen suchen und daher eine relativ hohe Toleranzschwelle bezüglich Unsicherheiten besitzen. Diese Konsumentenschicht ist daher empfänglich für neue Leistungen und Botschaften. Andererseits ist es auch möglich, dass sich diese Konsumenten erfolgreich gegenüber Consumer-Confusion-Auslösern abzuschirmen vermögen und dadurch einer denkbaren Verwirrung vorbeugen. Eine Abschirmung ist vor allem durch die Umsetzung von Reduktionsstrategien möglich.

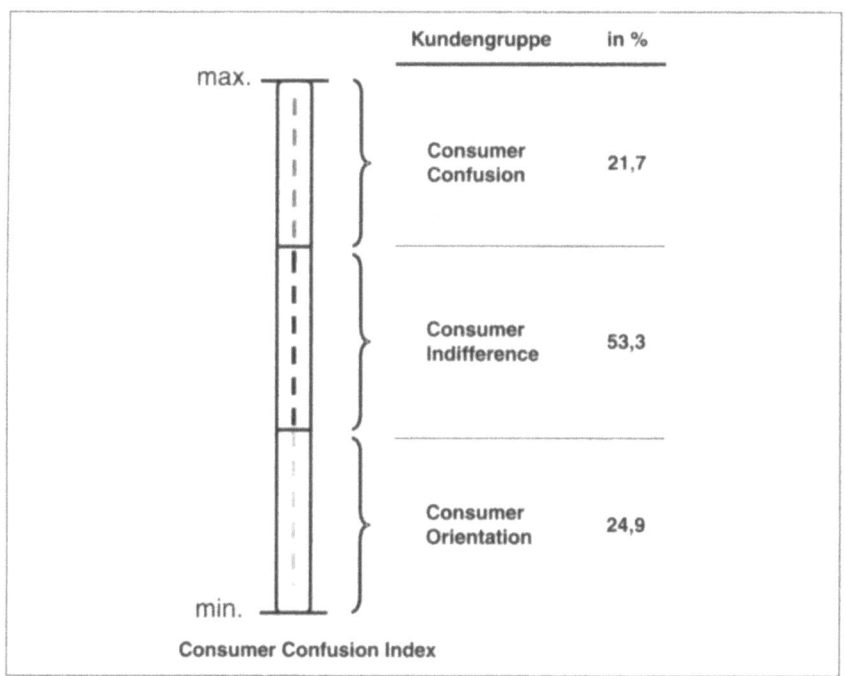

Abbildung 28: Indexgruppenbildung

Die *Gruppe 2 (Consumer Indifference)* zeichnet sich durch eine Indifferenz gegenüber Consumer-Confusion-Auslösern aus. Die Auslöser werden im Vergleich zur Gruppe 1 zwar stärker wahrgenommen, doch wird die erhöhte Verwirrung in einer Verkaufsstelle als „notwendiges Übel" beim Einkaufen betrachtet. Indifferente Konsumenten haben sich mit dem suboptimalen Zustand der Verkaufsstellenumwelt abgefunden und teilweise arrangiert. Dies bedeutet jedoch, dass weder eine Kundenbegeisterung noch eine Motivation vorhanden ist, sich mit dem Leistungsangebot intensiver auseinander zu setzen. Indifferente Konsumenten sind demnach nur bedingt empfänglich für neue Leistungen oder neue Botschaften.

Verwirrte Konsumenten sind schließlich in der *Gruppe 3* zusammengefasst. Für diese Gruppe stellt die hohe Informationsrate eine deutlich negative Beeinflussung der Entscheidungseffizienz dar. Obwohl Reduktionsstrategien angewendet werden, sind diese Konsumenten den Confusion-Auslösern stärker ausgesetzt.

Ziel sollte es sein, die Anzahl Probanden in der Gruppe 3 (in Abbildung 28 sind dies 21,6 Prozent) mit optimalen Orientierungsmaßnahmen einzugrenzen. Auf der anderen Seite gibt diese Einteilung in drei Gruppen Aufschluss darüber, wie offen die Konsumenten für neue und vielfältige Leistungen sind.

Nun sind in Schritt 1 die Profilierungsmaßnahmen und in Schritt 2 die Confusion-Auslöser durch die Konsumenten bewertet worden. Kombiniert man die zwei Schritte, ergibt sich die folgende Matrix (vgl. Abbildung 29).

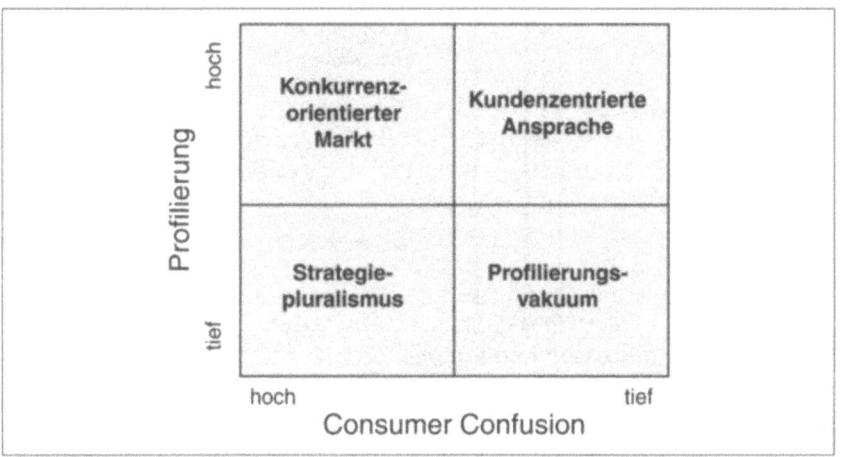

Abbildung 29: Zusammenspiel Profilierung – Consumer Confusion

Folgende Beziehungen zwischen Profilierungsleistung und Consumer-Confusion-Potenzial können angenommen werden:

1. Kundenzentrierte Ansprache

hohe Profilierung/tiefe Consumer Confusion:

- optimal auf den Konsumenten abgestimmte Profilierungsmaßnahmen
- *Aldi* besitzt eine hohe Profilierung, weil der Discounter sich klar als Preisführer positioniert hat und dies in eindeutigen Botschaften dem Konsumenten vermittelt. Weil der Kunde bei Aldi jederzeit genau das erhält, was er erwartet (asketische Einrichtung, stark selektiertes Sortiment, niedrige Preise etc.), besteht kein hohes Confusion-Potenzial – im Gegenteil; für den Konsumenten ist Aldi berechenbar und leistet deshalb einen honorierten Dienst am Kunden.

2. Profilierungsvakuum

tiefe Profilierung/tiefe Consumer Confusion:

- Hier besteht ein Profilierungsvakuum, das mit gezielten Marketingmaßnahmen gefüllt werden sollte.
- Häufig fallen ehemalige Staats- und/oder Monopolbetriebe in diese Kategorie, weil die konsequente Orientierung an den Kundenbedürfnissen meistens (noch) nicht Teil der Unternehmenskultur ist. Sinnbildlich für das Profilierungsvakuum stehen die kaum an den Bedürfnissen der Kundschaft ausgerichteten Schalteröffnungszeiten der Post oder der immer noch umständliche Verkauf von Fahrscheinen bei den europäischen Bahngesellschaften. Tickets, die nur für eine ganz bestimmte Fahrstrecke und an bestimmten Tagen gültig sind, schränken die Bewegungsfreiheit der Konsumenten unnötig ein. Vielleicht möchte ich ja am Abend nach dem Ausflug in die Westschweiz gar nicht mehr dieselbe Strecke in die Ostschweiz zurückfahren. Mit einem herkömmlichen Rückfahrschein ist der Fahrgast jedoch dazu gezwungen. Spontane Planänderungen sind bei der Bahn nicht erwünscht. Wieso werden nicht Bahnkarten mit integrierten Chips abgegeben, die das Ein- und Aussteigen jeweils registrieren und automatisch die Kosten auf dem Konto belasten? Die Technologie wäre zumindest vorhanden.

3. Konkurrenzorientierter Markt

hohe Profilierung/hohe Consumer Confusion:

- Orientieren sich Händler in einem wettbewerbsintensiven Markt stärker an der Konkurrenz, ergibt dies zunächst eine starke Angleichung der Leistungen und schließlich ein höheres Confusion-Potenzial, weil die Leistungen häufig nicht auf den Kunden ausgerichtet sind. Gleichen sich die Verkaufsstellen an, besitzt der Konsument kaum noch eine Wahlalternative (keine Exit-Möglichkeit). Weil der Konsument keinen Vergleich zu einem bedeutend besseren Konkurrenten ziehen kann, schneidet die Verkaufsstelle – trotz hohen Confusion-Potenzials – verhältnismäßig gut ab.
- Weil sich der Konsument an bestimmte Confusion-Auslöser (zum Beispiel komplizierte Loyalitätsprogramme, Produktvielfalt) gewöhnt oder diese ignoriert, kann er sich meistens der Verwirrung entziehen. Für den Handel kann dies jedoch negative Folgen haben. Marktforschungsergebnisse signalisieren dem Unternehmen zwar eine hohe Profilierung, die hohe Consumer Confusion, die noch kaum gemes-

sen wird, führt aber häufig zu Kaufzurückhaltung, oder Konsumenten beachten neue Marketingaktivitäten gar nicht mehr. Dies hat zur Folge, dass die Investitionen in Werbung und Marketingprogramme häufig nutzlos verpuffen. Außerdem hält sich der Konsument – sobald der Einkauf zur Pflicht wird – mit Zusatzkäufen stark zurück.

4. Strategiepluralismus

tiefe Profilierung/hohe Consumer Confusion:

- Die starke Ausprägung der Verwirrungsauslöser trägt dazu bei, dass die Profilierung nicht zur Geltung kommt.
- Wie bereits im ersten Teil dieses Buches dargelegt, führt die erschwerte Identifikation von Kaufmustern oft zu einer ungezielten Ansprache sämtlicher Konsumenten. Die Botschaften verlieren dabei ihre Wirkung, weil sich niemand richtig angesprochen fühlt.

Beispielsweise wird für die Bewerbung von Mineralwasser ein hoher Werbe- und Marketingetat ausgegeben, weil die Warengruppe eine starke Wachstumsdynamik verspricht. Doch für was stehen zum Beispiel die Marken *Evian, Aquarell, San Pellegrino, Gerolsteiner* oder *Perrier?* Welche Konsumentenschicht sprechen diese an? Die Werbung vermag zwar eine gewisse emotionale Bindung aufzubauen, doch schließlich bleibt der Konsument bei einer Marke und kauft diese gewohnheitsmäßig ein – und ignoriert die Werbeleistungen. Die wirklichen Unterschiede zwischen den Mineralwässern, nämlich unter anderem der Gehalt an Kalzium oder Magnesium, dürften wahrscheinlich den wenigsten Konsumenten geläufig sein.

Nachdem nun aufgezeigt wurde, wie das Consumer-Confusion-Potenzial ermittelt werden kann, geht es im Folgenden darum, wirkungsvolle Orientierungsmaßnahmen zu identifizieren.

Stufe 3: Vereinfachende Orientierungsmaßnahmen definieren

Es bedarf eines kreativen Aktes, um für die identifizierten kritischen Confusion-Faktoren Orientierungsmaßnahmen zu definieren. Diese Maßnahmen sind situativ auszurichten und müssen in ihrem Kern eine *vereinfachende* Funktion besitzen. Dabei ist insbesondere zu beachten, dass Orientierungsmaßnahmen immer auch im Kontext und im Zusammenwir-

Rang	Consumer-Confusion-Auslöser	Lösungshinweise
1	**Produktvielfalt**	• Optimierung der Anzahl Artikel/Marken im Sortiment • Konstantes Kernsortiment, variables Peripheriesortiment • Orientierungspunkte für Verbundpräsentationen
2	**Informationsflut**	• Farbliche/gestalterische Differenzierung von „Motivleistungen" • Entscheidungsunterstützende Informationspräsentation • Bildzeichen und farbliche Markierungen • Deskriptive Metaproduktbezeichnungen
3	**Fehlende Qualitätshinweise**	• Stringentes Preislagenmanagement • Personal: Entflechtung Auskunfts- und Regalfüllfunktion • Produktdegustation
4	**Diffuse Labelpolitik**	• Paradigmawechsel vom Status-quo-Label zum dynamischen Label

Abbildung 30: Lösungshinweise für die vier kritischsten Confusion-Auslöser

ken mit anderen Umweltreizen zu betrachten sind. Eine isolierte Maßnahme zum Beispiel zur Eindämmung der wahrgenommenen Produktvielfalt kann nur dann eine Wirkung entfalten, wenn auch die Charakteristika aller anderen Profilierungsmaßnahmen berücksichtigt werden. So hat eine Reduktion des Sortiments wahrscheinlich kaum Erfolg, wenn nicht auch die Warenpräsentation angepasst wird oder die Frequenz der Sortimentsveränderungen kritisch hinterfragt wird.

Die nachfolgenden operativen Hinweise zu den vier kritischsten Confusion-Faktoren (gemäß Analyse unserer Studie[53]) sollen vor allem dazu dienen, Handlungsmöglichkeiten *anzudeuten*, die zu einer erhöhten Orientierung in einer Verkaufsstelle verhelfen können. Im Idealfall werden in die Diskussion zur Gewinnung von Orientierungsmaßnahmen das mittlere Management und die Filialleiter einbezogen.

Produktvielfalt auf die Kernbedürfnisse des Kunden ausrichten

Eine Orientierung in der Verkaufsstelle ist nur dann zu erreichen, wenn nicht alles für jeden angeboten wird, sondern der Einzelhändler eine Vorselektion für seine Kundschaft vornimmt. Vielfach bleibt diese **Optimierung des Sortiments** aus, weil ein Teilverlust der Kundschaft beziehungsweise eine Einbuße des Unternehmensimages befürchtet wird. Produktvielfalt, so die Argumentation, erhöht die Chance, dass Konsumenten ihr präferiertes Produkt in der Verkaufsstelle finden, unentschlossene Konsumenten ebenfalls befriedigt oder Neukunden gewonnen werden können.

Die Ausführungen im ersten Teil dieses Buches legen jedoch nahe, dass die Produktvielfalt und -ähnlichkeit eine steigende Zahl von Konsumenten überfordern und deshalb kaum zu ungeteilt positiven Imageeffekten führen. **Die Bestückung der Verkaufsstelle mit Produkten muss sich deshalb wieder an einzelnen vom gewählten Geschäftsmodell abgeleiteten Kernbedürfnissen der Kunden orientieren.** Eine Vermengung der drei Kaufmotive Preis, Produkt und Service im Rahmen des Wareneinkaufs stellt den Initialpunkt für die Überforderung an der Verkaufsfront dar. Denn die Produkte, die die unterschiedlichen Hauptmotive zu befriedigen vermögen, ziehen eine Armada von flankierenden Marketingmaßnahmen nach sich, die einander konkurrenzieren und deshalb einen verwirrenden Informationsteppich in der Filiale auslegen.

Eine Produktvielfalt wird von Konsumenten oftmals nur deshalb (vermeintlich) gefordert, weil die vorherrschenden diffusen Unternehmensprofile keine Indizien für die Verfügbarkeit der gewünschten Produkte bieten. Deshalb werden eher Händler mit vielfältigen Sortimenten aufgesucht. Ein klares Unternehmensprofil erfordert keine extensiven Sortimente mehr und könnte die Neigung zur Verwirrung vermindern. Deshalb:

Sechs Tipps zur Optimierung des Sortiments

1. Achten Sie darauf, dass die zentralen Botschaften des gewählten Geschäftsmodells allen Mitarbeitern bekannt sind und über Symbole immer wieder ins Gedächtnis gerufen werden.

2. Einkäufer stellen die erste Instanz für die Umsetzung des Geschäftsmodells dar. Sorgen Sie dafür, dass die Produkte (neben anderen Vorgaben) eindeutig den Kaufmotiven der Kernkundschaft entsprechen.

3. Nehmen Sie Ihre Selektionsfunktion wahr! Vermeiden Sie möglichst die Listung von gleichwertigen Produktalternativen.

4. Es ist notwendig, den Erfolg neuer Trendprodukte abzuschätzen, bevor diese dem Konsumenten zur Wahl vorgelegt werden. Die Entscheidung, ob ein Produkt Erfolg versprechend sein könnte, muss wieder vom Management getroffen werden. Das letzte Wort wird natürlich immer noch der Konsument haben, er wird aber nicht mehr als Testperson missbraucht.

5. Lassen Sie wieder vermehrt die Produkte für sich sprechen – in einem Wirrwarr von Werbebotschaften gehen diese oft unter. Dies setzt natürlich voraus, dass Sie Produkte mit einer starken Aura anbieten.

6. Schulen Sie Ihr Verkaufspersonal. Falls die Produkte doch nicht vollständig für sich sprechen, muss das Personal kompetent einspringen können.

Heute führen die meisten Handelsunternehmen ein sehr umfangreiches Sortiment. Konsequenz wäre ein mehr oder weniger radikaler Schnitt im Umfang des Sortiments. Eine Reduktion des Produktstamms würde für die meisten Händler jedoch einen schmerzhaften Einschnitt in das Selbstverständnis ihrer Händlertätigkeit darstellen. Kann eine Sortimentsreduktion überhaupt zum Erfolg führen oder kommt die Forderung etwa gar einer Utopie gleich?

Standpunkt: Reizwort „Sortimentsreduktion"

Es existieren mehrere einschlägige Forschungsarbeiten, die bescheinigen, dass eine gezielte Reduktion von Produkten nicht zu negativen Imageeffekten führt und sogar Mehrumsatz generieren kann.[54]

Boatwright und Nunes haben in ihrer Studie zum Beispiel 42 Produktkategorien unter die Lupe genommen. Dabei konnte bei fast der Hälfte dieser Kategorien nach einer Sortimentsredutkion ein Umsatzplus von über zehn Prozent registriert werden. Die restlichen Produktgruppen wiesen immer noch ein Plus von durchschnittlich vier Prozent aus.[55] Bei den Selektionskriterien für die Sortimentsreduktion wurden isoliert betrachtet die umschlagsschwächsten Marken, Geschmacksrichtungen sowie Produkte mit den niedrigsten Marktanteilen reduziert. Der Umsatz stieg nach erfolgter Reduktion um 25 Prozent, 18 Prozent respektive 15 Prozent.

Eine Sortimentsreduktion birgt immer auch die Gefahr, dass ein Teil der Konsumenten ihre lieb gewonnenen Produkte nicht mehr auffinden und dadurch einen geringeren Durchschnittsbon aufweisen oder gar zur Konkurrenz wechseln. Boatwright und Nunes haben aber auch beobachtet, dass der Großteil der Konsumenten einen höheren Kassenbon auswies. Dieser größere Warenkorb überstieg schließlich den Verlust, den die Verkaufsstelle durch verlorene Konsumenten hinnehmen musste, die eine größere Auswahl bei der Konkurrenz aufsuchten. Außerdem haben fast 40 Prozent derjenigen Konsumenten, die ihr präferiertes Produkt aufgrund der Reduktion nicht mehr vorgefunden haben, ein alternatives Produkt gewählt. Dieses Ergebnis zeigt, dass die Befürchtung eines Umsatzeinbruchs nach erfolgter Sortimentsreduktion unbegründet ist.

Durch den Verlust einer marginalen Konsumentenschaft infolge einer Sortimentsoptimierung findet eine Selbstselektion statt. Das heißt, klar ausgerichtete Unternehmen ziehen mehrheitlich Konsumenten an, die bestimmte Bedürfnisse befriedigen möchten. Dies bedeutet schließlich auch, dass diese Bedürfnisse gezielter und besser befriedigt werden können. Ein Konsument, der innovative Produkte sucht, wird kaum eine *Aldi*-Verkaufsstelle aufsuchen. Aldi versucht aber auch nicht, diese Konsumenten ebenfalls anzusprechen, sondern konzentriert sich ausschließlich auf preisbewusste Kunden. Erfolgsentscheidend ist schließlich, dass ein Laden mit einigen wenigen Bedürfnissen assoziiert wird. Wieso geht ein Kunde zu *Karstadt, Wal-Mart* oder *Migros* einkaufen? Wenn eine Konsumentenbefragung Hinweise auf ein

Hauptbedürfnis ergibt, das in der Verkaufsstelle befriedigt wird, ist die Umsetzung einer Erfolg versprechenden Strategie gelungen.

Wird alles für jeden angeboten, findet auf der anderen Seite keine Selbstselektion statt, und infolgedessen kann der Händler auch nicht zielgerichtet kommunizieren. Der Konsument wird deshalb mit vielen Leistungsangeboten konfrontiert, die für ihn keine Relevanz besitzen. Demzufolge kann eine globale Ansprache weder den Händler noch den Konsumenten wirklich befriedigen. Während Händler sich mit einer inneren Komplexität auseinander setzen müssen (zum Beispiel Beschaffung eines umfangreichen Sortiments), wird der Konsument mit der Kaufentscheidung oft überfordert.

Diese theoretische Erkenntnis wird durch folgendes Praxisbeispiel veranschaulicht.

Mit weniger zu mehr: Unilever's Path-to-Growth-Program

Unilever hat mit dem Path-to-Growth-Program auf die steigende Komplexität, die durch die Vielzahl an (regionalen) Marken organisch gewachsen ist, reagiert. Das Sortiment wurde von 1 600 auf 400 wirklich umsatzrelevante Marken reduziert. Dabei wurden in jedem bearbeiteten Land die stärksten zwei Marken einer jeweiligen Warenkategorie (insgesamt führt Unilever 14 Kategorien) für die Weiterführung qualifiziert. Davon waren ein Drittel globale Marken (zum Beispiel *Dove* und *Knorr),* die zwei Drittel des Umsatzes generieren, und zwei Drittel lokale Marken. Der Sortimentsschnitt führte dazu, dass der operative Cashflow der Unternehmung von 2,5 Mrd. Euro auf 4 Mrd. Euro hoch schnellte. Dazu beigetragen haben dürfte einerseits die Verringerung der internen Komplexität. Zum Beispiel sind gleiche Produkte, die in unterschiedlichen Ländern unter anderen Marken geführt wurden, harmonisiert worden. Anstatt Werbebotschaften oder Verpackungsgestaltungen für 1 600 Marken zu lancieren, müssen plötzlich nur noch deren 400 koordiniert werden. Andererseits ist durch die Reduktion auch für den Konsumenten eine Vereinfachung eingeleitet worden. Umsatzschwache Marken wurden ausgelistet, wodurch die Produktauswahl für Konsumenten einfacher wird. Auch für Einkaufstouristen schafft die Harmonisierung der Marken eine erhöhte Orientierung. Im Bereich Tiefkühl-Gemüse und -Fisch ist Unilever zum Beispiel in zehn europäischen Ländern mit unterschiedlichen Marken *(Birds Eye, Iglo* und *Findus)* und Logos aufgetreten. Die Vereinheitlichung des Erscheinungsbildes dürfte einerseits dem Kunden Orientierung verschaffen und andererseits dem Konzern Synergien bei der Vermarktung eröffnen.

Bei der Sortimentsoptimierung sind zusätzlich auch jene Aspekte zu berücksichtigen, die unabhängig von der Artikelzahl zur Beurteilung der Produktauswahl beitragen. Damit kann sichergestellt werden, dass keine negativen Imageeffekte entstehen. Folgende Indikatoren sind einzeln oder im Verbund zentral bei der Wahrnehmung der Produktvielfalt:[56]

- Verfügbarkeit der präferierten Produkte,
- Produkte unterschiedlicher Hersteller,
- Warenpräsentation,
- atypische Produkte für eine limitierte Zielgruppe (zum Beispiel Light-Produkte),
- unterschiedliche Produktqualitäten,
- Anzahl akzeptabler Produktvarianten,
- die der Produktkategorie zugewiesene Regalfläche.

Eine zahlenmäßige Sortimentsreduktion kann demzufolge durch diese Indikatoren „aufgefangen" werden; zum Beispiel indem den verbleibenden Produkten mehr Regalfläche zugewiesen wird oder bei der Sortimentierung nur wenige Kaufmotive Berücksichtigung finden.

Sortimentsveränderungen werden von Konsumenten allgemein als kritisch eingestuft. Diese Veränderungen sind aber meistens nicht auf Sortimentsreduktionen zurückzuführen, sondern geschehen oftmals im Rahmen von Produktneueinführungen. Dies deutet jedoch nicht darauf hin, dass der Konsument überhaupt keine Abwechslung möchte. Es kann davon ausgegangen werden, dass Konsumenten beim Lebensmitteleinkauf einerseits aus Gewohnheit auf ein Kernsortiment zurückgreifen und andererseits außerhalb dieses Kernsortiments, nämlich in einem Peripheriesortiment, immer wieder neue Produkte ausprobieren und damit ein Abwechslungsbedürfnis befriedigen möchten.

Für viele Konsumenten strahlt ein beständiges Kernsortiment eine gewisse Konstanz aus, die eine Orientierung entstehen lässt. Beim schottischen Kekshersteller *Walkers Shortbread* bietet zum Beispiel die Verpackung mit dem roten schottischen Kilt einen hohen Wiedererkennungswert.

Selbsterneuerung unter Beibehaltung der Tradition: Walkers Shortbread

Ein Kernsortiment, wozu natürlich die *Shortbread Highlanders* und *Stem Ginger Shortbread* gehören, wird flankiert von einem Peripheriesortiment, das immer wieder neue Trends aufgreift. Zum Beispiel wurden jüngst Shortbread in Tierformen auf den Markt gebracht, um speziell Kinder anzusprechen. Da das konstante Kernsortiment über Jahre hinweg die Marke Walkers Shortbread zum Synonym für schottisches Gebäck mit den besten Rohmaterialien, unter Verzicht auf Aroma- und Farbstoffe und der Beibehaltung traditioneller Backmethoden werden ließ, kann auch ein abwechslungsreiches Peripheriesortiment geführt werden, ohne den Konsumenten zu verwirren.

Quelle: Top Food, Walkers Shortbread, Heilbronn.
Abbildung 31: Walkers Shortbread

Die Anzahl der Artikel im Peripheriesortiment bleibt dabei jedoch in einem überschaubaren Rahmen. Shortbread hat damit den Spagat zwischen Tradition und Selbsterneuerung in einem Sortiment geschafft, ohne die Marke als Orientierungsmerkmal für den Konsumenten zu verwässern. Shortbread zählt zu den Exportschlagern auf der britischen Insel.

Analog zu den Systemzeitrhythmen (vgl. Abbildung 18) braucht es eine Konstante (äußere Zwiebelschale), damit andernorts eine Flexibilität (innere Zwiebelschale) ermöglicht werden kann.

Die bereits eingangs erwähnte Verkürzung der Innovationsrhythmen im Handel und die beobachtbare Differenzierungstendenz führen jedoch dazu, dass vermehrt auch das Kernsortiment vieler Konsumenten ständigen Veränderungen unterworfen ist. Plastisch dargestellt könnte dies bedeuten, dass *Nivea* die jahrzehntelang ähnlich gehaltene Verpackungsgestaltung verändert und anstatt einer blauen runden Dose eine eckige violette Plastikdose einführen würde – einfach weil zur Zeit violett und Plastik hipp ist. Nur: Violett und Plastik sind wahrscheinlich nicht zeitlos und dürften bei der nächsten Rochade im Produktmanagement wieder eine Veränderung erfahren. Solche (visuellen) Veränderungen, die dem Konsumenten kaum einen Mehrnutzen bieten, bergen die Gefahr, dass der Wiedererkennungswert und damit auch die Produktloyalität sinken.

Einprägsamkeit und Einfachheit können insbesondere durch eine verstärkte Berücksichtigung von Schlüsselinformationen erreicht werden. Als Beispiel für Schlüsselinformationen kann exemplarisch auf ein langfristiges Markenmanagement hingewiesen werden. Sowohl das Corporate- als auch Product-Branding ist in der Lage, Informationen stark zu bündeln und diese mit dem Markennamen auch emotional zu vermitteln. Beständige Marken geben vielen Verbrauchern Orientierung und Sicherheit in einer hektischen Umwelt voller Optionenvielfalt.[57] Diese Produkte unterscheiden sich durch emotionale Kundenerlebnisse vom bestehenden Produktüberfluss und bieten dem Kunden eine standardisierte Leistung mit gleichbleibender oder verbesserter Qualität zur Erfüllung der bestehenden Bedürfnisse.[58] Vor allem langfristig ausgerichtete Produkt- und Nutzenstrategien unterstützen diese Produktvertrautheit der Konsumenten.

Das Beispiel von *Walker Shortbread* zeigt auch, dass ein Hochhalten von Traditionen nicht einen Stillstand oder eine Verstaubung bedeuten muss. Auch Nivea ist mit der blauen runden Dose immer noch erfolgreich, weil der Inhalt immer den sich veränderten Schönheitsbedürfnissen der Kundschaft angepasst wurde. Es braucht konstante Elemente, an denen sich der Konsument orientieren kann, um andere Elemente erfolgreich dem Zeitgeist anzupassen.

Strukturgebend wirken außerdem **Verbundpräsentationen** oder bedarfsorientierte Sortimentsstrukturen, die bei Einzelhändlern mittlerweile mehrheitlich umgesetzt worden sind. Eine Bedürfnisstruktur ist jedoch nicht hinreichend, wenn bloß das Thema Frühstück im Verbund präsentiert wird. Die Produkte dieser Themenwelt müssen außerdem einem bestimmten Kaufmotiv der Konsumenten entsprechen, damit eine erhöhte Entscheidungseffizienz erreicht werden kann. Erst wenn die Verbundpräsentation von Kaffee, Croissants, Milch und Zucker auf die Bedürfnisse von preis-, produkt- oder serviceorientierten Konsumenten zugeschnitten ist, bewirkt dies eine kognitive Entlastung und kann unter Umständen für Zusatzkäufe sorgen.[59] Eine Doppelplatzierung von Produkten ist dabei eher kritisch zu bewerten, weil dadurch die Wahrnehmung der Produktvielfalt negativ beeinflusst werden kann. Damit die Verbundpräsentationen für den Kunden leicht erkennbar werden, sind **Orientierungspunkte** einzurichten. Dies kann zum Beispiel durch eine markante POS-Gestaltung (zum Beispiel mit der Figur eines Fischers über der Fischtheke) erreicht werden oder etwas dezenter durch eine farbliche Gestaltung und räumliche Abgrenzung der jeweiligen Themeninseln. So genannte Kundenleitsysteme bergen jedoch immer auch die Gefahr, dass mit zu vielen verschiedenen gestalterischen Elementen gearbeitet wird (zum Beispiel Bildhinweise, Schilder), sodass der Orientierungseffekt nicht zum Tragen kommt. Ein effektives Kundenleitsystem zeichnet sich durch seine gute Einprägsamkeit und Einfachheit aus.

Entscheidungsunterstützende Informationen anbieten

Werden Konsumenten danach gefragt, ob sie in einer Verkaufsstelle genügend Informationen für die Unterstützung ihrer Kaufentscheidung erhalten, dürfte die Frage häufig mit einem Nein beantwortet werden. Diese Antwort darf jedoch nicht missinterpretiert werden; oder in andern Worten, das Aussenden von noch mehr Informationen verleiht dem Konsumenten kaum eine bessere Orientierung. Konsumenten verlangen meistens nur deshalb nach mehr Informationen, weil die wirklich hilfreichen Hinweise fehlen. Deshalb darf das Nein nicht als Forderung gewertet werden, *mehr*, sondern es geht darum, die *richtigen* Informationen zur Verfügung zu stellen. Dabei kann weniger manchmal mehr sein. Es geht um eine Informationsverknappung. Damit ist nicht eine Vorenthaltung, sondern die „Verwesentlichung" von Informationen zu verstehen. *Dadurch soll das Relevante nicht in der Vielfalt untergehen.*

Informationen nach dem Cafeteria-Prinzip zu offerieren ist zwar für den Anbieter am wenigsten aufwendig, weil er die verschiedenen Botschaften nur kumulieren muss (zum **Beispiel ein Deckenhänger oder eine Regal**beschriftung mehr) und dem Konsumenten die Informationsauswahl überlässt. Die Aufmerksamkeit des Konsumenten sinkt jedoch, je mehr Botschaften ihm angeboten werden. Das heißt aber auch, dass die Kaufentscheidungen ineffizienter werden, weil relevante Informationen nicht vorhanden sind.

Folgendes Beispiel soll dieses Informationsdilemma verdeutlichen. Will man sich beim Kauf von AA-Batterien (das sind die kleinen schmalen Batterien) wirklich mit den Spezifikationen der einzelnen Marken befassen, besitzt der Kunde höchstwahrscheinlich zu wenig Informationen, um sich richtig zu entscheiden. Welche Batterie ist nun geeignet für den Einsatz in einer Taschenlampe oder für den Walkman? Neben der Marke (Energizer, Duracell etc.) sind auch noch die Bestandteile (Lithium, Alkali, Kohle-Zink, NiMH) zu beachten, um die optimale Entscheidung zu treffen.

Ein Händler hat sich dieser Entscheidungsproblematik angenommen und die in Abbildung 32 dargestellte Matrix erstellt.

	Produkt 1	Produkt 2	Produkt 3	Produkt 4	Produkt 5	Produkt 6
Fotografie	●●●●	●●●	●●	●	●	●●●
Videokamera	●●●●	●●●	●●	●	●	●●●
Walkman	●●●	●●●	●●●	●	●	●●●
Bildschirm	●●●	●●●	●●●	●	●	●●●
Stereoanlage	●	●●●	●●●	●●●	●	●●●
Spielauto	●	●●	●●●	●●●	●	●●●
Taschenlampe	●	●●	●●	●●●	●●	●●
Radio	●	●	●●	●●	●●●	●
Wecker	●	●	●●	●●	●●●	●
	Lithium	**Alkali**			**Kohle-Zink**	**NiMH**

●●●● High-Tech   ●●● Ideal   ●● Gut   ● Nicht empfehlenswert

Abbildung 32: Anwendungsbereiche für Batterien

Der Konsument bekommt nun zwar mehr Informationen, die auch strukturiert dargeboten werden, aber helfen ihm diese wirklich weiter? Wenn für den Fotoapparat Batterien besorgt werden sollen, welches Produkt ist dafür am besten geeignet? Produkt 1, 2, 3 oder doch 6? Die Matrix geht in die richtige Richtung, doch wird dem Durchschnittsverbraucher mit dieser Aufstellung nicht wirklich die Entscheidung erleichtert. Eine gute Matrix würde nur noch eine Batterie als ideal für einen Anwendungsbereich hervorheben. Zum Beispiel würde für die Fotografie nur noch Produkt 1 als Kauftipp gelten. Ob ein Produkt Lithium, Alkali, Kohle-Zink oder NiMH enthält, dürfte für die Mehrheit der Konsumenten kaum ein relevantes Kaufentscheidungsmerkmal sein. Demzufolge muss es dem Handel gelingen, Konsumenten **entscheidungsunterstützende Informationen** anzubieten. Sobald die Produktalternativen sich markant voneinander unterscheiden und jedes Produkt eine zentrale Eigenschaft besitzt (zum Beispiel preisgünstig oder schönes Design), sinkt die subjektiv wahrgenommene Informationsvielfalt.

Damit diese entscheidungsunterstützenden Informationen gewonnen und optimal dargeboten werden können, müssen folgende Anforderungen erfüllt sein:

Schritt 1: Identifikation der zentralen Kaufmotive für die Beschaffung eines bestimmten Produkts

Bei der Warengruppe Waschmittel konnten zum Beispiel die Farbenfreundlichkeit, der Preis, die universelle Nutzungsmöglichkeit und der Duft als zentrale Kaufmotive der Konsumenten ermittelt werden.

Natürlich können diese zentralen Kaufmotive nicht isoliert betrachtet werden, da ein Konsument, dem die Farbenfreundlichkeit eines Waschmittels am wichtigsten bei der Kaufentscheidung ist, wahrscheinlich auch auf andere Eigenschaften (zum Beispiel Preis oder Duft) achtet. Dennoch wird die *Aufmerksamkeit* hauptsächlich durch das zentrale Kaufmotiv erlangt. Um in der Sprache des Zonenmodells der Profilierung zu sprechen, müsste die Farbenfreundlichkeit die Früherkennungszone erreichen und die restlichen Motive nur die Sicherheitszone, das heißt der Preis, die Duftnote und die universelle Einsatzmöglichkeit müssen mindestens die Mindesterwartungen erfüllen.

Schritt 2: Beschaffung beziehungsweise Produktion von Produkten, die die Kundenerwartungen an die entsprechenden Attribute erfüllen

Es ist zentral, dass sehr wenige, wenn nicht sogar nur ein Produkt pro Kaufmotiv beschafft werden. Dies erleichtert die Kommunikation in der Verkaufsstelle erheblich. Wenn mehrere Produkte denselben Zweck erfüllen, können die Vorzüge der einzelnen Produkte nicht klar kommuniziert werden (wie das Batterie-Beispiel dies offenkundig darlegt). Deshalb wird mit einer Vorselektion der Produkte die Kommunikationsproblematik an der Wurzel gepackt.

Schritt 3: Konsequente Hervorhebung der Attribute bei der Produktpräsentation

Dabei geht es darum, dass je Produkt nur ein, höchstens zwei Eigenschaften kommuniziert werden, die die Kaufmotive der Konsumenten ansprechen. Bei Produkt A steht zum Beispiel nur der Preis im Vordergrund. Dies bedeutet eine Konzentration auf das Wesentliche.

Um diese drei Schritte noch grafisch zu untermauern, wird in Abbildung 34 eine exemplarische Entscheidungsmatrix für Waschmittel wiedergegeben. Für einen Junggesellen dürfte wahrscheinlich die universelle Nutzungsmöglichkeit eines Waschmittels recht zentral sein, da er für die relativ kleine Waschmenge nicht fünf oder mehr Spezialwaschmittel (für Feinwäsche, für Seide, für schwarze Kleider, für Wolle etc.) im Schrank aufbewahren möchte. Indem der Händler diese Eigenschaft ganz klar am Regal kommuniziert, findet der Junggeselle auf Anhieb das optimale Waschmittel. Alle weiteren Alternativen muss er gar nicht mehr in Erwägung ziehen, weil er weiß, dass nur dieses eine sein zentrales Kaufmotiv optimal befriedigen kann. Preis, Duft und Farbenfreundlichkeit sind ihm zweitrangig, aber er kann zum Beispiel bei einem Content Retailer darauf vertrauen, dass das Preis-Leistungs-Verhältnis gut ist und die Qualität ebenfalls einen Mindeststandard erreicht.

Zentrale Kaufmotive	Produktalternative A	Produktalternative B	Produktalternative C	Produktalternative D	...
	Zentrale Produkteigenschaft				
	Attraktiver Preis	Universelle Nutzungsmöglichkeit	Farbenfreundlichkeit	Duft	
Kaufmotiv A: guter Preis	X				
Kaufmotiv B: Farbenfreundlichkeit			X		
Kaufmotiv C: ein Waschmittel für alle Fälle		X			
Kaufmotiv D: Waschmittel mit frischer Duftnote				X	
...					

Abbildung 33: Entscheidungsmatrix für Waschmittel

Im Batterien-Beispiel hingegen kann der Kunde nicht sicher sein, dass jetzt nur Produkt A seine Bedürfnisse optimal befriedigt. Er muss weitere Informationen hinzuziehen, weil mehrere Produkte gleich gut abschneiden. Das heißt, er muss alternative Entscheidungskriterien zu Rate ziehen, zum Beispiel den Preis, die Inhaltsstoffe oder das (Marken-)Image. Diese alternativen Entscheidungskriterien bilden jedoch oft nicht sein zentrales Kaufmotiv ab (zum Beispiel Langlebigkeit oder umweltschonend).

Die klare Abgrenzung der Produktalternativen durch einen selektiven Einkauf (hinter der Verkaufsfront) und durch eine gezielte Kommunikation (an der Verkaufsfront) wirkt entlastend (sowohl für die Mitarbeiter als auch für die Konsumenten) und erhöht die Entscheidungseffizienz der Konsumenten. Demzufolge kann durch die gezielte Kommunikation von zentralen Kaufmotiven hinsichtlich einer spezifischen Warengruppe die vom Konsumenten wahrgenommene Informationsvielfalt eingedämmt werden. Neben dieser gezielten Ansprache spielt auch die Produktpräsentation eine wichtige Rolle. Denn je nach Produktpräsentation fällt dem Konsumenten ein Vergleich zwischen unterschiedlichen Produkten leichter. Grundsätzlich sind drei Präsentationsformate denkbar:[60]

1. Die **Alternativpräsentation** stellt die häufigste Informationsdarbietung der Händler dar. Dabei werden dem Konsumenten die Produktinformationen der einzelnen Alternativen voneinander getrennt präsentiert. Das heißt, die Informationen der Alternative A werden nicht in Beziehung zu den entsprechenden Eigenschaften der Alternative B gesetzt. So werden zum Beispiel die Eigenmarke und das entsprechende Markenprodukt im gleichen Regal präsentiert, die Verpackungs- und Regalanschriften oder Werbeprospekte können jedoch nicht auf den ersten Blick verglichen werden.

2. Bei der **Attributspräsentation** werden in der Regel verschiedene Alternativen anhand einer einzigen Eigenschaft in eine Rangfolge gebracht. So zählen zum Beispiel bei Lebensmitteln Preis- oder Kalorienranglisten zur populärsten Form dieser Informationsdarbietung. Im Zuge der erhöhten Wettbewerbsintensität ist insbesondere erstere Form von verschiedenen discountierenden Absatzkanälen als Marketinginstrument genutzt worden. Zur Attributspräsentation werden auch Angebotslisten für Wein (sortiert nach Anbaugebieten) oder Reisekataloge (geordnet nach Destinationen) gezählt. Diese Darstellungsweise ist für den Konsumenten im Vergleich zur Alternativpräsentation wesentlich einfacher.

3. Die **Matrixpräsentation** stellt die wichtigsten Eigenschaften verschiedener Alternativen in Beziehung zueinander. In einer Tabellenform

werden dabei die Ausprägungen der verschiedenen Eigenschaften der Alternativen gegenübergestellt. Diese Informationsdarbietung hat sich im Einzelhandel noch kaum durchgesetzt. Weit verbreitet ist dieses Format jedoch bei Testergebnissen neutraler Institutionen. So führen zum Beispiel die Zeitschriften *„K-Tipp"* und *„Stiftung Warentest"* regelmäßig Produktvergleiche anhand ausgewählter und als relevant eingestufter Eigenschaften durch. Diese Form von Verkaufsberatung wird bei einer steigenden Options- und Informationsvielfalt stark an Auftrieb erhalten. In den letzten Jahren haben sich zum Beispiel unzählige Zeitschriften im Bereich Unterhaltungselektronik auf den Markt gewagt, die sich hauptsächlich auf solche Produkttests spezialisieren. Daneben kommt dem Internet seit geraumer Zeit eine steigende Bedeutung bei Produktvergleichen zu. So haben sich zum Beispiel die Portale „www.ciao.de", „www.epinion.com" oder „www.comparis.ch" (um nur einige zu nennen) ausschließlich auf Produktvergleiche spezialisiert. Der Soziologieprofessor Gross hat bereits vor zehn Jahren festgestellt: „So etablieren sich immer neue arbeitsteilige Hierarchien von Suchenden und Führern, von zu Beratenden und Beratern. Sobald ein Angebot unübersichtlich wird, etablieren sich Führer durch die Regale; vom Gault Millau bis zum Ratgeber für Vornamen."[61]

Weil mit der Aussendung von Botschaften nach dem Gießkannenprinzip nicht mit einer effektiven Selbstselektion gerechnet werden darf, wird künftig auch den **Bildzeichen und farblichen Markierungen** eine stärkere Bedeutung bei der Orientierung von Konsumenten zukommen.[62] Diese gebündelten Informationen sind stets in die Form eines Kundennutzens zu übersetzen. So ist eine isolierte Auflistung von Produktinformationen auf der Verpackung für eine Vielzahl von Konsumenten kaum hilfreich, weil diese nicht zu einem konkreten Nutzen gebündelt werden. Solche Kundennutzen wären zum Beispiel „Gesundheit" oder „Abnehmen". Wann bedeuten die ausgewiesenen Inhaltsstoffe, dass ein Produkt gesund oder ideal zum Abnehmen ist? Die erwähnten farblichen und gestalterischen Maßnahmen können dabei eine Hilfestellung bieten. Dabei ist ein klares und prägnantes System über *alle* Produktgruppen hinweg von großer Bedeutung. Wird für jede Produktgruppe eine Insellösung umgesetzt, wird der Konsument mit einer Vielzahl von Farbsystemen konfrontiert, die nicht mehr zu memorieren sind.

In die gleiche Kerbe wie die Bildzeichen und farblichen Markierungen schlagen so genannte **deskriptive Metaproduktbezeichnungen**. Diese zeichnen sich dadurch aus, dass die Namensgebung einer Produktlinie eindeutig und prägnant auf den Kundennutzen hinweist. Insbesondere bei Eigenmarken gewinnen diese deskriptiven Metaproduktbezeichnungen stark an Bedeutung. Gute Beispiele für deskriptive Bezeichnungen sind unter anderem „Fresh & Quick" für frisch zubereitete und essfertige Salate, „Léger" für kalorienarme Käseprodukte, „Feel Good" für Produkte, die zur Lebensfreude beitragen, oder „Naturaplan" für naturnah produzierte Produkte. Demgegenüber weist zum Beispiel „Anna's Best" nicht unbedingt auf Frischfertigprodukte hin. Solche Fantasienamen sollten eher nur selektiv eingesetzt und markant kommuniziert werden. Als Paradebeispiel gilt der Transfer der schweizerischen Kochbuchmarke *„Betty Bossy",* die als Inbegriff für kompetente Kochberatung steht, zur Bezeichnung von Frischfertigprodukten. Wichtig erscheint zusammenfassend, dass die Metaproduktbezeichnung entweder einen starken emotionalen Bezug oder einen deskriptiven Charakter aufweist. Des Weiteren scheint es wichtig, dass diese Metabezeichnungen jeweils über alle Produktgruppen hinweg eingesetzt werden. Separate Bezeichnungen für unterschiedliche Produktgruppen, die die gleiche Botschaft transportieren möchten, tragen tendenziell zur Verwirrung bei. Zum Beispiel „Léger" für Käseprodukte, „Slimline" für Joghurt(drink) und Glace, „Light" für Getränke, „Yopic" für Wurstwaren und „Well" für Biscuits; diese aufgelisteten Metaproduktbezeichnungen zielen alle mehrheitlich auf die Bedürfnisse gewichtsorientierter Konsumenten ab. Eine einzige prägnante Bezeichnung für alle Produkte, die das entsprechende Kaufmotiv befriedigen, könnte einen Beitrag zur Orientierung leisten.

Das Markenmanagement besitzt nicht nur eine produktbezogene Relevanz, sondern gewinnt immer mehr auch im Rahmen eines Corporate Branding an Bedeutung. Der dachmarkenorientierten Marktkommunikation kommt insbesondere aufgrund des Halo-Effektes (das Image des Unternehmens – zum Beispiel *Aldi* – wird vom Konsumenten automatisch auf die Produkte übertragen – Produkte im Aldi-Regal sind günstig).[63] Weil die Informationsvielfalt im modernen Informationszeitalter kaum mehr einzudämmen ist, wird dieser Halo-Effekt immer wichtiger. Wahrnehmungsobjekte (zum Beispiel neue Produkte) werden immer unvertrauter, weil die Differenzierung ihren Fortschritt nimmt. Damit werden die Merkmale immer unklarer. Um diesem Trend entgegenzutreten, ist ein positives Unternehmens- oder Markenimage sehr wichtig.

Verlässliche Qualitätshinweise geben

Besonders wichtig bei der Ableitung von Orientierungsmaßnahmen im Rahmen fehlender Qualitätshinweise scheint die Wiederentdeckung der **Preisinformation als Qualitätsindikator.**[64] Dabei wird ein höherer Preis vom Konsumenten als Indiz dafür interpretiert, dass teurere Rohwaren zur Herstellung eingesetzt wurden und damit ein qualitativ höherwertiges Produkt vorliegt. Preis und Qualität stehen demzufolge in positiver Relation zueinander. Die Rückbesinnung des Handels auf eine stringente Preis-Leistungs-Hierarchie des Angebots kann dem Konsumenten wichtige Anhaltspunkte für die Kaufentscheidung und damit Orientierung geben. Ein optimales Preislagenmanagement greift auf ein billiges Preiseinstiegsprodukt zurück, das den minimalen Ansprüchen der Kundschaft genügt. Für die anspruchsvollste Kundengruppe gehört ein Premium-Produkt ins Regal, das dementsprechend auf einem höheren Preisniveau angesiedelt ist. Dazwischen können je nach Publikum einige wenige Preisstufen liegen.

Der Preiswettbewerb hat es mit sich gebracht, dass die Vielzahl an Aktionen, Sonderverkäufen und -angeboten die *Transparenz und Berechenbarkeit der Preise* stört. Was heute 198 Euro kostet, wird morgen für die Hälfte verkauft, Winterschlussverkäufe finden bereits Mitte September statt, und das Mobiltelefon in Kombination mit einem Abonnement ist unter dem Strich gar nicht so billig wie angenommen. Unkoordinierte Preisschwankungen ärgern den Konsumenten und fügen dem Handel hohe Transaktionskosten zu. Sie als Manager müssen sich fragen, ob die aktuelle Preispolitik tatsächlich den Kundenwünschen entspricht und ob damit nachhaltig zufriedene Kunden an die Verkaufsstelle gebunden werden können. Wir sind der Überzeugung, dass dies nicht der Fall ist. Der Konsument ärgert sich, den vollen Preis für ein Produkt bezahlt zu haben, wenn in der darauf folgenden Woche der Artikel herabgesetzt angepriesen wird.

Außerdem erweisen sich die vielen Aktionshinweise, sei dies in den Medien oder in der Verkaufsstelle, als eher verwirrend. Insbesondere bei Kombinationsangeboten, differenzierten Preissystemen oder Multipack-Aktionen geht die Kostenwahrheit verloren. Denken Sie nur an die unübersichtlichen Preissysteme der Mobiltelefonanbieter. Auf der anderen Seite verliert der Handel an Deckungsbeitrag, weil viele Kunden sich äußerst preissensibel verhalten. Babywindeln sind ein typisches Beispiel: Annähernd 80 Prozent des Umsatzes werden durch Sonderangebote generiert. Würden diese Spanneneinbußen für Dauerniedrigpreise eingesetzt, wäre sowohl dem Konsumenten als auch dem Handel gedient. Die Preiskonstanz vermittelt dem Konsumenten Preissicherheit respektive Vertrauen.[65] Die *Migros* hat genau diese Botschaft folgendermaßen signalisiert (vgl. Abbildung 34).

Quelle: Migros-Genossenschaftsbund, Zürich (Publicis Werbeagentur AG, Zürich).
Abbildung 34: Preistransparenz bei der Migros

Neben einer stringenten Preispolitik kann auch das Personal Qualitätshinweise vermitteln. Das Personal kann jedoch meistens die hohen Ansprüche der Konsumenten nicht oder nur teilweise erfüllen, weil es mit den eigenen Aufgaben (zum Beispiel Regale pflegen oder administrative Aufgaben) überlastet ist. Diese Doppelfunktionen, die Pflege des POS und die Beratungstätigkeit, sind insbesondere im Lebensmitteleinzelhandel oftmals unvereinbar. Als sinnvoll erscheint die **Entflechtung der Funktionen** des Verkaufspersonals. Konkret würde dies heißen, dass je ein separater Stellenbeschrieb für das POS-Pflege-Personal (Einräumarbeit, Anbringen von Dekorationen und Aktionsschildern etc.) und ein weiterer für die klassische Beratungstätigkeit definiert werden. Dem Konsumenten kann diese Teilung der Aufgaben mit unterschiedlich farbigen Verkaufsschürzen signalisiert werden. Erstere können sich voll und ganz der POS-Pflege widmen, während Zweitere zentral stationiert sind und sich je nach Verkaufsphilosophie der Ladenkette vornehm zurückhalten und darauf warten, bis der Kunde auf sie zukommt oder suchende Kunden proaktiv ansprechen. Damit bekommt der Kunde das Gefühl, dass dieses Personal nur für ihn da ist und seine Fragen stets willkommen sind. Diese offene Art ist bei einer Doppelfunktion nur bedingt möglich.

Insbesondere die Produktvielfalt bringt es mit sich, dass die Qualität der Produkte oft nicht auf Anhieb erkannt wird. Häufig wird das Frühstücksflocken-Regal als Ort des Entscheidungsnotstandes erwähnt. Weil die Qualität der Flocken vor dem Kauf nicht überprüfbar ist, bekunden viele Konsumenten Mühe bei der Wahl. Abhilfe könnten zum Beispiel Dispenser für **Produktdegustationen** leisten. Diese unpersönliche Dienstleistung verhindert im Gegensatz zu Degustationsständen mit Verkaufspersonal den Eindruck einer aufdringlichen Warenpräsentation („power selling").

Klare Labelpolitik umsetzen

Die Hauptproblematik, die durch das organische Entstehen der Produktlabels aufgekommen ist, erweist sich in den unterschiedlich rigorosen Richtlinien, die vom Konsumenten nicht überprüfbar sind. Wenn Händler Bio-Produkte verkaufen, die unterschiedlichen Kriterien unterstehen, wirkt dies für den Konsumenten unglaubwürdig und verwirrend. Das Vertrauen in soziale und ökologische Labels kann in der Folge nicht mehr alleine mittels Wissensvermittlung erzeugt werden. Denn Wissen ist immer auch mit Wertvorstellungen verbunden. Die aufgrund der diffusen Labelpolitik kritisch eingestellten Konsumenten werden die zusätzlichen Informationen ebenfalls skeptisch bewerten. Mehr Informationen führen demnach selten dazu, dass Konsumenten Produktlabels mehr Vertrauen schenken. Kampagnen, die die Kriterien der verschiedenen Produktlabels kommunizieren, besitzen oftmals nur einen bedingten Effekt auf das Labelimage.

Eine weitere Problematik ist, dass konventionell hergestellte Produkte im Rahmen der Labelkommunikation plötzlich als qualitativ bedenklich wahrgenommen werden. Bei der Suche nach pestizidfreien Trauben haben sich zum Beispiel in einer Studie die meisten Konsumenten für Bio-Trauben entschieden. Vor allem von einkommensschwächeren Probanden wurde diesbezüglich die Besorgnis geäußert, dass eine gesunde Ernährung im Zuge der teureren Labelprodukte vom Einkommen abhängig gemacht wird. Diese kritische Einstellung und die steigende ökologische und soziale Sensibilität der Konsumenten haben bereits dazu geführt, dass ein zunehmender Anteil des (bisherigen) Sortiments mit Labels versehen wird. Diese Tatsache erklärt auch teilweise das hohe Umsatzwachstum der Labelprodukte.

Die Mehrheit der heute geführten Produktlabels kann als Status-quo-Labels bezeichnet werden, weil die Richtlinien einen hohen Konkretisierungsgrad aufweisen.[66] Zum Beispiel sind die Produktionsbedingungen für Freilandeier von der Ausläuffläche bis zu den Auslaufmindestzeiten festgezurrt. Weil nun aber die Erkenntnisse, was wirklich ökologisch ist, dank der Forschung und auch dank der Sensibilisierung der Kunden im steten Wandel ist, müssen die Labels immer wieder angepasst werden oder es entstehen neue Gütezeichen.

Außerdem besteht die Gefahr, dass zum Beispiel Produkte aus biologischer Anbauweise oder mit sozialen Labels (zum Beispiel *Max Havelaar*) zum Standard werden. Weil ein Händler vermeiden möchte, dass konventionelle Produkte ohne Labels vom Konsumenten als nicht umweltgerecht oder nicht sozial hergestellt taxiert werden, versucht er möglichst viele Produkte in die Label-Produktelinie aufzunehmen. Zum Beispiel hat *Coop* in der Schweiz konventionell hergestellte Bananen aus dem Sortiment gestrichen und führt nur noch Max-Havelaar-Bananen. Wenn nun der Großteil des Sortiments als biologisch angebaut oder sozial produziert verkauft wird, verliert das Label an Bedeutung.

Ein **Paradigmenwechsel in der Labelpolitik** könnte insbesondere durch die Ersetzung der Status-quo-Richtlinien eingeleitet werden. Status-quo-Richtlinien zeichnen sich dadurch aus, dass sie über Jahre hinweg gleich bleiben. Zum Beispiel unterliegt das biologische Fleischerzeugnis der Richtlinie, dass die Tiere regelmäßigen Auslauf ins Freie haben und das Futter zum größten Teil aus dem Betrieb selber stammen muss. Da die Werte der Gesellschaft hinsichtlich Ethik oder Ökologie einem steten Wandel ausgesetzt sind, verlieren Bio-Produkte, die Status-quo-Richtlinien unterstehen, allmählich an Rigorosität. Was vor zehn Jahren als biologisch galt, ist heute konventionell. Stellte früher der Verzicht auf Pestizide beim Obstanbau einen ökologischen Meilenstein dar, ist er heute bereits weit verbreitet und führt kaum mehr zu anerkennendem Applaus. Diese Dynamik ist denn auch dafür verantwortlich, dass sich ein immer größerer Teil des Sortiments für eine Kennzeichnung qualifiziert. Meistens werden in dieser Situation neue Labels eingeführt, die strengeren Richtlinien folgen. Dies trägt jedoch erstens zu einer diffusen Labelvielfalt und zweitens zu einer erneuten Lernaufforderung an den Kunden bei.

Als Alternative gelten so genannte dynamische Produktlabels, deren Richtlinien nicht in Stein gemeißelt, sondern an die ethischen, politischen, technologischen oder ökologischen Erkenntnisfortschritte gekoppelt werden. Ein ökologisches Label könnte zum Beispiel in drei nach Rigorosität differenzierten Stufen konkretisiert werden. Die Einstiegsstufe könnte sich nach den *gesetzlichen Mindestanforderungen* richten, auf der zweiten Stufe an die *Empfehlungen von renommierten Nichtregierungsorganisationen* (NGO) und auf der dritten und anspruchsvollsten Stufe an die *neuesten Erkenntnisse der Forschung*. Weil die vorgeschlagenen Definitionen dieser dreistufigen Label-Linie an externe Institutionen/Diskurse und damit an die Wertveränderungen der Gesellschaft gebunden sind, bleiben die Kernaussagen oder die Schlüsselinformationen der einzelnen Labels konstant:

> Label der 1. Stufe: gesetzliche Mindestanforderung,
> Label der 2. Stufe: Empfehlungen renommierter NGOs,
> Label der 3. Stufe: neueste Erkenntnisse der Forschung.

Vorausgesetzt, Konsumenten besitzen Vertrauen in den Anbieter, reichen die Schlüsselinformationen (zum Beispiel gesetzliche Mindestanforderung) aus, um Orientierung zu vermitteln. Die Definitionen für die drei Stufen sind prägnant, einprägsam und wirken entscheidungsunterstützend. Die einzelnen Kriterien, die intern verfolgt und auch von einer unabhängigen Institution geprüft werden, verlieren für den Konsumenten an Bedeutung. Die Zusicherung, dass ein Fleischerzeugnis nach der neuesten Erkenntnis der Forschung „produziert" wurde, vermittelt die gewünschten Informationen. Auf welche Medikamente oder auf welches Futter im Detail verzichtet wurde, interessiert den Normalverbraucher kaum. Die weitschweifige Darlegung der Kriterien verunsichert Konsumenten eher, weil sie meistens nicht verständlich und überprüfbar ist.

Die dynamischen Labels zwingen Anbieter nicht dazu, immer wieder neue Labels zu kreieren, da die drei Stufen konstant kommuniziert werden können, obwohl die Kriterien sich kontinuierlich an den Zeitgeist anpassen. Diese Logik machen sich auch erfolgreiche Markenartikelproduzenten zu Eigen. Zum Beispiel sieht die blauweiße blecherne Dose der *Nivea*-Handcreme immer noch so aus wie anno 1924 (als Analogie zur Labelbezeichnung). Der Inhalt der Dose ist aber seit den zwanziger Jahren immer wieder an die veränderten Kundenerwartungen an eine gepflegte und frische Haut angepasst worden (als Analogie zu den dynamischen Richtlinien der Labels).

Weil die drei vorgeschlagenen Labelstufen nicht auf bestimmte Produktgruppen beschränkt werden müssen, ist ein Labelsystem auf einer Metaebene anzustreben. Sowohl für Eier, Fleisch und Milchprodukte als auch für Gemüse, Obst, Getreide, Kaffee und Tee lassen sich dieselben Labels einsetzen. Dies würde die Anzahl von Labels in einer Verkaufsstelle stark reduzieren. Es gäbe nur noch je ein dreistufiges Label für zum Beispiel ökologische, ethische und soziale Anliegen. Für stark interessierte Konsumenten kann als flankierende Maßnahme eine zusätzliche Informationsquelle angeboten werden, die detailliert über die einzelnen Kriterien informiert.

Flankierende Maßnahmen

Bei der Umsetzung von Orientierungsmaßnahmen können flankierende Maßnahmen eine zentrale Rolle spielen. Dazu zählt insbesondere ein Aufbau von **Vertrauenswürdigkeit, Berechenbarkeit** und **Authentizität.** Sobald der gute Dienst am Konsumenten wieder im Mittelpunkt der Handelsleistung steht, wird das Misstrauen der Konsumenten sinken und damit auch das oftmals überbordende Informationsbedürfnis. Sobald ein Händler vertrauenswürdig ist, muss er nicht mehr jeden einzelnen Schritt der Herstellung – vom Anbau über die Lagerung bis zum Transport – detailliert offen legen. Es reicht das Wort des vertrauenswürdigen Händlers, dass die angebotenen Lebensmittel sicher sind.

Auch die Begeisterung für den Einkauf könnte mit einer Kundenpartnerschaft, das heißt durch Leistungen, welche dem Konsumenten einen ehrlichen Mehrwert verschaffen, wieder aufblühen. Der Kunde ist tatsächlich nicht blöd und erkennt Mogelpackungen (zum Beispiel gestreckte Waschmittel in Großpackungen, die zum halben Preis angeboten werden) oder „Scheinwelten" (zum Beispiel pfannenfertige „Frisch"-Produkte, die industriell hergestellt werden). Wie kann sich ein Konsument über den Kauf einer Großpackung Waschmittel oder eines Knödelgerichts aus Großmutters Pfanne freuen, wenn er weiß, dass ihm nur eine Illusion verkauft wird? Begeisterung entsteht dann, wenn der Konsument in authentischer Umgebung und mit authentischen Leistungen seine Bedürfnisse befriedigen kann. Davon profitieren sowohl Hersteller, Händler als auch Kunden. Eben eine Kundenpartnerschaft.

> **Wie aber kann Vertrauenswürdigkeit geschaffen werden? Nur wenn der Kunde wieder als Ziel (Bedürfnisbefriedigung) und nicht als Mittel zum Zweck (Umsatzsteigerung) verstanden wird.**

Wie lässt sich diese wenig konkrete und ideologisch anmutende Forderung im Unternehmen umsetzen?

1. **Es braucht eine charismatische Führungspersönlichkeit an der Spitze des Unternehmens, die die Werte vorlebt und mit Symbolen kommunizieren kann.**

   Gottlieb Duttweiler, Gründer der schweizerischen *Migros,* ist wahrscheinlich ein Paradebeispiel für eine charismatische Führungspersönlichkeit. Seine demonstrative Bescheidenheit (zum Beispiel als überzeugter Fiat-Topolino-Fahrer) signalisierte den Konsumenten, dass das Unternehmen nicht zur Bereicherung der Manager, sondern zum Dienste der Konsumenten betrieben wird.[67] Auch Helmut Maucher, *Nestlé*-Konzernchef zwischen 1980 und 1997, führte den Nahrungsmittelhersteller mit einem einzigartigen Gespür. Wirtschaftlicher Erfolg, so seine Überzeugung, sei nur dann nachhaltiger Natur, wenn Werte wie soziale Verantwortung, Ehrlichkeit und Fairness von der Unternehmensführung vorgelebt werden.

2. **Es braucht eine auf den Konsumenten ausgerichtete Unternehmenskultur. Die zentrale Bedeutung einer lebendigen und kundenzentrierten Unternehmenskultur ist unabhängig vom gewählten Geschäftsmodell.**

   Dem Konsumenten *dienen* hat nichts mit Unterordnung oder gar Unterwerfung zu tun, sondern ist Bestandteil einer selbstbewussten Unternehmenskultur. Diese Kultur wird dadurch fassbar, indem jede Entscheidung im Unternehmen, ob nun im Top-Management oder an der Verkaufsfront, aus Sicht der Konsumenten getroffen wird. Die Frage sollte sein, bringt diese Entscheidung einen *spürbaren Mehrwert* für den Konsumenten? Das britische *Early Learning Centre (ELC)* verkörpert diese Kultur, ohne dass geschäftliche Interessen in den Hintergrund rücken müssen.

   ELC läutet jeden Dienstag in den über 200 Spielwaren-Filialen in England und Irland eine Spielstunde für die Kinder ein. Jedes erdenkliche Spielmedium kann dabei von Kindern ausprobiert werden – vom Legoland über Gesellschafts- und Videospiele bis zu den Farbstiften. Das Schließen der Verkaufsstelle, um den Kindern ein störfreies Spielen in einer außerordentlich attraktiven Umgebung zu ermöglichen, signalisiert den Eltern eine hohe Authentizität. Wer über eine Stunde auf den Umsatz verzichtet und den Kindern „selbstlos" eine Spielplattform zur Verfügung stellt, beweist in den Augen der Eltern ein hohes Verantwortungsbewusstsein. Die Kinder entwickeln dank der Testmöglichkeit und der interessanten Spielatmosphäre sehr schnell Affinitäten zu bestimmten Spielzeugen – dies im Gegensatz zu den sterilen Verkaufswänden der Konkurrenz. Das Ausprobieren vermittelt klare Entscheidungskriterien. Den Eltern garantiert das durch ELC „vernünftig" zusammengestellte Sortiment, dass das Kind nur mit sinnvollen Spielzeugen konfrontiert wird. Mit dieser Vorselektion wird der Kunde entlastet. Das Personal – oft ehemalige Kinderpsychologinnen oder Kindergärtnerinnen – besitzt eine hohe Beratungskompetenz und kann die Wahl ebenfalls erleichtern. Dieses simple Konzept gibt dem Kunden Orientierung und Vertrauen im Sinne einer engen Kundenpartnerschaft. Der Kunde belohnt die Bestrebungen des ELC mit einer hohen Loyalität und einem vollen Warenkorb.

Quelle: Eigene Darstellung.
Abbildung 35: Initiierung von Kundenvertrauen

Ein starkes Signal zur Erlangung des Kundenvertrauens sendet *Hampton Inn* (eine der *Hilton Group* angeschlossene Hotelkette) durch das in Abbildung 35 abgegebene Versprechen aus.

3. Die Versprechen, die dem Konsumenten durch die Unternehmenskultur und -strategie gegeben werden, müssen langfristiger Natur und damit berechenbar sein.

Die Kinderpsychologinnen bei *ELC* können nicht einfach durch „normale" Verkäuferinnen ersetzt werden, nur weil die Bruttoertragsrate im vergangenen Jahr um 0,5 Prozent gesunken ist. Es geht um ein langfristiges Commitment. Damit wird auch ein Respekt gegenüber der Kundschaft und den Mitarbeitern ausgedrückt.

Die *Neue Zürcher Zeitung (NZZ)* steht zum Beispiel auch in ihrem 225. Jahr des Bestehens für einen guten und investigativen Journalismus. Die nicht rosigen wirtschaftlichen Voraussetzungen infolge eines Rückganges im Anzeigenmarkt oder der zeitweise boomenden Boulevardpresse haben an dieser Strategie nichts geändert. Der Leser kann davon ausgehen, dass die Zeitung auch in einem stürmischen Umfeld das publizistische Niveau hält. Renommierte Zeitungen, die aufgrund der Turbulenzen beim Personal eingespart haben, sind Opfer ihres kurzfristigen Fokus geworden. Eine langfristige Ausrichtung ist deshalb Erfolg versprechend. Selbstverständlich dürfen dabei relevante Trends nicht ausgeblendet werden. Die NZZ hat zum Beispiel mit der Einbindung von Fotografien einem Kundenbedürfnis entsprochen.

4. Tue Gutes und sprich darüber.

Es ist nicht unmoralisch, die guten Taten zu kommunizieren. Zum Beispiel setzt die *Migros* jedes Jahr ein Prozent ihres Einzelhandelsumsatzes für kulturelle Zwecke ein (Kulturprozent). Das Kulturprozent ist mittlerweile derart stark in der Gesellschaft verankert, dass bereits jeder Halbwüchsige unter dem Kulturprozent etwas versteht. Das Geld fließt in Theaterveranstaltungen, Jugendskirennen, Musikvereine und nicht zuletzt in einen Lehrstuhl der Universität, der die Handelsausbildung zum Wohle der Allgemeinheit im deutschsprachigen Raum ausbaut.

Das Unternehmen verzichtet freiwillig auf ein Prozent seines Umsatzes und setzt dieses zur Förderung gesellschaftlich relevanter Projekte ein. Diese Handlung sendet ein Signal aus, dass nicht das Streben nach Gewinn im Vordergrund steht, sondern der Mensch.

In einem Vertrauensumfeld bedeutet Marketing nicht „Scheinwelten" aufzubauen, sondern „den Konsumenten den Mehrwert eines Produktes aufzuzeigen". Dieses Zitat stammt von Werner Hug, CEO der *Hug AG*, einem traditionsreichen Backwarenunternehmen in der Schweiz (Gründungsjahr 1877). Wer in der vierten Generation – ohne janusköpfige Leistungen – ein erfolgreiches Familienunternehmen führt, weiß, wovon er spricht und was er dem Konsumenten zu bieten hat. Die Hug AG bietet den Großverteilern und der ausländischen Konkurrenz die Stirn und verdankt den Erfolg sicherlich auch der Vertrauenswürdigkeit der Marke.

Weil sehr oft die Vertrauenswürdigkeit in einer Branche nicht ausreicht, um guten Gewissens eine Entscheidung zu treffen, zählen neutrale *Testberichte* zu den wichtigsten unterstützenden Maßnahmen, die dem Konsumenten klare Botschaften aussenden. So geben in unserer Studie über 62 Prozent von 345 befragten Konsumenten an, mindestens gelegentlich Testberichte zu lesen. Ein hoher Anteil von 18 Prozent liest die Tests sogar sehr oft. Angesichts der populären Medien der Konsumentenstiftungen, die kostengünstig zugänglich sind, ist dieser Verbreitungsgrad nicht überraschend. Die Frage stellt sich, ob die Testnutzung auch zu effizienteren Kaufentscheidungen führt und welche Kundenschichten für Testberichte ansprechbar sind.

Die Neutralität (insbesondere der Konsumentenschutzorganisationen) verleiht den Verbraucherinformationen eine hohe Glaubwürdigkeit. Insbesondere stellen Testberichte ideale Kaufentscheidungsgrundlagen dar: Dem Konsumenten werden die wichtigsten Produktalternativen vorgestellt, die Eigenschaften der relevanten Entscheidungskriterien werden dargelegt und die Gewichtung dieser Entscheidungskriterien verhilft dem Konsumenten schließlich zu einer optimalen Kaufentscheidung. Auch *Aldi* nimmt sich oftmals Testergebnisse von Konsumentenorganisationen zur Hilfe, um die gute Qualität der verkauften Produkte zu unterstreichen. Aber auch bei der Produktsicherheit stellen Konsumentenorganisationen und Lebensmittelexperten glaubwürdige Informationsquellen dar.

Eine weitere flankierende Maßnahme kann der Einsatz neuer Technologien sein. Dabei hat die *RFID-Technologie* (Radio Frequency Identification) umfangreiche Vorschusslorbeeren erhalten. RFID-Chips werden vergleichbar mit den heutigen Barcodes an die Produkte angebracht, wobei diese mit einem passiven Sender ausgerüstet sind, der als „Produktausweis" zahlreiche Informationen enthalten kann. Mittels Lesegeräten lassen sich die gespeicherten Informationen über Radiowellen erfassen. Im Gegensatz zu den Barcodes können RFID-Chips vielseitig zur Erhöhung des Kundennutzens eingesetzt werden. Insbesondere zur Vermittlung von Orientierung scheint die neue Technologie Potenzial zu besitzen. Der passive Sender kann zum Beispiel in der Verkaufsstelle so programmiert werden, dass über einen Bildschirm am Einkaufswagen die gewünschten Produkte geortet und Konsumenten an das Regal navigiert werden oder für bestimmte Produkte zusätzliche Informationen zum Beispiel zur Herkunft oder Verarbeitungsart aufgerufen werden können. Die Technologie kann bis zur Produktzubereitung in den eigenen vier Wänden eingesetzt werden. So kann der Chip zum Beispiel entsprechend ausgerüsteten Mikrowellen- oder Backofengeräten Betriebsinformationen übermitteln. Da die RFID-Technologie erst in der Pionierphase steckt *(Gillette* hat bisher ihre Rasierklingen mit den Chips ausgerüstet, um Diebstähle einzudämmen), besitzen diese Lösungen bisher vor allem einen visionären Charakter. Dennoch wird es für Händler unabdingbar sein, die Technologie bereits heute aktiv oder passiv mitzuverfolgen, um beizeiten die intelligenten Etiketten zu übernehmen.

Stufe 4: Die Orientierungsmaßnahmen umsetzen

Die Umsetzung von Orientierungsmaßnahmen bedingt oftmals einen Rückgriff auf die strategische Ebene. Produktreduktion, Informationsdarbietung, Qualitätshinweise und die Schaffung orientierungsfreundlicher Produktlabels erfordern langfristige Entscheidungen. Diese Orientierungsmaßnahmen sollten immer an der normativen Ebene ausgerichtet sein.

Eine neuerliche Identifikation und Umsetzung von Profilierungsmaßnahmen sollte im Allgemeinen erst dann erfolgen, wenn die Reizstärke der entsprechenden Verkaufsstellen ein angenehmes Niveau erreicht hat. Ist dies nicht der Fall, werden Konsumenten mit der Implementierung zusätzlicher Profilierungsmaßnahmen überfordert beziehungsweise diese werden gar nicht wahrgenommen. So besteht die Gefahr, dass Produktneueinführungen oder neue technologische Applikationen nicht wahrgenommen oder akzeptiert werden.

Nur Mutige schwimmen gegen den Strom.
Jens Alder, CEO Swisscom

Epilog

Was wir heute über das Phänomen Consumer Confusion wissen, deutet unweigerlich darauf hin, dass viele Selbstverständlichkeiten des Marketings kritisch hinterfragt werden müssen. Es ist an der Zeit, dass vor der Kulisse einer sich immer schneller drehenden Filmrolle inne gehalten wird, damit die Wirkung und die Sinnhaltigkeit unseres Handelns überprüft werden können. Die Früchte in Form von Umsatzwachstum und Karrieresprung haben viele Akteure geblendet, wodurch die Essenz des eigenen Handelns verloren gegangen ist. Nämlich, wie dies bereits Gottlieb Duttweiler proklamiert und vorgelebt hat, dem Kunden wieder Rechnung tragen.

Mit diesem Buch haben wir versucht, erste Erkenntnisse zur Entstehung und zur Konsequenz von Consumer Confusion zu vermitteln. Dabei ist bewusst geworden, dass sowohl Hersteller als auch Händler durch die Verwirrung der Konsumenten negativ tangiert werden. Wir wissen, dass die temporäre Verunsicherung der Konsumenten zu Kaufzurückhaltung und damit zu Umsatzverlusten führen kann. Der Handlungsbedarf ist demnach evident. Welchen Herausforderungen müssen sich Hersteller und Händler in Zukunft stellen?

1. Aus eigener Erfahrung wissen wir, dass die **Sensibilisierung** des Managements für die Überforderung der Konsumenten eine große Herausforderung darstellt. **Routinen und allgemeingültige Weltbilder** im Arbeitsprozess müssen dabei hinterfragt und teilweise geopfert werden – was oft alles andere als leicht fällt. Wieso stößt ausgerechnet eine vielfältigere Produktauswahl nicht auf eine ungeteilte Begeisterung? Der Kunde möchte und muss doch über alles informiert werden!?

   Die im vorliegenden Buch beschriebenen Praxisbeispiele können als erste Hinweise zur Sensibilisierung des Managements nützlich sein. Eine gute Überzeugungsarbeit setzt jedoch eine detaillierte Auseinandersetzung mit der Gemütslage der eigenen Konsumenten voraus.

Hören Sie im Rahmen von Kundengesprächskreisen auf Ihre Kunden. Sie werden staunen, was Ihnen dabei mitgeteilt wird.

2. Wird die Existenz des Phänomens Consumer Confusion durch das Management akzeptiert, sind die **eigene Strategie, die Definition der Zielgruppe und die umgesetzten Profilierungsmaßnahmen zu hinterfragen.** Ist die Strategie wirklich auf die potenzielle Kundschaft zugeschnitten? Erbringen die angebotenen Leistungen tatsächlich eine Lösung, die sowohl Ihre Kunden als auch Ihre Mitarbeiter zu begeistern vermögen?

   Nutzen Sie Ihre Expertise und kombinieren Sie diese mit den vorhandenen Kundendaten, um diese Fragen zu beantworten. Gehen Sie die drei Ebenen – normativ, strategisch, operativ – durch und fragen Sie sich, ob diese wirklich ein optimales Zusammenspiel ergeben. Die in diesem Buch vorgeschlagenen Checklisten zu den drei Ebenen bieten Ihnen Hinweise, wie Sie Ihrem Unternehmen ein einzigartiges Profil verleihen können.

3. Damit Sie eine verwirrende Wirkung der drei Ebenen auf den Konsumenten möglichst vermeiden können, ist die **kontinuierliche Identifikation von allfälligen Auslösern von Consumer Confusion in den eigenen Verkaufsstellen** notwendig. Verstehen Ihre Kunden die Botschaften, die Sie aussenden? Trägt die Wahl zwischen den angebotenen Produkten zu einer Begeisterung oder doch eher zu einem Kauffrust bei?

   Zur Identifikation der Consumer-Confusion-Auslöser haben wir Ihnen ein Instrument vorgestellt (Consumer-Confusion-Radar), das in Kombination mit Testeinkäufen eine wertvolle Stütze bieten kann. Sie erhalten dadurch eine Radarkarte, die Ihnen den Handlungsbedarf aufzeigt. Wie gelingt Ihnen die Entwicklung von optimalen Orientierungsmaßnahmen? Durch Kreativität. Wir haben Ihnen mit dem Kapitel „Stufe 3: Vereinfachende Orientierungsmaßnahmen definieren" einige Ansatzpunkte vermittelt, wie Orientierungsmaßnahmen aussehen könnten. Für Ihr Unternehmen bedarf es jedoch einer eigenen Kreativwerkstatt, weil situative Faktoren in die Überlegung eingebunden werden müssen.

4. Bei einer optimalen Umsetzung der Punkte 1 bis 3, die in diesem Buch behandelt wurden, ist eine Vermeidung von Consumer Confusion und eine Steigerung des Unternehmenserfolges absehbar.

Jens Alder, CEO der *Swisscom,* hat in einem Interview einmal gesagt, dass nur Mutige gegen den Strom schwimmen. Die Akzeptanz und die Vermeidung von Consumer Confusion stellt eine große Herausforderung dar und erfordert von Ihnen ein Schwimmen gegen den Strom. Wir hoffen, dass wir mit diesem Buch eine Reflexion und eine Kehrtwende initiieren konnten und wünschen Ihnen viel Mut.

Übrigens: Auch wir sind gespannt, was unsere Kunden – nämlich Sie als Leserin und Leser – von unserem Leistungsangebot halten. Wir freuen uns über Ihre kritische Rückmeldung (thomas.rudolph@unisg.ch und markus.schweizer@unisg.ch).

Quellennachweise

1 Vgl. Schmickler, M. (2001): Management strategischer Kooperationen zwischen Hersteller und Handel. Konzeptions- und Realisierungsprozesse für ECR-Kooperationen, Dissertation Universität St. Gallen, S. 104ff.
2 Vgl. Fuchs, H. J. (1993): Netzwerke, Cliquen und Szenen, in: Planung und Analyse, 21. Jg., Nr. 4, S. 50–52.
3 Förster, A./Kreuz, P. (2003): Marketing Trends, Wiesbaden, S. 54ff.
4 Vgl. http://www.rivella.ch
5 Vgl. Janson, I./Liebl., F. (2000): Wie zukunftsorientiert ist das Wissensmanagement in deutschen Unternehmen? Eine empirische Studie der Market Lab AG und des CompetenceCenter Strategie & Marketing der Universität Witten/Herdecke, Berlin/Witten.
6 Vgl. Schuh, G./Schwenk, U. (2001): Produktkomplexität managen. Strategien – Methoden – Tools, München/Wien, S. 17.
7 Vgl. Belz, C. (1989): Konstruktives Marketing. Marketing-Diagnose und Lösungen für umkämpfte Märkte in Sättigung, Stagnation und Schrumpfung, St. Gallen, S. 187.
8 Vgl. Bosshart, D. (2004): Billig. Wie die Lust am Discount Wirtschaft und Gesellschaft verändert, Frankfurt/Wien.
9 IHA-GfK, Hergiswil, Schweiz.
10 Holler, D. (2004): Innovationen treiben den Erfolgsmotor, in: Lebensmittelzeitung, Nr. 32, 6. August, S. 41.
11 Vgl. Kuss, A./Tomczak, T. (1998): Marketingplanung. Einführung in die marktorientierte Unternehmens- und Geschäftsfeldplanung, Wiesbaden, S. 8.
12 Vgl. Backhaus, K. (1997): Industriegütermarketing, München, S. 15.
13 Vgl. Rudolph, Th. (1999): Marktorientiertes Management komplexer Projekte im Handel, Stuttgart.
14 Vgl. http:www.maxhavelaar.ch
15 Für eine Vertiefung situativer Einflussfaktoren vgl. Kuss, A./Tomczak, T. (2000): Käuferverhalten, 2. Auflage, Stuttgart, S. 210.
16 Vgl. Gross, P. (1994): Die Multioptionsgesellschaft, Frankfurt.
17 Vgl. Iyengar, S. S./Lepper, M. R. (2000): When Choice is Demotivating: Can one Desire too much of a Good Thing?, in: Journal of Personality and Social Psychology, Vol. 79, No. 6, pp. 995–1006.
18 Vgl. Miaoulis, G./D'Amato, N. (1978): Consumer Confusion: Trademark Infringement, in: Journal of Marketing, Vol. 42, No. 3, pp. 45–55.
19 Vgl. Walsh, G. (2002): Konsumentenverwirrtheit als Marketingherausforderung, Wiesbaden.

20 Vgl. Mitchell, V.-W./Papavassiliou, V. (1997): Exploring Consumer Confusion in the Watch Market, in: Marketing Intelligence & Planning, Vol. 15, No. 4, pp. 164–172; Mitchell, V.-W./Papavassiliou, V. (1999): Marketing Causes and Implications of Consumer Confusion, in: Journal of Product & Brand Management, Vol. 8, No. 4, pp. 319–339; Schweizer, M. (2004): Consumer Confusion im Handel. Ein umweltpsychologisches Erklärungsmodell, Schesslitz.

21 Vgl. unter anderem Berlyne, D. E. (1974): Konflikt, Erregung, Neugier. Zur Psychologie der kognitiven Motivation, Stuttgart; Hellbrück, J./Fischer, M. (1999): Umweltpsychologie. Ein Lehrbuch, Göttingen/Bern/Toronto/Seattle.

22 Vgl. Schweizer, M. (2004): Consumer Confusion im Handel. Ein umweltpsychologisches Erklärungsmodell, Schesslitz.

23 Vgl. Bitner, M. J. (1992): Servicescapes: The Impact of Physical Surroundings on Customers and Employees, in: Journal of Marketing, Vol. 56, April, S. 57.

24 Vgl. Underhill, P. (2004): The Call of the Mall. How We Shop, London, S. 23ff.

25 Zur Methodik der Fokusgruppen vgl. Kepper, G. (1996): Qualitative Marktforschung. Methoden, Einsatzmöglichkeiten und Beurteilungskriterien, 2., überarbeitete Auflage, Wiesbaden, S. 160ff.

26 Für einen Gesamtüberblick der Confusion-Auslöser vgl. Schweizer, M. (2004): Consumer Confusion im Handel. Ein umweltpsychologisches Erklärungsmodell, Schesslitz; und zur Profilierungsmethodik vgl. Rudolph, Th. (1997): Profilieren mit Methode. Von der Positionierung zum Markterfolg, Frankfurt/New York.

27 Vgl. Toffler, A. (1971): Future Shock, New York, S. 269.

28 Vgl. Iyengar, S. S./Lepper, M. R. (2000): When Choice is Demotivating: Can one Desire too much of a Good Thing?, in: Journal of Personality and Social Psychology, Vol. 79, No. 6, pp. 995–1006.

29 Vgl. Poppe, C./Kjaernes, U. (2003): Trust in Food in Europe. A Comparative Analysis. Professional Report No. 11/2003. National Institute for Consumer Research (SIFO). Die Studie kann unter http:www.trustinfood.org heruntergeladen werden.

30 Vgl. Lennard, D./Mitchell, V.-W./McGoldrick, P./Betts, E. (2001): Why Consumers Under-Use Food Quantity Indicators, in: International Review of Retail, Distribution and Consumer Research, Vol. 11, No. 2, S. 177.

31 Friedman, M. (1977): Consumer Use of Informational Aids in Supermarkets, in: Journal of Consumer Affairs, Vol. 11, S. 85f.

32 Jacoby, A. (2004): Direkte Kommunikation statt teurer Kampagnen, in: Lebensmittelzeitung, Ausgabe vom 30. Juli 2004, Nr. 31, S. 49.

33 Vgl. http:www.warentest.de

34 IHA-GfK, Hergiswil, Schweiz.

35 Vgl. Schwartz, B. (2004): The Paradox of Choice. Why more is Less, New York.

36 Vgl. Otnes, C./Lowrey, T./Shrum, L. (1997): Toward an Understanding of Consumer Ambivalence, in: Journal of Consumer Research, Vol. 24, June, S. 88.

37 Vgl. Gemünden, H. G. (1985): Perceived Risk and Information Search. A Systematic Meta-Analysis of the Empirical Evidence, in: International Journal of Research in Marketing, Vol. 2, No. 2, S. 86ff.

38 Vgl. Rudolph, Th. (1993): Positionierungs- und Profilierungsstrategien im Europäischen Einzelhandel, St. Gallen; Rudolph, Th. (1997): Profilieren mit Methode. Von der Positionierung zum Markterfolg, Frankfurt/New York; Rudolph, Th. (2000): Erfolgreiche Geschäftsmodelle im europäischen Handel: Ausmass, Formen und Konsequenzen der Internationalisierung für das Handelsmanagement, in: Thexis – Fachbericht für Marketing, Nr. 3.

39 Vgl. Schweizer, M./Rudolph, Th. (2002): Nostalgie als Erfolgsposition im Hyperwettbewerb?, in: Die Unternehmung, 56. Jg., H. 6, S. 417

40 Vgl. Mitchell, V.-W./Papavassiliou, V. (1999): Marketing Causes and Implications of Consumer Confusion, in: Journal of Product & Brand Management, Vol. 8, No. 4, S. 323.

41 Vgl. Rudolph, Th. (2000): Erfolgreiche Geschäftsmodelle im europäischen Handel: Ausmass, Formen und Konsequenzen der Internationalisierung für das Handelsmanagement, in: Thexis – Fachbericht für Marketing, Nr. 3.

42 Vgl. Rudolph, Th. (2000): Erfolgreiche Geschäftsmodelle im europäischen Handel: Ausmass, Formen und Konsequenzen der Internationalisierung für das Handelsmanagement, in: Thexis – Fachbericht für Marketing, Nr. 3, S. 28ff.

43 Vgl. Rudolph, Th./Schweizer, M. (2001): Im Zeichen der Internationalisierung braucht der Handel künftig vor allem Profil, in: Anuga Extra, Neuwied, S. 6–7.

44 Datta, Y. (1996): Market Segmentation: An Integrated Framework, in: Long Range Planning, Vol. 29, No. 6, S. 797.

45 Vgl. Rudolph, Th./Wagner, T./Schweizer, M. (2004): Rethinking Consumer Shopping Motivation: Integrating the Hierarchical Dimension, in: AMA Winter Educators' Conference Proceedings, S. 145–146.

46 Vgl. Freter, H. (1983): Marktsegmentierung, Stuttgart et al., S. 33ff. und Brockhoff, K./Rehder, H. (1978): Analytische Planung von Produkten im Raum der Produkteigenschaften, in: Topritzhofer, E. (Hrsg.): Marketing. Neue Ergebnisse aus Forschung und Praxis, Wiesbaden, S. 327f.

47 Vgl. Rudolph, Th./Wagner, T./Schweizer, M. (2004): Rethinking Consumer Shopping Motivation: Integrating the Hierarchical Dimension, in: AMA Winter Educators' Conference Proceedings, S. 145.

48 Vgl. Gröppel, A./Bloch, B. (1990): An Investigation of Experience-Orientated Consumers in Retailing, in: International Review of Retail, Distribution and Consumer Research, Vol. 1, No.1, S. 117.

49 Vgl. Rudolph, Th. (1997): Profilieren mit Methode. Von der Positionierung zum Markterfolg, Frankfurt/New York.

50 Vgl. Quinn, F. (2002): Crowning the Customer. How to Become Customer-Driven, Dublin, S. 77f.

51 Für den Einsatz von Marketing-Kennzahlen in der Praxis vgl. Reinecke, S. (2004): Marketing- und Verkaufskennzahlen. Ein Cockpit für das Management, Zürich.

52 Vgl. Schweizer, M. (2004): Consumer Confusion im Handel. Ein umweltpsychologisches Erklärungsmodell, Schesslitz.

53 Vgl. Schweizer, M. (2004): Consumer Confusion im Handel. Ein umweltpsychologisches Erklärungsmodell, Schesslitz.

54 Vgl. Drèze, X./Hoch, S. J./Purk, M. E. (1994): Shelf Management and Space Elasticity, in: Journal of Retailing, Vol. 70, No. 4, S. 301–326; Broniarczyk, S. M./Hoyer, W. D./McAlister, L. (1998): Consumers' Perceptions of the Assortment Offered in a Grocery Category: The Impact of Item Reduction, in: Journal of Marketing Research, Vol. 35, May, S. 166–176; Boatwright, P./Nunes, J. C. (2001): Reducing Assortment: An Attribute-Based Approach, in: Journal of Marketing, Vol. 65, July, S. 50–63.

55 Vgl. Boatwright, P./Nunes, J. C. (2001): Reducing Assortment: An Attribute-Based Approach, in: Journal of Marketing, Vol. 65, July, S. 51.

56 Vgl. Broniarczyk, S. M./Hoyer, W. D./McAlister, L. (1998): Consumers' Perceptions of the Assortment Offered in a Grocery Category: The Impact of Item Reduction, in: Journal of Marketing Research, Vol. 35, May, S. 168; Abdelmajid, A./Cadenat, S. (2003): Efficient Retailer Assortment: A Consumer Choice Evaluation Perspective, in: International Journal of Retail & Distribution Management, Vol. 31, No. 10, S. 490.

57 Vgl. Fischer, O. (1999): Die Masche mit der Nostalgie, in: Manager Magazin, Nr. 6, S. 176; Esch, F.-R. (2000): Moderne Markenführung, Wiesbaden.

58 Vgl. Bruhn, M. (1994): Begriffsabgrenzungen und Erscheinungsformen von Marken, in: Bruhn M. (Hrsg.): Handbuch Markenartikel. Anforderungen an die Markenpolitik aus Sicht von Wissenschaft und Praxis, Stuttgart, S. 7.

59 Vgl. Esch, F.-R./Billen, P. (1995): Förderung der Mental Convenience beim Einkauf durch Cognitive Maps und kundenorientierte Produktgruppierungen, in: Trommsdorff, V. (Hrsg.): Handelsforschung 1996/97. Positionierung des Handels, Wiesbaden, S. 325.

60 Vgl. Kuss, A. (1987): Information und Kaufentscheidung. Methoden und Ergebnisse empirischer Konsumentenforschung, Berlin/New York, S. 141f.

61 Gross, P. (1994): Die Multioptionsgesellschaft, Frankfurt, S. 40.

62 Vgl. Lennard, D./Mitchell, V.-W./McGoldrick, P./Betts, E. (2001): Why Consumers Under-Use Food Quantity Indicators, in: International Review of Retail, Distribution and Consumer Research, Vol. 11, No. 2, S. 193.

63 Für eine Diskussion des Halo-Effektes vgl. Kroeber-Riel, W./Weinberg, P. (1999): Konsumentenverhalten, 7. Auflage, München, S. 305.

64 Vgl. für eine Diskussion des empirischen Zusammenhangs zwischen Preisinformation und Qualitätsindikator unter anderem Gerhard, A. (1995): Die Unsicherheit des Konsumenten bei der Kaufentscheidung, Wiesbaden, S. 192ff.

65 Schindler, H. (1999): Sonderangebote oder Dauerniedrigpreise?, in: Absatzwirtschaft, 42. Jg., Nr. 3, Seite 93

66 Vgl. Eberle, U. (2002): Das Nachhaltigkeitszeichen – Ein Instrument zur Umsetzung einer nachhaltigen Entwicklung?, Freiburg, Werkstattreihe 127.

67 Mehr zum Migros-Phänomen in: Girschik, K./Ritschl, A./Welskopp, T. (2003): Der Migros-Kosmos. Zur Geschichte eines außergewöhnlichen Schweizer Unternehmens, Baden.

Stichwortverzeichnis

Abwehrreaktion 86
Aldi 33f., 40, 110f., 119, 144, 150, 161, 171
Alternativpräsentation 159
Attributspräsentation 159
Authentizität 73f., 167f.

Balanced Scorecard 141
Bildzeichen und farbliche Markierungen 160
Brand Confusion 47
Build-A-Bear 114, 122, 134f.
Burdians Esel 65

Caillers 66.
Carrefour 112
Channel Retailer 112f., 122, 130, 133
Consumer Confusion, Definition von 47f.
Consumer-Confusion-Auslöser 58, 68, 79, 139, 142f., 174
Consumer-Confusion-Index 141f.
Consumer-Confusion-Radar 139, 174
Content Retailer 113f., 122, 127, 130, 134, 158
Coop 79, 113, 121f., 133f., 165

Deskriptive Metaproduktbezeichnungen 160
Discounting 33
Duttweiler, Gottlieb 19, 168, 173

Efficient Consumer Response (ECR) 21
Entscheidungsdelegation 92
Entscheidungsmatrix 158
Entscheidungsmüdigkeit 85
entscheidungsunterstützende Informationen 156
Erschließung neuer Kundenbedürfnisse 36
Exit-Möglichkeit 98f., 145

Feldpausch 32, 43
Ferrari 42f.
Fokusgruppe 58, 87
Führungspersönlichkeit 168

Geschäftsmodell 103ff.
Global Discounter 110f., 122, 130ff.
Globus 52
Grundsatzstrategie 100ff.

Habituelles Einkaufsverhalten 86ff.

Identifikation von Kaufmustern 14, 19, 24f., 27ff., 39, 146
Informationsdilemma 155
Informationsrate 49
Informationssuche 93

Karstadt 150
Kaufabbruch 91ff.
Kaufmotive der Kundschaft 116ff.
Kaufmuster 13, 20, 85
Kaufzurückhaltung 97
Kellogg's 66, 69, 78, 138f.
Kernsortiment 152
Kollative Reize 51
Komplexitätsfalle 117
Konkurrenzorientierter Markt 145
Kundengesprächskreise 58
Kundenorientierung 20
Kundenzentrierte Ansprache 144
Kürprodukte 63f., 88, 94f.

Labelpolitik 55, 57, 72f., 164ff.
Ladenlayout 76ff., 100, 127, 132ff.
Lebensmittelsicherheit 69, 136
Lidl 33, 110, 120

Markenmanagement 161
Marks & Spencer 27, 114
Mass-Customization 117

Matrixpräsentation   159
Max Havelaar   72f., 133, 165
McDonald's   43
Media Markt   31f., 111, 122, 132
Mental Convenience   18
Mercedes-Benz   94
Metro   111
Migros   39, 78, 114, 121, 133, 140, 150, 163, 168, 170
Multioptionsgesellschaft   45

Nestlé   66, 89, 168
Nike   36f.

One-to-One-Marketing   117
Orientierungsmaßnahmen   102, 124, 146, 172
OSL-Ansatz   48, 50, 60, 86

Paradigmenwechsel in der Labelpolitik   165
Peripheriesortiment   152f.
Pflichtprodukte   62ff., 66, 86ff., 94
Polychrone Zeit   103
Positionierung   100
Präferenzstruktur   61
Preis   5, 16, 59ff., 78f., 110ff., 127, 132ff.
Preis-Leistungs-Hierarchie   162
Procter & Gamble   63
Product Confusion   47
Produktvielfalt   55, 58, 60ff., 70, 141f., 145, 148f., 152, 154, 164
Profilierungsanstrengungen   100, 124ff.
Profilierungsinstrumente   58, 123ff.
Profilierungspyramide   101ff.
Profilierungsstrategien   99, 126
Profilierungsvakuum   145
Projekt-Overload   38, 104

Qualitätsindikator   70, 162

Reduktionsstrategien   16, 18, 50, 52, 79f., 85f., 93f., 97, 99, 142f.
RFID-Technologie   171f.
Rivella   28
Rückverfolgbarkeit   68

Scheinwelten   73f., 167, 170
Schlüsselinformationen   65, 70, 88f., 105, 154, 166
Schweizerische Post   48
Segmentierungskriterien   25
Sortiment   16, 31, 59ff., 126ff., 132ff., 147ff.
Sortimentsreduktion   62, 149f., 152
Standort   59f., 77, 127, 129ff.
Starbucks   45
Strategieentwicklungsprozess   100, 103
Strategiepluralismus   15, 19, 30ff., 35, 37, 39, 43f., 46, 51, 105, 118, 146
Strukturelle Reize   53
Systemzeiten   104

Tchibo   53
Testberichte   171
Testeinkäufe   80, 138f., 174
Tracking- und Tracing-Systeme   68

Überreizzone   50f., 54
Umsatzverlust   17
Unilever   151
Unternehmenskultur   168
Unternehmensstrategie   107
Unterreizzone   50f., 54

Verbundpräsentationen   154
Vertrauenswürdigkeit   74, 167, 171
Verwirrungsspirale   13, 18f., 46, 85

Walkers Shortbread   152
Wal-Mart   33, 150
Werberesistenz   70
Werbung   59f., 70ff., 129, 131ff.
Wettbewerbsvorteil   35
Wirkungsanalyse   101

Zonenmodell der Profilierung   126

Die Autoren

Dr. Markus Schweizer ist Habilitand und Forschungsbereichsleiter am Gottlieb Duttweiler Lehrstuhl für internationales Handelsmanagement am Institut für Marketing und Handel an der Universität St. Gallen (Schweiz). Im Rahmen seiner Dissertation, zahlreichen Praxisprojekten und Fachartikeln befasste er sich intensiv mit dem Phänomen Consumer Confusion.

Kontakt: markus.schweizer@unisg.ch

Prof. Dr. Thomas Rudolph ist Extraordinarius für Betriebswirtschaftslehre und Marketing an der Universität St. Gallen (Schweiz), Direktor am Institut für Marketing und Handel und Inhaber des Gottlieb Duttweiler Lehrstuhls für internationales Handelsmanagement. 1998 lehrte er Internationales Marketing an der Brigham Young University in Utah/USA. Im Jahre 2001 verbrachte er als Gastprofessor sechs Monate an der University of Florida/USA. Er ist Verfasser zahlreicher Fachartikel in verschiedenen Fachzeitschriften, Mitherausgeber der bekannten Marketing-Fachzeitschrift Thexis und Mitglied im Editorial Board des amerikanischen Journal of Marketing Channels.

Kontakt: thomas.rudolph@unisg.ch

MIX
Papier aus verantwortungsvollen Quellen
Paper from responsible sources
FSC® C105338

If you have any concerns about our products,
you can contact us on
ProductSafety@springernature.com

In case Publisher is established outside the EU,
the EU authorized representative is:
**Springer Nature Customer Service Center GmbH
Europaplatz 3, 69115 Heidelberg, Germany**

Printed by Libri Plureos GmbH
in Hamburg, Germany